U0525664

我的父亲

罗家伦

罗久芳 著

商务印书馆
The Commercial Press

2013年·北京

图书在版编目(CIP)数据

我的父亲罗家伦/罗久芳著.—北京:商务印书馆,2013
ISBN 978-7-100-09854-0

Ⅰ.①我… Ⅱ.①罗… Ⅲ.①罗家伦(1897～1969)—回忆录 Ⅳ.①K825.46

中国版本图书馆 CIP 数据核字(2013)第 047636 号

所有权利保留。
未经许可,不得以任何方式使用。

我的父亲罗家伦
罗久芳 著

商 务 印 书 馆 出 版
(北京王府井大街36号 邮政编码 100710)
商 务 印 书 馆 发 行
北京瑞古冠中印刷厂印刷
ISBN 978-7-100-09854-0

2013年9月第1版　　开本 787×960　1/16
2013年9月北京第1次印刷　印张 19¾
定价:42.00元

罗家伦1926年春摄于巴黎，后边书架上的照片是张维桢当年寄去的（见内文148页照片）

1932年罗家伦与张维桢于南京

1946年罗家伦与张维桢于南京

1941年国民参政会亲善访缅团留影
前排右起：张维桢、曾养甫、蒋梦麟

1959年5月,胡适等应邀到杜元载家中做客

前排右起:钱思亮夫人、陈雪屏夫人、张维桢、胡适、杜元载夫人(带一子)、罗家伦

后排右起:杜元载、钱思亮、田培林、陈雪屏、陈可忠、梁实秋

(杜元载时任台湾师范大学校长)

1951年罗家伦在台北

目录

序言　罗久芳　1

我的父亲　第一辑

追念我的父亲　7

父亲在北京大学　23

父亲与"五四"运动　37

  蔡元培先生与北京大学
  ——谨以此文纪念先师蔡子民先生百年诞辰　罗家伦　50

  蔡元培时代的北京大学与"五四"运动　罗家伦　59

父亲母亲的恋爱　81

父亲在留美的日子里　87

  留美情书15封　罗家伦　96

  留欧情书46封　罗家伦　109

父亲在清华大学　159

  我和清华大学　罗家伦　168

父亲在中央大学　185

  中央大学之回顾与前瞻
  ——民国三十年七月在国立中央大学全体师生
  初次惜别会中讲话　罗家伦　190

  抗战时期中央大学的迁校（节选）　罗家伦　204

我的母亲　　第二辑

怀念我的母亲　213

　　现代中国学生的一些家庭问题　张维桢（罗久芳译）　228
　　爱护民族生命的萌芽　张维桢　234
　　中国妇女在战时和战后的地位　张维桢　238

百年父母与千年文物　241

父亲与师友　　第三辑

父亲与钱锺书　246
父亲与他的恩人张元济　252

学者眼中的父亲　　第四辑

博通中西广罗人才的大学校长　毛子水　260
志希先生在中大十年　杨希震　267
悼念罗家伦先生　柳长勋　274
忆述罗家伦先生的学术思想及其他　金绍先　279

附录

母亲张维桢捐献文物目录　286
父亲墨迹　288
罗家伦大事年表　297

序言

1999年12月25日，是先父罗家伦先生逝世30周年纪念，就在那一天《罗家伦先生文存》第14册在台湾出版，圆满完成了这项费时二十多年的工程。作为保存、整理父亲遗稿的负责人，我除了感谢众多位专家的辛劳和执着之外，也庆幸终于能为两岸学者提供一套完整的传记资料。自从上世纪90年代开始，我便注意到父亲的旧作在国内再版或摘录；进入21世纪不久，研究他的专题论文和评传相继问世，呈现出近代历史人物研究的一股蓬勃气象。

我个人在对双亲的认识与时加深的过程中，也曾应邀在两岸的杂志和集刊里发表过十余篇文字，大体概括了他们一生经历和事业的重点。退休后我很希望能将它们组合成一本有系统的文集，为国内读者提供另一角度的记述。可是如何着手，是否有出版的可能？都令我感到困惑和犹豫。就在这期间，很幸运通过好友梁文蔷博士的介绍，结识了天津百花文艺出版社的编辑高艳华女士。从2005年4月起，我先将所有可用的资料邮寄到她手边，再借电子邮件密集地与她反复商讨取得共识。凭着她丰富的经验和创意，我们很快寻到了可行的方案：把我写的新旧章篇，连同父母亲具代表性的遗著和几位父亲的朋友和学生悼念他的专文，加上多种图片、信函和墨迹，综合成一本另类的传记。这本《罗家伦与张维桢——我的父亲母亲》，顺利地于2006年1月出版。

新书意外地产生了一些抛砖引玉的功效：如父亲在"五四"运动中的表现、他毕生对现代青年人格的关注和教育事业的贡献，甚至他和母亲的恋爱和婚姻，都得到不少读者的肯定。一位《书城》评论者感叹说："能有自己的子女所写的回忆与传记，做父母的是多么幸福。别说什么克绍箕裘，也别说什么诗书传家，单是这份令人难忘的亲情，也足够令人动怀。罗家伦先生久已消失于大陆读者视野之外，现在能从父亲、校长、学者的角度，重回大陆，实在是我们读者的福气。"另一位读者是这样评价的："罗久芳提到，编辑高艳华女士建议，把纪念文字和专著遗作合而为一，合成一本'从多个角度出发的传记'，能使得'读者不仅能从中认识我父母亲的生平，也能够体会出他们那个时代的沧桑'。读罢，感觉这个设想真是很成功。"老友文蔷写信给我说："我虽与你相交数十载，无话不谈，但对罗伯伯许多事仍不清楚。这次读了你的介绍有了一个较为完整的认识。尤其对罗伯母的过去所知无几，读了你的叙述如拨云见日……现知其背景及终生贡献，疑云顿消。在伯母那个时代，无论中外，妇女的奋斗、贡献记入史册的不多，你记载母亲的文字特别有意义。"

2009年底，高女士又帮助我策划编辑了一册《五四飞鸿 —— 罗家伦珍藏师友书简集》，选用了父亲50位师友的亲笔信函，并包括了一批他与蔡元培、张元济的往返书信。她为这本书所花费的时间、付出的心力更多，出版后在学术界和同行业中均获得高度的评价。她在退休前后，依旧不忘继续引进父亲其他的著作，特别为了纪念辛亥百年，及时于2011年推出了《辛亥革命人物画传》。由于《罗家伦与张维桢——我的父亲母亲》已经绝版，她又在2012年代表我与北京商务印书馆另行签约，并参与将原书全面修订重新排版。此外商务还同意将父亲最后的一本著作《逝者如斯集》发行简体版，两书可望在2013年内同步完成。

  特别要提出的，是父亲与商务印书馆数十年的渊源。他从学生时代起，便和张元济先生建立了忘年之交，我在书中有专文交待。由于他们特殊的关系，无论在上海、重庆、南京和台北，父亲的书每一本都是交给当地的商务印书馆出版的。1999年，北京的商务印书馆已经将他1927年出版的《科学与玄学》选入"商务印书馆文库"系列；2012年又将我参与校订的毛彦文著《往事》再次与读者见面。最后，我要向商务的前后编辑人士多年来的热诚和努力，致以谢忱，并再次向多年来鼓励我、帮助我的高艳华女士以及我的老伴张桂生，表达衷心的感激。

第一辑

我的父亲

我的父亲罗家伦

1934年南京罗家伦家族合影

右起四妹罗家廉、张维桢、罗家伦抱长女罗久芳、罗父罗传珍、三妹罗家松、大妹罗家善、二妹罗家鹤

追念我的父亲

从19世纪末叶开始,中国经历了一波又一波的内乱外患,也穿越过多次生死存亡关头,这个苦难的时代却产生了许多不平凡的人物,父亲罗家伦(1897—1969)便是这些人物中具有代表性的一位。身为他的女儿,我从小便为他爱国的情怀、渊博的学识、创新的精神和他待人处事的热诚引以为荣。在20世纪中国的历史上,他是一位公众人物;对我来说,他是我永怀在心的父亲。

我的父亲和母亲结婚以后六年多,才好不容易生出了我——他们头一个孩子。父亲为此作了一首诗:

> 春到江南挟大风,远天凝霭紫微红;
> 会知生命奇葩萼,吐自呻吟疾楚中。

这首诗显示出他的心境是多么的喜悦,对我的期望又是多么的殷切,虽是他个人的感受,也写出了天下许多父亲共同的心声。

父亲时任国立中央大学校长,我们的家就住在南京城北玄武湖附近。公余假日,父亲常带着我访友郊游,在家教我唱他为我编的儿歌,继而教我背诵简易的唐诗。我就在父母的钟爱之下,无忧无虑地度过了黄金般璀璨的童年。

　　1937年"七七"事变不久，南京便成为日本侵略者空袭的目标。炸弹的威胁，结束了我们这短暂安适的生活，从此父亲几乎把他全部的时间和精力，集中在维护中大的安全与完整和筹划迁移内地的任务上。他把母亲、我和还在襁褓中的妹妹久华送上了开往汉口的轮船，自己仍留在南京继续指挥迁校的艰巨工作。我们到了重庆不久，中大便在郊区沙坪坝的新校舍开课。我家先住在陪都市区，遭受敌机轰炸后先搬上歌乐山，以后再迁到小龙坎，距中大都有相当的路程。在战时交通不便，汽油缺乏的情形下，父亲为了公务而又必须时常往返于市区和沙坪坝之间，回家的机会自然大为减少。记得"五三""五四"大轰炸的那段日子，从歌乐山防空洞口，远远地看见金黄色的燃烧弹在黑夜中缓缓下降，触地溅起一片鲜红的火花。我似懂非懂的心中，感到一种无名的新奇和恐怖。那时父亲身在市区，不知母亲如何地牵挂着他的安全！

　　迁校到重庆后，中大师生的生活、学业与进修，以及各种战时的措施，都要父亲亲自去筹划、督导。所遇到的困难与辛苦，只有当时和他一起工作的人才能洞悉其详。他自己虽曾写过几篇回忆性的文章，也只述及校方重要的事务，从未提起他经常住在校园山坡上碉堡里的事。一次夜间他腰痛病发不能起床，没有电话或其他办法向外求医。在无可奈何的情形下，他只能慢慢地从床边滚到地上，再滚到门边把门打开。等天亮校工进来，才得到了救护。抗战时期父亲的腰痛多次发作，想来与他的过度辛劳奔波有关。

　　1941年夏天，父亲辞去中央大学校长职务，有一段时期经常在家。这时母亲却因国民参政会开会和其他公务，常在城内忙碌终日，夜间来不及回家，我和妹妹就由父亲来照料。记得早晨上学前，他为我梳辫子，费了好一番事才用毛线扎紧，但是我还没有走到学校，辫子便已经开始松散了。他在家为人写字时，叫我们为他磨墨牵纸，也教我们临帖练字，更耳提面命地督促我们的作业和读书。记得在小学时参加演讲比赛，常由父亲指导我们编写讲词，练习表情和手势。偶尔侥幸得奖，大半应该归功于他丰富演说经验的传授。

这时期我们的家虽然偏僻简陋，但经常有父母的朋友、同事和学生来谈天、请教或求助；父亲开会、演讲和写文章的活动，也从未间断。他写信多半用毛笔，八行信笺常顶天立地写得满满的，一口气往往可以写成许多封。长篇的文章则多半在夜深人静时才动笔。我上学前常看见他书桌上灯油已快燃尽，烟灰缸里堆满了烟头，便知道他又熬夜写作，稿子早已由城内派来的人取走了。

抗战后期，父亲曾带领两个由专家组成的考察团，赴西南及西北各省考察当地的民政、教育、建设等工作，因而几乎走遍了重要的边疆地区。后来又奉命驻迪化（今乌鲁木齐）担任新疆监察使，离家的日子就更多了。旅途中父亲无论在多么偏僻的地方，总会设法交邮或托人带信回家。给我和妹妹看的部分，他特别用楷书和简易生动的文字，讲些有趣的见闻经历，使我们身在家中，也能跟他神游一番。他每次回陪都述职、开会，或有便人可托，总不忘记给我们带些西北土产，如甘肃的毛绒毡鞋，新疆的干果、黄油，使我们在物资缺乏的重庆，常能得到一点意想不到的补给。

父亲在外，对我和妹妹的健康、学业无时不加以关注。为了使他放心，并解除他客旅中的寂寞，我们每星期也必定给他写一封信。母亲先督促我们打草稿，再重抄一遍。父亲收到信后，常把字句加以修改，附在回信中要我们注意，或将某些部分重写几遍。这种训练，许多年下来令我们受益至深。他无论到何处，总有逛书店买书的习惯，因而常能顺便为我们买到一些儿童读物。记得那些战前出版的书，白洁的纸张和鲜明的颜色，与战时的印刷品成了强烈的对比。他把自己喜欢的《西游记》《三国演义》等旧小说介绍给我们读,每次总先讲几段书中精彩的故事,来引起我们的兴趣。这些书中的情节,也成了我们和父亲谈话和通信的题目。

生活在重庆的童年时代,有两件事最难忘怀。一次是妹妹患急性牙痛,父母亲设法借了汽车带她进城去找牙医,我也跟着同去。回家半路上,空袭警报响了,可是沿路没有可躲避的地方,于是父亲决定请司机尽快开回小龙坎乡间。车子刚停下,飞机已出现在头上,机枪劈啪地往我们的方向扫射,父亲急智地把大家推倒在田坎边草中,直到枪声远离,我们才如同九死一生,爬起来向附近的防空洞奔去。

另一次父亲带我到重庆去割治扁桃腺。对一个久住乡间的孩子来说,进城、开刀和住医院都是值得兴奋的事,然而我在期望中又不免感到恐惧。父亲先带我在城内吃了一顿好饭,又为我买了些喜爱的小东西,然后进入耳鼻喉科医院。经诊断后,大夫择定晚上开刀,这是为了避免空袭的干扰。他给我使用局部麻醉后,轻快地把左右两块时常发炎的扁桃腺割下。父亲站在旁边观察,同时轻松地为我讲解手术过程,旨在消除我的紧张,并使我感到那是一个有趣的经历。回到病房睡下不多时,可怕的警报响了起来。父亲立即扶着刚从麻醉中醒来的我,急急走进滴水淋漓、霉气冲鼻的防空洞里。当他发现空气太坏,立刻带我出洞到邻檐下暂避,等警报解除,才回到病房。大夫第二天清早再来检查,认为一切恢复正常,这时才告诉父亲说,他曾担心我从防空洞回来会发炎出血。幸亏我的抵抗力不差,总算平安无事。为了这事,父亲作了一首绝句:

奏罢刀圭避敌机,洞污不是病儿宜;
抱持出傍邻檐坐,生死关头两命依。

1945年8月中旬日本投降的那段时间,父亲适从新疆回重庆述职。记得他赶着进城去参加中枢庆典，在精神堡垒前参加了群众的狂欢。多年的忧愤得以一泄为快，连他心爱的手杖，也在高呼挥扬时失落了。在抗战八年的艰苦岁月中，父亲发挥了他最大的生命活力，为国家民族的生存竭尽心力：前半段时间，他全心全力把中央大学这所首都最高学府，完整地迁移到后方，继续不断地为国家培养人才。后半段时间，他曾作数万里的长途跋涉，抱着历史学家的眼光，为边疆各地的国防建设筹谋策划。其间并经常参与中央各种重要会议和决策，对党、政、军、民、教育各界作过无数次演说。繁忙的公务已使他席不暇暖，又从不间断地从事写作。他著述的范围较前更为广泛，从国际和国内局势的分析、教育动员的方针、人生哲学、青年问题、民族观念、边疆政策，到新旧体诗歌，以及那许多受命代拟的文告、宣言等文字。这等的效率和成果，无疑透支了父亲过多的精力，但他却是乐此不疲，也显示他正处在生命的巅峰。

1946年还都以后，父母亲把残破的家园渐渐地重建，可是历尽浩劫的南京，始终未能恢复战前的光辉。1947年春天，当局特任父亲为我国首任驻印度大使，于是我们全家欢聚在一起的安定生活，又必须告一段落。我们对印度独立运动一向同情和支持，所以父亲对他的外交使命，抱了很大的期望，并处以最认真的态度。他花了很多心思去了解和研究印度的文化、历史、政情，以及中印文化交流等事项；同时对于印度的朝野名流，尤其是学术界的人士，更是费尽心力去结识联络。他初到新德里时，印度正式的独立程序尚未完成。这个新独立国家的首领们经常到中国大使馆来倾诉，对若干问题都恳切地征求父亲的意见，尼赫鲁和他的家属，往往是临时一个电话即来便饭，同时商谈各种问题。父亲以友邦政府代表人的立场，并本着我国传统尊重道义的外交原则，对这些缺乏行政和外交经验的人士，自始至终无不以诚意相待、热心相助，期能巩固中印两国的邦交。

由于母亲的公务以及我和妹妹的学业，我们于1948年秋季才前往印

我的父亲罗家伦

1942年母女三人于重庆

1937年春张维桢与女儿罗久芳、小女儿罗久华留影

度和父亲团聚。记得在新德里接连不断的宴会中，父亲是外交团使节官员和当地各界人士乐于攀谈的对象；各种婚丧喜庆的请帖，更是应接不暇。使馆中的大小宴会，从拟菜单、排席次到酒的选择，都由父亲仔细监督。对于各种繁杂外交任务的执行，不消说他更是煞费苦心。

记得父亲在印度的外交工作中，最使他耿耿于怀的一件事，便是他为西藏问题的交涉。1948年印度独立后，以尼赫鲁为首的政府，企图继承大英帝国向喜马拉雅山以北扩充势力范围的政策，利用1914年中英在西姆拉（Simla）会议草拟的协定，作为中印交涉的根据。这个未经中国政府签字的协定，否定了中国在西藏的主权；在中印边界所画的"麦克马洪线"，也是英国入侵中国西部的策略之一。但印度竟不愿遵守1943年英国对取消不平等条约的承诺。为此父亲在1948年两次照会印度总理，却未得到回应。1949年西藏内政受到外界操纵发生事变，父亲又屡次与印度外交部交涉。

父亲回到了台湾，母亲带我和妹妹到澳洲念书，从此开始了我们之间最长的一次离别。我们照旧每星期通一次信，父亲对我和妹妹的学业和志趣，无时不在关心、开导，并经常寄些剪报和各种读物给我们，使我们对祖国的情形，不至生疏。他自己在报刊上发表的文章，也每篇都寄给我们誊抄研习，对我们中英两种文字的训练，尤为注意。在大学和研究院，我和妹妹选修的课程都偏重于文史，父亲的启示与指导，更是令我们受益终生。

1955年我从悉尼大学毕业，暑假中回到台北和父亲团聚。已成年的女儿回到父亲身边，彼此间自有一番新的认识和了解。当时他主持编纂国民党党史工作，恢复了留学时代和返国初期研究中国近代史的兴趣。他提倡现代化的保管和处理史料方法，并且有系统地编印多种原始资料，为治史艰巨的工作铺路。最后十多年主持两个编纂史料机构的职务，虽然常感到财力和人力方面的限制，但是处理任何事务，无不一本他严谨治学的态度和毕生对文化事业的热忱。

记得那年在家，父亲要我帮忙修改一篇英文稿子，是他为《国父画传》写的一篇传略，经别人翻译后，准备采用在英文版里。这篇译文略显平淡乏味，未能反映出原文的简洁生动，不能令他满意。我们父女逐段对照斟酌，必要时索性重写，有些重要的字句，曾三翻四覆地商榷，直到最后合意为止。父亲在求学时代翻译过几本政治思想论著，以及一些戏剧和诗歌，对于这项工作的"信""达""雅"三大信条一向非常注重，历年来常见他写信给报刊编辑，指出译文中有欠正确或有失通顺的地方。

父亲多年从事教育工作诲人不倦，他的学生和同僚中知道较深较详的一定很多。记得他在任何场合，不论是演讲、谈话、聚餐、婚礼，或者仅随意聊天，对于后辈总是不计时间精力去开导、启发。我童年参加过的婚礼，多半是由他为学生证婚。每次致辞，除了祝贺新人互敬互爱外，总不忘劝告他们应当先打下事业的基础，再有计划地生男育女。苦口婆心的表情，至今历历如在眼前。名记者王康先生在他纪念父亲的专文里，描述到他的一次采访。由于当时王先生对于某项国际新闻的背景不甚熟悉，父亲自动为他详细解说，差一点使他错过了发稿的时限。这哪里是一次偶然的写照？许多离校已久的学生，多年不断地和父亲保持亲切的师生情谊，经常来向他请教，和他讨论各种学术或公私问题。他的爱才之心，无疑影响过许多后辈的事业和成就。

在印度的时候，父亲看见大使馆的馆员们办公应酬以外，少有进修的机会，因而每周召集"读书会"，由大家轮流报告专题阅读心得，讲述内容提要，评论作者的方法和立场，并解答别人提出的问题。在父亲办公室举行的"读书会"，我曾旁听过好几次，记得一次是他自己讲述玄奘的《大唐西域记》。这种鼓励进修的办法，在驻外的使领馆中大概为例不多。当时有些人或许觉得是一种苛刻的要求，因为父亲以指导教师的地位，对选题、内容、分析等方面都一点不肯马虎。但是因而得益的，也一定大有人在。

父亲虽然一生从事教育、行政、外交及学术的工作，但是他豪放热情的诗人气质，从未消失过，对艺术、音乐的爱好，也从未间断。他在大学和留学期间，对西洋文学兴趣浓厚，在西诗的翻译和中国新诗的写作方面，曾作过一些尝试。抗日初期他悲愤的胸怀和强烈的民族意识，更激起了他在新诗和歌词方面的创作。后来他选印成的《疾风》，是一本代表他那个时代"心灵的记录"的新诗集。

父亲受我祖父的影响，从小打下旧诗的根基，创作量较新诗多。他爱在旧形式中创造新格调，来表达新的意识和感情。他敏锐的灵感，在凌鸿勋先生的长篇"悼念罗志希先生——并记西北同行一段回忆"里有很生动的描述。在那次考察西北漫长颠簸的旅途中，父亲的诗兴，对同行的旅伴起了很大的解闷和提神作用。文中有这样一段：

> 西北走廊是沿一条绵长而枯寂的粗糙公路，越过乌鞘岭便渐进入戈壁滩。且时值夏季，热风吹来，亦甚闷人，每日走百余至二百余公里，相当苦累。而志希兄坐在我的左边，一路谈笑风生，偶然觉得他沉寂了一会儿，哪知他已成了一首诗。他在车上作诗每由他口授，由我录下，递给后坐的几位同人传观，于是大家的无聊时光，精神为之一振。

父亲西北的行程中，这种即景、即兴"口占一诗"而成的旧诗，共有约二百首，返重庆后印成《西北行吟》一册。父亲每次旅行，多少在这方面有所收获。到台湾后，他把60岁以前的诗花了一年多的时间选定、加注、手抄，最后影印成一部《心影游踪集》两册，分为《耕罢集》《滇黔

我的父亲罗家伦

1949年于印度首都新德里

左起：罗家伦大使、潘迪特夫人（尼氏之妹）、张维桢、印度总理尼赫鲁

寄兴集》《蓼莪集》《玉门出塞集》《海色河声集》《转绿回黄集》《天竺纪游集》和《海天俯仰集》八集，留下了他"生命过程中之片影"。

　　在他启程往西北以前，祖父在贵阳病危。父亲从重庆赶往侍奉，因为交通不便，到达时祖父已不治寿终。父亲在极端劳顿悲痛中，把他在途中作成的三十首诗，写成一份放入祖父棺中。后来又印成《孤儿泪》一册，分赠亲友。这是他一生对祖父敬爱孝行的最后表达，以告慰祖父在天之灵。

　　1956年我结婚时，父亲在一本精美的册页里，写了二十八首他自己的新旧诗，作为他对我和丈夫张桂生的祝福，第一首是他充满了哲理的贺词：

　　　　爱力弥无际，智源沦更深；
　　　　热情铸真理，长付有心人。

其他写的全是和我们家庭及我个人有关的诗，包括我爱唱的《玉门出塞歌》，和我离台后他重听我唱这首歌的录音时有感所作的一首：

　　　　壮游诗为忆儿成，跃马天山不世情；
　　　　（指登博达山寄女儿一绝）
　　　　重听玉门出塞曲，音波泪迹斗纵横。

　　父亲一生不知为别人写过多少诗词条幅，但是给我们的墨宝，除了家书外，就是这本珍贵的册页。每次翻阅时，心情就和当初第一次展读时一样地激动。

　　我对音乐的爱好，自幼便受父亲的启发。抗战时期没有学乐器的机会，但他作词的歌曲，我每支都会唱。年岁稍长，也曾一度妄想在作曲方面下一点工夫。父亲曾打趣地对我说："将来我写歌词你来谱曲，我们父女俩可以卖唱为生哩！"他自己虽未受过正式音乐训练，却对音乐和旋律具有天赋的理解和欣赏能力。他告诉我，他在德国留学的时候，正逢第一次世界大战后德币马克贬值，他的经济来源虽然有限，可是换成马克后，却比一般德国学生富裕些。他除了买书外，经常喜欢听交响乐和歌剧，对瓦格纳以及其他名家的作品都非常熟悉。多年以后他听了交响乐和各种西洋乐器的演奏，仍不禁为之心荡神驰。在台湾他写的"交响乐的震荡"和"听琴"等新诗，通常都是在节目单上起草，回家后半夜不眠即完成了全稿，一两天以后便在报上发表了。

早在"九一八"发生以后，父亲便公开提倡以高尚而大众化的歌曲来振奋全国军民的爱国情绪。他主张歌词应做到易懂而上口，乐谱应富旋律而难忘。他一生所作的军歌、校歌以及抗日和爱国歌词，共有数十首，多由知名的作曲家制谱，并在各个时期普遍流行过。最富高度抒情性及爱国情怀的，是他最有名的《玉门出塞歌》，曾由李惟宁、唐学咏二位名家分别谱曲。相信千百年后中国人唱了这首歌，仍不免会与父亲对大西北的**热爱有所共鸣**。

父亲自从印度归国后，九年多未曾出过国门。但在1959年至1963年这段期间，他却五次应邀参加在西欧、美国、南美、韩国及东南亚等地召开的国际性会议，并沿途考察各种学术性的机构，做联谊性的访问。一向惯于长途旅行的父亲，对游历新地区和旧地重游，虽仍兴趣浓厚，但是对行前的各种准备，开会时的宣读论文、讨论和应酬，沿途调换飞机旅馆，以及出入国境填表登记等琐碎事项，渐渐感到精力不足。1960年秋天，父亲曾在密歇根和我们姊妹两家欢聚了十天。离别时看见他提着过重的手提包，蹒跚地走向飞机，一路还依依不舍地回过头来向我们挥手，我突然感到父亲老了。

那段时间我和妹妹在密歇根大学相继选择了中国近代史方面的研

我的父亲

1948年家庭照　　中前：罗久华　　中后：罗久芳

究，父亲自然更能直接予以指导和帮助，并随时为我们收集有用的资料。他给予我们的鼓励和对我们的期望，让我们终生难以忘怀。可以告慰于他的是妹妹数十年来教学著述有成，而我多年整理他的遗稿，协助出版《罗家伦先生文存》的工作，终于完成。从1976年至1999年间，前后在台湾出版了14册，分类为"论著""译著""演讲""函札""日记与回忆""艺文""诗歌""记传""序跋""评论""杂著""英文著述""附录""附编师友函札""补编"，共约五百万字。

1962年我们夫妻得到一个难得的机会，带着两个孩子回到台北，在父母亲的隔壁租房住了一年多，享尽了宝贵的天伦乐趣。这时期我发觉父亲的确衰老了许多，而公务的负担却似乎有增无减，对各种开会、审查、

19

评议等职责，渐渐力不从心。白天他虽鼓起精神去应付，晚上回家则常显出身心疲惫，情绪低沉。终日做不完的事，还不完的文债，更影响到他爽朗的性情和生活的乐趣。我们家人都为这种现象感到困惑，但是总以为如果他能有机会彻底休息一段时间，精神和心情一定会恢复的。谁也没有想到，这些就是后来才诊断出老年性衰退症的初期征兆。

父亲七十寿辰的前后，许多亲朋好友、同事和学生为他和母亲举行各种庆祝，使他心情较为快慰。他照片上显得胖些，气色也好得多。我们都希望这是一个新的开端。可是他给我们的信渐渐少了，内容渐渐简短，字迹更经常涂改。母亲看见他记忆力减退和情绪恶化，忧心如焚。1967年春天在台大医院体检的结果，证明是由血管硬化而引起的脑功能衰退，没有药物能够治疗。这种在西方很常见的老年症状，当时在中国却还不常出现。当主治医师们围绕他床前，劝他尽量减少工作，多多休息调养时，毕生最相信科学的父亲，已没法接受他们的忠告，反而强调了他对事业的责任感，和他鞠躬尽瘁的决心。

第二年暑假我带着孩子们回到台北时，看见父亲慈爱一如往常，但是健忘和错觉已使他不能再继续工作了。我陪他到荣民总医院再做检查，亲眼见到脑电波图上波纹时时中断；脑科主任和父亲谈话时，他竟答不出当天是什么日子。对于一个曾经智力过人、记忆力特强的人，这种病真是最残酷的折磨。所幸他除了莫名的急躁和懊丧外，已不能理解自身的处境。母亲和我征得了亲友们的同意后，决定代父亲辞去了编纂史料的两个职务。当我把他的图章盖在辞呈上时，想到父亲一向替我们做主，现在竟轮到我代他结束了他一生的事业，万端的感触，不禁涌上心头！

辞职以后，父亲仍念念不忘上班、开会等各种习惯。为了安定他的心情，母亲必须为他安排新的生活方式，时刻照料他的起居和调养。身心的辛劳忧苦，反映在她消瘦和憔悴的面容上。幸亏她有坚强的毅力、深厚的修养、不渝的爱心，并得到许多亲友旧好的关怀和支持，才能度过这段艰苦的时日。1969年6月，在妹妹返家后第二天，父亲突然因肺炎进入昏迷状态。住院急救后虽暂时脱离危险，但因身体衰弱，肺部一直未能完全恢复。我带着孩子们赶回台北，走进病房时，他的喉头装着钢管，很困难地才说出"你回来啦"，并显出了无限的欣慰。我看见他病体的消瘦无力，百感交集，竟说不出话来。

父亲在医院住了整整半年，但最新的特效药，未能根治他的肺炎，许多人尽心竭力地照护，也未能使他的体能有显著的恢复。只有记忆力的继续减退，却为他的情绪带来了较多的平静。那个时期我和孩子们留在台北协助照料父亲，寒假中桂生专程返台，全家团聚一起计划为父亲祝寿。父亲在病房见他，愉快的表情和从容的反应，使我们意外地高兴，希望不久可以接他回家调养。不料他生日那天上午，我们带了蛋糕和寿面到医院向他祝贺时，他又开始发烧咳嗽起来。当天下午病情忽然恶化，再度昏迷，夜间又重行手术切开喉管。奈何最新的医术药物，已无力战胜可怕的病魔。父亲终于在12月25日，一个风和日暖的下午，放弃了他最后的挣扎，离开了他热爱的家人、亲友和这个世界。我抚着他柔软尚温的手，生离死别，像是梦幻，却又是无情的逼真！

父亲安葬在台北近郊山旁的阳明山第一公墓。四周丛林环绕，放眼远望观音山和淡水河，云边深处，便是隔海的大陆故乡。

我的父亲罗家伦

1921年罗家伦等留学生欢迎蔡元培访美

前排左一罗家伦、左三周炳林、左四蔡元培、左五杨振声

父亲在北京大学

1897年，父亲出生在江西南昌的一个书香家庭。当时内地还缺少新式学校，所以他早年受的是家塾式的传统教育，但是也有机会读到上海出版的新书报，并在传教士开设的夜校补习英文和数学。17岁时，他考入上海复旦公学高中部，学习三年，知识大增，1917年夏成功地考上了北京大学文科本科（当时学制分预科3年，本科3年），主修外文。入学时间正巧就是蔡元培上任的那一年。

不满20岁的父亲踏进了生气蓬勃的北大校园，惊喜地发现教授中有"拖辫子的辜鸿铭，'筹安六君子'中的刘师培，以及主张急进的陈独秀"，百家争鸣，却和平共处。他很快就结识了一批趣味相投的同学，课外一同切磋学问，议论时局。一些教授对国学根基较深的学生很表器重，也愿意和他们在一起讨论。年轻的胡适刚回国任教，他的住所便是学生们聚谈的地方之一。父亲曾回忆说："还有两个地方是我们聚合的场所，一个是汉花园北大一院二层楼上国文教员休息室，如钱玄同等人是时常在这个地方的。另外一个地方是一层楼的图书馆主任室（即李大钊的房子）。在这两个地方，无师生之别，也没有客气及礼节等一套，大家到来大家就辩，大家提出问题来互相问难。大约每天到了下午三时以后，这两个房间人是满的。"父亲与一些外文程度较好的同学，还有阅读外文新书的兴趣和习惯。北大图书馆原已有很丰富的中文经典古籍，又不断订购大量国内和国外的新书、报纸及期刊，包括美国的 *New Republc*、*North American Review* 和英国的讽刺月刊 *Punch* 等，供给学生阅览。

当时由北大教授主编的刊物有《新青年》《国故》《每周评论》等。1917年初《新青年》连续登出了胡适的《文学改良刍议》和陈独秀的《文学革命论》，正式展开了新旧文学的论战，引起了校内和校外热烈的响应。父亲进入北大不久便试向《新青年》投稿。1918年元月号首次刊出他的《青年学生》，是一篇用文言写的评论，对当时的学风作出了严厉的批评，并特别指出许多青年求学缺乏目标和溺于早婚的流弊。

这时一些北大的高年级学生，深切体会到西方思潮对中国传统文化的挑战，感到自己也应办几种杂志，"因为学生必须有自动的生活，办有组织的事件，然后所学所想，不至枉费了"。于是二十多人在1918年11月发起成立了新潮社，次年元月一日出版了《新潮》第1期。杂志的中文名字出自父亲的建议，标识是以"批评的精神，科学的文义，革新的文词"来探讨各种课题。这个学生社团的组成和期刊的出版，曾得到蔡元培校长及文科陈独秀学长的赞助，用的是图书馆馆长李大钊拨的房间，顾问则是胡适教授。创刊号一炮放出，引起了各界广泛的共鸣与支持。第1期至第5期的总编辑是傅斯年，编辑是父亲。两人具有很好的国学基础，又正年轻气盛，因而在编辑方面大刀阔斧，撰写文章下笔千言，不留情面，使杂志的形象新颖生动，也为白话文创作树立了良好的模式。

父亲在《新潮》第1卷的5期中总共发表13篇文章。其中有3篇评论，针对当时小说界、新闻界和杂志界的各种现象，做出尖锐的批评，也提出了一些积极性的建议，充分显出了青年学生对革新现状的热忱与胆量。所引起的反响之一，是当时商务印书馆主持人张元济的一系列改革，使该馆所出版的《东方杂志》《学生杂志》《妇女杂志》等逐一呈现了新的面目。

在《新潮》创刊后的第2期上，父亲正式加入了方兴未艾的文学论战，发表了一篇《什么是文学——文学界说》。他先从西方学说中探讨"文学"的定义，进而向中国文学传统挑战，并提倡"能表现和批评人生，从最好的思想里写下来的，有想象，有感情，有体裁，有合与艺术的文字组织"，用来表现新时代的生活和思想。同年5月号他又发表了一篇更长的《驳胡先骕君的中国文学改良论》，使出浑身解数逐段举例来驳斥留学英国的东南大学教授胡先骕对胡适和陈独秀的猛烈攻击。另外也提出了他个人对文学、艺术和人生的看法，认为：（一）艺术是为人生而有的，人生不是为艺术而有的；（二）要承认时代的价值：在这个时代就应当做这个时代的人，说这个时代的话；（三）应该注重世界文学的分析和研究。中国的白话文运动，乃是与世界文学接触的结果。是年6月，父亲与胡适合译的易卜生名剧《娜拉》在《新青年》上发表。

1919年秋傅斯年出国留学，父亲独立承担了《新潮》的编辑工作，并在第2卷的5期中发表了22篇文章，包括不少对当时学术界及一般社会弊病的抨击。最长而严肃的一篇《妇女解放》，除了分析西方的潮流、学理和中国实况外，并大声疾呼要通过教育、职业和儿童公育三个步骤来实现真正的妇女自我解放和独立。

1919年春，实验主义哲学家杜威应邀访华，在北大发表了一系列的学术演讲。从那时起父亲的兴趣开始转向思想史和哲学的领域。他在《近代西洋思想自由的进化》一文中追踪西方思想的演变，肯定了思想自由所导致的科学精神，并提出"首先改革人生观，以科学的精神谋民治的发展"和"苟主张思想自由，则不能不以坚强的意志，热烈的感情，作真理的牺牲"。这个信念，主要来自他当时翻译柏雷（J.B.Bury）的《思想自由史》（History of Freedom of Thought）的心得。1920年杜威在北大长期讲学，每次演讲由胡适口译，父亲则是担任笔记的学生之一。《新潮》第1卷第一、二期也登载过两篇父亲介绍杜威专著的文章。1922年父亲在美国哥伦比亚选修杜威的课程时，特别写了一篇详细报道，介绍教授的新著《哲学改造》，寄回北大，在《新潮》第3卷第二期《世界名著介绍特号》中刊出。

从父亲在北大三年所发表的文章中，可以追溯出他的思想和兴趣的源流。他坚信白话文学的价值，毕生用语体文写作，并建立了生动优雅的体裁。他拥护新文化运动，主张用西方进步的思想来改革中国的文化和社会。他虽不是学科学的人，但是认同科学方法，并深信理性必须战胜权威，才能导致"民治与科学同时并进"。

十余年后父亲回顾《新潮》说："这个杂志第一期出来以后，忽然大大的风行，初版只印一千份，不到十天要再版了，再版印了三千份。不到一个月又是三版了，三版又印了三千份。以后亚东书局拿去印成合订本，又是三千份。以一部学生做的杂志，突然有这样大的销数，是出乎大家意料之外的。"他个人则认为"第二、三、四、五各期从客观方面看来，却比第一期要进步些"。他对自己文章的评价是："有些文字，现在看过去是太幼稚了，但是对于破坏方面的效力，确是有一些的。"据说当时北洋系统大总统徐世昌认为《新潮》作者们批评国故大逆不道，要教育总长傅增湘示意蔡校长向学生施以压力。但蔡元培校长坚持不肯，维护了大学不受政治干涉的原则，也因而得到了全国学术界的敬仰。

父亲在北大参加的学生活动中，与新潮社有同等历史意义的，应是1919年5月开始的一连串救亡抗议行动。在前一年（1918）的春天，段祺瑞政府正与日本协商密约，一批留日学生在东京示威反对，并毅然回国到各地演说，唤醒民众。在北大的集会讨论时，父亲提议采取实际行动，到总统府请愿要求停止出卖中国的主权，于是发生了5月21日的各校两千多名学生的游行和新华门请愿事件。此次的行动，得到了天津、上海等地学生和商人的响应，一度引起了蔡元培辞职的风波，也促使了少年中国学会和国民杂志社等学生团体的产生，不啻为次年5月4日大型运动的前奏。

1919年4月中国在巴黎和会失利的消息传到北大，父亲和一些同学便商议对策，决定由北京各大学学生在5月7日国耻纪念日发难。可是5月3日山东问题失败，大家决议改于次日在天安门集合游行。当晚各校代表在大会中推举了罗家伦、江绍原和张廷济为总代表，并由父亲起草宣言，印了五万份准备分发。

5月4日发生的事件以及事后的各种反响，已有很详细的记载和分析。父亲个人所扮演的角色，可以从他的口述回忆列表中看出大概。

5月3日——晚上到学生银行取款买布做旗子。起草宣言，参加预备会议被选为总代表之一。

5月4日——上午协助准备英文备忘录。下午在天安门游行后，与江绍原进入东交民巷，向美、英等公使馆递交备忘录。到曹汝霖住宅示威。晚参加会议决定次日北京各校一律罢课。到各报馆解释风潮原委。

5月5日——罢课开始。上午参加各校代表集会组织"联合会"。下午在北京大专学校全体学生集会中报告前夜联络新闻界结果。

5月6日——蔡元培及各大专校长晚上召集罗家伦等学生代表，商议5月7日停止罢课，政府保证释放被捕学生。罗与其他同学连夜赶赴附近各宿舍及学生公寓，通知复课决定。

5月7日——北大复课，蔡校长辞职离京。

5月15日——教育总长傅增湘辞职。

5月18日——北京学生联合会决议反日总罢课。

5月26日——《星期评论》发表父亲所著（笔名"毅"）的《五四运动的精神》。

5月底——全国学生会在上海成立，策划各地学生公开演讲反日。

6月3日——北京大批学生被捕，父亲与狄膺同往监禁处探望。

6月4日——拍电报将学生被捕消息传至上海，路上受到跟踪。

6月5日——上海罢市，其他城市响应。政府决定释放学生。

6月28日——中国代表拒签《巴黎和约》。

7月中旬——北洋政府策动少数北大学生及投考新生，意在控制学生会以抵制蔡元培返校。北大学生会会员发现后将被收买的学生捉住私自审判。

7月18日——北洋政府逮捕学生会会员二十多人。名律师刘崇祐为学生义务辩护。父亲以学生会代表身份与刘接洽，并协助写状。

9月初——受学生会派赴杭州迎接蔡校长返回北大。

11月——继傅斯年任《新潮》主编。

年底——政府下令逮捕父亲。学生会派父亲与张国焘偷赴上海参加全国学生联合会。

1920年2月——从上海返校。

5月1日——在《新潮》发表《一年来我们学生运动底成功失败与将来应取的方针》。

5月4日——主编北京《晨报》"五四周年专号"出版。

父亲笔下的"五四"宣言，充分流露出当时青年的正义感和救国的热忱，引起了广泛的共鸣。三周后他写了《五四运动的精神》，这是最早诠释"五四"精神的文章，它指出"五四"运动表现出三种"关系中国民族的存亡"的精神：（一）学生牺牲的精神，（二）社会制裁的精神，（三）民族自决的精神。1935年胡适在《纪念五四》一文中，不仅录引了当年的学生宣言，也摘抄了以上"五四"精神的定义。他认为《五四运动的精神》这篇文章发表在北洋政府拒签《巴黎和约》及撤换亲日官员之前，"这三个评判是很公道的估计"。但胡适写此文时，尚不知该两文的作者就是他的学生罗家伦。

在毕业以前，父亲曾担任过蔡校长在校内设立的国史编纂处助理，也参加过北大平民教育讲演团的公益活动，又承担了翻译两本英文书的工作（一本是Paul Reinsch 著 *The Fundamentals of Government*，中文译名《平民政治的基本原则》，另一本是前面提过的《思想自由史》）。此外还在校外几家报纸担任过通讯员，赚取稿费以贴补生活。这样忙碌的学生生涯，再加上一年的纷乱不安，使父亲的学业难免受到影响。在离校前发表的万余字长文《一年来我们学生运动底成功失败与将来应取的方针》中，不难看出他的观察和见解较前成熟。在重申一年前对"五四"精神的评估时，他认为"五四"长远的影响应是：（一）思想改革的促进，（二）社会组织的增加，（三）民众势力的发展。反顾此后数十年中的变迁，这个结论的预言性是很值得玩味的。

这里应该注意的是，父亲所指的"五四"是1919年他所亲见、参与和察觉的一连串自发性活动，与蔡元培、胡适、傅斯年和许多当时北大师生的认知雷同。他分析学生运动的弱点时指出三种现象：（一）"学生万能"的观念所导致的无力感，（二）长期荒废学业引起的疲乏感，（三）思想贫乏导致行动趋向形式化。他进一步用了很长的篇幅，剖析了当时学生领导社会运动的许多困难，并认为最终的原因是文化基础的薄弱；将来应取的方针，必须要结合社会、经济和思想各方面的建设。而青年学子的责任，除了关怀社会以外，是要"专门去研究基本的文学，哲学，科学"，才能创造新的现代中国文化。"世局愈乱，愈要求学问"这个信念，就是父亲毕业后选择了留学途径的动机，也是他后来长期从事文化教育工作时坚守的原则。

1920年秋，父亲和四个北大应届毕业生得到蔡校长的推荐和企业家穆藕初基金的资助，分别启程到美、英、德、法各国留学。

父亲在美、英、德、法等国深造了六年。1926年回国前曾一度希望回馈母校，从事教学和研究工作。但事与愿违，返国后仅先后在东南大学及武汉大学短期任教。从1927年至1941年，则连续担任了中央政治学校、清华大学和中央大学三个教育行政职务。这三个学校的性质，以及父亲在三校所负的任务虽然有别，但是北大精神的熏陶和蔡元培校长的感召可以从三方面明显地看出。

（一）在延聘师资方面，父亲坚守了不分派系、地域，不讲情面，广罗人才，礼贤下士的原则和作风。

（二）父亲承继了蔡元培所强调的大学教育宗旨，即"大学为纯粹研究学问的机关"；更进一步提出大学应有的使命："为中国建立有机体的民族文化。"

（三）关于大学校长的责任，父亲一到中大便宣称："我认为办理大学不仅是来办理一个大学普通的行政事务而已，一定要把一个大学的使命认清，从而创造一个新的精神，养成一个新的风气，以达到一个大学对民族的使命。"为此他提出了"诚""朴""雄""伟"四个字与全体师生互相勉励，同时除了鼓励校内举办各种学术演讲及活动外，自己也经常就国际局势、民族、文化、人生观等题目对学生演说。

由以上所述三点，可以看出"五四"前后的北大环境，长远地影响了父亲的信念、经历和事业。而与北大师友们数十年的交往，也构成了他一生最可贵的记忆。

蔡元培校长是父亲最敬爱的长者，对他的感召也最深远。1919年秋父亲曾代表北大同学到杭州迎接校长返校。1921年在美国，父亲和其他校友则负责接待与安排蔡元培访美的各种活动。1924年至1925年间师生二人同在德国，见面机会虽不多，却时常通信互述关怀并交换读书心得。那时北大处于军阀盘踞的华北，百废待举，而老校长滞留海外不愿同流合污。父亲和傅斯年等学生对此关心备至，分别敦劝蔡元培返校，重振北大声望。蔡元培给罗、傅二人的复信则详述他对救国的看法及专心研究与著述的决心。师生间心心相印，可见一斑。

1926年蔡、罗二人相继返国。此后虽不同在一地，却联络不断，仅父亲保存的信函，便有36封之多。1927年父亲结婚，特请尊敬的校长福证。1929年父亲出任清华大学校长，与大学院院长蔡元培的推荐有密切的关系。1936年蔡元培年事已高，身体渐衰。在他70寿辰之前，一批旧日同事与学生（包括父亲在内），鉴于老人劳瘁一生，尚无栖息安身之所，发起集资在上海买了一所住宅，供他"用作颐养著作的地方"。献寿的信由胡适起草，交王世杰（北大教授）和罗家伦、段锡朋、陈宝锷（北大学生）修改后，以几百个朋友学生的名义面呈。蔡元培经过了三个多月的考虑后，终于接受了众人对于"一位终身尽忠于国家和文化而不及私的公民"的敬意。这个举动，十足地显出了北大学风中的亲爱精诚。1940年蔡元培逝世的消息传到重庆，父亲悲伤之余，写了《伟大与崇高》一文纪念这位"文化的导师，人格的典型"，颂扬他"凝结中国固有文化的精英，采撷西洋文化的优美，联合哲学、美学、科学于一生，使先生的事业，不特继往，而且开来"。

"五四"时期的北大文科学长陈独秀对新潮社社员的影响很深，对学生办杂志亦极力赞助。父亲毕业后与陈独秀离别数年，但返国后曾前往狱中探望，关系不断。陈独秀写杜甫诗赠予父亲的墨宝有一条行书七绝，另外有七封信函，多半与狱中托借书有关。一函中所提"昨畅谈甚快"，亦证明师生情谊不渝。

父亲在北大三年中接触最多的师长，可能要推年轻的胡适教授。父亲除了在学业方面的请益问教外，曾被他派做杜威演讲的笔记工作，也共同译过易卜生的剧本。"五四"一周年父亲为《晨报》编辑专刊时，曾央请胡适写文章，为"旁皇过路"的学生"拿出正当的主张出来，做一个灯塔"。在美国留学期间，父亲经常收到胡适寄赠的《努力》周报，自己也曾投寄过一些新诗给这份胡适主编的刊物。后来在欧洲，父亲曾为自身的经济问题和同学何思源的困境向胡适求助。1925年父亲在伦敦为"五卅"事件奔走时，曾将胡适及丁文江等人联合发表的英文通电印了三万份分发给英国各界，用以代表中国知识界的抗议呼声。

父亲回国后的数十年中，很少与胡适同在一地工作，但是遇有机会相聚，总会重温北大时代的情谊。1945年底父亲率领代表团参加联合国"教育科学文化组织"在伦敦召开的筹备大会。父亲作为团员之一，与胡适同住一个旅馆，朝夕相处有四周之久。其间曾参加牛津大学颁赠胡适荣誉学位典礼，并曾长谈北大事。父亲又将当时胡适口述出使美国时的一些内幕记录下来，保存了一份第一手资料。

1952年底胡适访问台湾，师生又久别重逢。在胡适62岁生日（12月15日）那天，父亲从史库中找出胡适中学时代写的一批作品送呈祝寿，并向新闻界介绍这些用极通俗的白话写的传记、小说、时评和论说，当年发表在中国公学办的《竞业旬报》上，从而可以看出少年胡适的新思想。

北大的师长中与父亲有长期交谊的还有蒋梦麟、顾孟余、朱家骅、沈尹默、陈大齐、樊际昌等人。各人的专长和事业虽不同，但父亲对他们的尊敬和关怀都持久不渝。他为蒋梦麟的《西潮》作序，推崇它"是一本充满了智慧的书。这里面包涵晶莹的智慧，不只是从学问研究得来，更是从生活的体验得来"。五年后蒋梦麟去世，父亲应治丧委员会之请写了一篇短篇的传略，介绍他"思想的渊源，事功的推进，对于近代文化演进的认识，与临危不屈、临难不苟的精神"，并在第一段中声明："此篇还是用语体文写成，惟恐先生英灵暗笑这'五四'时代的北大老学生没有长进。"

1963年朱家骅去世时，父亲正在国外开会，但四天内便发表了一篇题为《朱骝先（朱家骅）先生的事迹和行谊》，述及1917年在北大选修朱氏的德文课和同在柏林当留学生时的乐趣。师生的气度和风格，就是早期北大传统的表现。

沈尹默在国学、诗词和书法方面都有很深的造诣，所以父亲自从进入北大开始，由于兴趣相近而与他建立了长期的"文友"关系。抗战时期二人同在重庆，常在一起讨论共同所好。父亲除常观摩沈氏挥毫外，也爱收藏他的墨宝，其中有一幅谢稚柳画的工笔花鸟，由沈尹默题上父亲的一首诗，构成一件诗书画三结合的珍贵纪念品。

父亲在北大的另一收获是交结到许多终身挚友。他们不同科系，或不同年级，在校一同讨论学问，倾诉抱负，互相帮助，情同兄弟。毕业以后仍然互相关心，不断维持精神或实质上的支援。父亲在出国前致胡适的一封信中，即为顾颉刚请求说："颉刚的旧学根底，和他的忍耐和人格，都是孟真和我平素极佩服的。所以使他有个做书的机会，其结果不只完成他个人求学的志愿，而且可以为中国的旧学找出一部分条理来。"以后父亲到清华大学曾邀请顾颉刚任教未成，终于在中央大学时聘请到他担任历史系教授。抗战时期顾颉刚改业从事民众文艺出版工作，也获得老友有力的协助。现存罗致顾的长信1封和顾致罗的13封信，全部有关彼此的治学计划、心得与困境，也提供了二人在北大期间所建立的友情与共识。

　　与父亲在北大同窗而且同时在欧美留学的，有冯友兰、杨振声、傅斯年、段锡朋、何思源、狄膺、毛子水、周炳琳、汪敬熙等多人。后来又多半同在教育界服务，始终保持着友好的关系。其中与傅斯年（孟真）和段锡朋（书贻）的交谊最为深挚。傅、段二人在壮年时相继病故，对父亲打击深重，他直率地说："在朋友之中，我与傅孟真最亲切，可是傅孟真最佩服的是书贻，孟真是对的！"父亲生动地勾描出在北大时与段、傅二位同学结交的经过，对他们的学术旨趣、性格、为人、事业等方面，均有深刻的认识。他称道段氏是"亦儒亦墨亦真诚，远识高标两绝伦"，更叹惜他不能一展抱负两袖清风而去。

　　在父亲的心路历程中，他的"北大经验"永远是活的教训。1958年北大60周年纪念时，他特为写了一篇《蔡元培先生与北京大学》，再度推重老校长所创始的独特学风，并强调"北大精神"的文化价值。1967年父亲在病逝前两年的5月还发表了《对五四运动的一些感想》一文，重申他对新文化运动和"五四"运动的评估。最后语重心长地说："总之，我曾深切的指出，'五四'运动是受新文化运动的影响，而新文化运动也广泛地、澎湃地由'五四'运动而扩大。新文化运动和'五四'运动一贯的精神，就是要使中国现代化。要使中国现代化，必须从思想现代化做起。'五四'运动已经过去了半个世纪，但就现代化的意义来说，仍是有待我们继续努力的一个方向。"

我的父亲罗家伦

1919年5月4日，罗家伦在天安门投身于领导"五四"运动的洪流中（无帽发蓬松者为罗家伦）

父亲与"五四"运动

1919年5月4日是中国近代历史上的一个重要日子,它也在无数人的生命中产生了关键性的影响。父亲1917年考入北大本科时,京都刚刚走出帝制和复辟的阴影;恰巧又在蔡元培校长推行思想自由、兼容并包政策的初期。校中新旧学人风云际会,学生视野大增,竞相挣脱传统的约束,大胆探索通往新时代的途径。"五四"运动就在这样的环境中孕育、成长,迅速地波及全国。

大学时代是从少年到成年的分水岭。父亲入校时年龄尚不足二十岁,在同学中算是比较小的。他生长在一个江南书香家庭,受过扎实的家塾教育。以后到上海复旦中学读高中,吸收到许多新的知识。来到全国政治中心的北京之后,在校园里接触到的事物和信息,使他的思想、胆识和自信与日俱增,渐渐形成了积极活跃的个性。

1917年胡适和陈独秀揭起了"文学革命"的旗帜,北大的学生们踊跃加入了这一行列,并进一步对切身有关的家庭制度、社会陋习和传统文化等题目,展开了探讨和批评。父亲对文学久已钟情,在中学时曾为学生季刊写稿,进入北大后主修的又是外国文学,第一学期便向最具前卫性的《新青年》投稿。该刊于1918年元月号刊出了他用文言写的《青年学生》，讨论的是青年普遍早婚、求学缺乏目标、风气颓废的弊病；同年6月又刊出了他与胡适合译的易卜生名剧《娜拉》，这是他首次使用"白"而"雅"的语体文。

这一时期，校园中学生社团和刊物如雨后春笋般出现。父亲和几位志同道合的同学发起成立了新潮社，为学生开辟了一个发表意见的场所。1919年元月《新潮》杂志创刊，目的是以"批评的精神，科学的主义，革新的文词"来促进新文学和新文化的诞生。英文名字采用的是"*The Renaissance*"。父亲在创刊号上的解释是："Renaissance一个字的语根，是叫'新产'New Birth。我把本志的名称译作新潮，也是从这个字的语根上着想；也是从这个时代的真精神上着想。"

《新潮》月刊第一卷共五期，第一期便广受读者的欢迎，印了将近一万份。担任总编辑的是毕业班的傅斯年。父亲在协助编辑工作的同时，还发表了十三篇文章，内容大致可分三类：一类是响应"文学革命"的号召，用外国学说中的定义和实例，向中国的旧传统和它的卫道者挑战；第二类是一系列对当时小说界、新闻界和杂志界的批评，结论固然贬多于褒，但也提出了很多善意的谏言；另一类的目的是揭露旧社会制度对人性的摧残，其中一篇《是爱情还是痛苦》，是用对话方式叙述一个知识青年的悲剧。

创刊号上父亲写的社论《今日世界的新潮》，反映了第一次世界大战末期俄国、奥匈帝国和德国的革命对中国广大青年的震撼。当时虽然欧洲的变局尘埃未定，但一些西方政治学家已看到民主制度和社会主义相辅而行是世界的新潮流、新希望。父亲在社论中介绍了这些学说，并特别指出："民主主义同社会主义固然日益接近，就是社会主义同个人主义也是相关而不是反对的。此后的社会主义并不是要以雷厉风行的手腕，来摧残一切的个性；乃是以社会力量，来扶助那班稚弱无能的人发展个性。"另外，他在一篇《复易君左函——释今日之世界潮流》文中坦诚地说："我现在所研究的（说不到主张）是社会民主主义——Social Democracy，是想根据现状，以民主主义的精神，先行解决社会各问题。"可见此时他的政治理念尚未成熟。但是，这个研究的方向与他终生的信仰是很具连贯性的。

为了避免外界的误解，父亲在《新潮》第一期便说明："因为我们'入世未深'，所以还有几分没有与社会同化，而且不知世路艰险，所以还敢放大胆子，以第三者的眼光，说几句'局外话'，'世网'如何也都不管……说得不错，就望社会加以采择，说错了就望社会赐以匡正。"有人抨击青年作者破坏传统伦理，大逆不道，父亲的答复是："我们……对于现状极力攻击，无非想打破'非人主义'而极力唤醒'人'的生活。"同时也声明说："此后我们新潮的社员，自当极力从建设方面，将各问题切实筹划一番，但是也很望全国的人，一同起来研究，才能收良好的结果；若能如此，真是同社傅君所谓'夜猫子叫醒雄鸡'了。"这种雄心大志，的确也收到了相当大的效果，例如商务印书馆主持人从1920年起做出一系列改革，使该馆出版的《东方杂志》《学生杂志》《妇女杂志》等逐一呈现了新的面目，便是接受了父亲在《今日中国之杂志界》一文中提出的意见。

蔡元培支持校中"百花齐放"，并批准由北大经费中每月拨三千元作为《新潮》的印刷等费用，这引起了保守派的激烈攻击。他们曾通过教育总长傅增湘，示意校长辞退两个教员，开除两个学生，指的就是《新青年》的编辑陈独秀和胡适，《新潮》的编辑傅斯年和罗家伦。然而蔡元培维护言论自由的初衷，从未动摇，并愿担当一切的责任。1919年3月傅增湘致蔡校长的专函说："自《新潮》出版，辇下耆宿，对于在事员生，不无微词……"要求加以约束。蔡元培的回信是由傅斯年代撰的，并不承认

我的父亲罗家伦

学生有过，仅答应要他们多加留意。学生们身受校长人格和气节的感召，更增强了为正义反抗强权而不计安危的勇气。

父亲首次参加学生救国运动是在1918年5月。当时留日学生代表到北大演说，痛陈冯国璋、段祺瑞政府与日本缔结《中日防敌军事协定》的阴谋。父亲在《蔡元培时代的北京大学与"五四"运动》一文中回忆当时的情景说："大家莫不义愤填膺，但终觉束手无策。最后我跑上讲台对着大家说，这个事体，徒然气愤也没有用处，我们如果是有胆量的，明天便结队到新华门围总统府去，逼迫冯国璋取消成约，若是他们用军警来干涉，我们要抱有流血之决心。"随后便发生了5月21日北京各校两千多学生的游行和新华门请愿事件。这次学生很快自动返校，是因为大总统接见了学生代表，对条约加以解释。北大蔡校长与各科学长（即院长）却因此前劝阻学生无效，全体向教育部辞职，经学生代表陈情后才获得解决。这个为时三天的风波，曾一度使北大陷入危机，也为一年后大规模的"五四"运动开了先河。此后北大国民社、《国民》杂志、平民教育演讲团应运而生，都受到蔡校长的支持。新潮社和国民社的宗旨、志趣虽然有异，但是父亲与国民社的许多社员都是朋友，也同是演讲团初期的成员。

1918年11月11日第一次世界大战停火，三天后蔡元培主持了北京学生庆祝大会。在天安门集会游行的有三万余人，并有中外人士演说。以后两天在天安门又举行了对民众演讲的大会，蔡校长和教授们（包括陈独秀和胡适）都分别发言。蔡元培深信世界前途有了新希望，特别又在11月28日宣布北大放假三天，举办"庆祝协约战胜提灯会"，目的要使学生"获得较深之印象，得以放开世界眼光，促进国家观念"。身受校长言行启发、对国事格外警觉的北大学生，自然而然地成了第二年游行、示威和罢课的主导力量。

"莫迟疑，也莫徘徊，前进罢，情愿做轮轨间的肉泥……却不愿死在比你我更可怜，你我还不如者的手里。"

1919年3、4月间，中国在巴黎和会中受到日本压迫，处境危急时，北大学生曾集会捐款，打电报要求本国代表不可让步。5月初，外交消息一天比一天恶劣，蔡校长每日召见学生代表，向他们讲述情况。父亲和新潮社、国民社主要成员准备俟机行动，只因不愿给北大和校长造成冲击，乃商定在"五七"国耻日联合市民游行抗议。但5月3日蔡校长听到北洋政府同意和约中山东条款的消息，立即通知了父亲、段锡朋、傅斯年、康白情等人。当天深夜，北京各校学生开会，一致决定第二天走上街头。父亲的任务包括连夜购买写标语的白布，联络各校学生，起草宣言，向各国驻华使馆交备忘录，以及事后向各报馆解释事件的原委等。可惜那天拍下的照片不多，只有一张可以确切认出父亲的面貌，拿着白布旗子走在北大行列的前排。

"五四"当天散发的几万份《北京学界全体宣言》是父亲起草的。二十多年后，他在《黑云暴雨到明霞》一文中谈到撰写宣言的经过说："民国八年五月四日上午十点钟，我方从城外高等师范学校回到汉花园北京大学新潮社，同学狄福鼎（君武）推门进来，说是今天的运动，不可没有宣言，北京八校同学推北大起草，北大同学命我执笔。我见时间迫促，不容推辞，乃站着靠在一张长桌旁边，写成此文，交君武立送李辛白先生所办的老百姓印刷所印刷五万张；结果到下午一时，只印成二万张分散。此文虽然由我执笔，但是写时所凝结的却是大家的愿望和热情。这是'五四'那天惟一的印刷品。"宣言只有一百多字，用的是极简洁的白话文，不仅反映了文学革命的功效，也被公认为代表了青年知识分子的精神。

"五四"以后，父亲一方面努力营救被捕的同学，一方面又想补救蔡校长呈辞离京所带给北大的冲击。同学们组织代表团到天津寻找校长下落，父亲也是团员之一。随后教育界的风波日渐扩大，5月中傅增湘因支持蔡元培而辞职。接着北京学生再度罢课，并公开向政府提出外交及教育政策方面的要求。5月底各地学生代表在上海召开全国学生联合会，策划另一次全国性的抗争。6月3日，北京学生开始在街头宣传抗日，被军警拘捕的人数逐日增多。6月4日，父亲冒着危险把消息拍电报到上海，导致了全国大城市商人大罢市。不久学生便被释放，段内阁改组并罢免了亲日官员曹汝霖、陆宗舆和章宗祥，拒签《巴黎和约》。到此为止，学生虽已达到了目的，但安福系政府仍然使出各种手段，阻挠蔡元培返校。9月初，北大学生又通电全国，要求校长回任。开学前，蔡校长终于毅然北返。到杭州迎接他的学生代表，便是父亲。

父亲首次描述这一年中一连串事件的前因后果，是1931年的一次口述，由他的学生马星野笔记，1989年"五四"七十周年时才公开发表（即本书后文《蔡元培时代的北京大学与"五四"运动》一文）。这是一篇未经润色，朴实而翔实的回忆。学生们的热情、奋勇和忘我精神，栩栩如生地跃然纸上。这些初出茅庐的活动分子，当时处于险恶的境地，心中究竟是什么滋味？这在1920年父亲写的一首白话诗《往前门车站送楚僧（即许德珩）赴法》中有真切的描述：

烁亮的电灯底下，
　映着几道闪闪的刀光；
颤巍巍的重门，
　对着一片阴凄凄的团场；
楚僧！这是什么地方？

五四以后的一夜，
　　你在门里，我在场中；
六三以前的一夜，
　　我进门去，你在场中；——
　　这都是昏黑的晚上。
可怕的矮树，供我们藏身；
　　可怜的带刀人，做我们的侍卫，——
　　那是什么景况？
楚僧！我们今夜相别！
车站的汽灯，
　　夺去了地上一圈圈朦胧的月影；
可恨的汽笛儿，声声催人离别。
你握着我的手，
　　我握着你的手，
　　却没有半句话说……

　　1919年10月父亲接任《新潮》主编，重新为撰稿和出版忙碌。年底又加入了校长和教授们联名发起的"工读互助团"，"帮助北京的青年，实行半工半读主义"。1920年2月4日起，北京学生为了支援天津学生反对直接与日本交涉山东问题的行动，又连日举行演讲、游行，遭到军警逮捕。父亲住的学生公寓受到警察搜查，并点名抓人。幸好他一时机智得以潜逃，连夜与张国焘南下，代表北大学生参加了在上海举行的全国学生联合会大会。多年后他在一篇《有关张国焘的两件回忆》文中，叙及了二人清晨溜出永定门，沿铁轨走到丰台才搭上火车的经历。1924年父亲在德国留学时，听到张国焘入狱的消息后，曾作了另一首满怀深情的新诗《追忆

我的父亲罗家伦

出亡的一夜》：

　　　　狱门也不过是这样：
　　　　　漆黑的深洞，
　　　　　瞰着奇鬼似的古树。
　　　　城楼挂着残月，
　　　　　疏星阴凄凄的失了光亮。
　　　　风尘的本色那怕人看，
　　　　　只为什把黑氅围着；
　　　　　分明有话，却呆呆瞪着不响。
　　　　许久后从戍所露出灯火，
　　　　　再移时听得开门的锁钥，
　　　　　哑笨地带点铿锵。

　　　　就刑也不过是这样：
　　　　　拂晓的浓雾不许辨人，
　　　　　只听得喇喇的鞭音，
　　　　　带出马嘶人响。
　　　　嘘嘘的赶着路，
　　　　　想不到在车上一霎眼就渡过的铁桥，
　　　　　现在偏有这长！
　　　　伴侣！莫迟疑，也莫徘徊，
　　　　　前进罢，
　　　　情愿做轮轨间的肉泥，
　　　　　或葬入浮着悬冰的深水；
　　　　却不愿死在比你我更可怜，

>你我还不如者的手里。

父亲在这个时期那充沛的精力、炽热的感情、蓬松的头发、沙哑的嗓音，给很多人都留下了深刻的印象。

>"新文化运动和'五四'运动一贯的精神，就是要使中国现代化。要使中国现代化，必须从思想现代化做起。"

在当时那种心神紊乱、生活不定的情况下，"当事者迷"应该算是常情。可是"五四"刚过去三个星期，父亲便在上海《星期评论》上，用"毅"的笔名发表了一篇《五四运动的精神》，总结了运动所表现出来的三种特质，这就是：（一）学生牺牲的精神；（二）社会制裁的精神；（三）民族自觉的精神。这也是多年后胡适在《纪念五四》一文中认为"很公道的估计"，"五四"事件也从此伸展成为"五四"运动。

"五四"一周年时，父亲为《晨报》编辑"五四纪念增刊"，征集了蔡元培、胡适等人的专文。蔡氏虽赞许学生的努力、奋斗和牺牲，但希望他们以后不要再采用罢课的手段，"专心增进学识，修养道德，锻炼身体，如有余暇，可以服务社会，担负指导平民的责任，预备将来解决中国的——现在不能解决的——大问题"。父亲在《新潮》第二卷第四号（1920年5月）发表的长文《一年来我们学生运动底成功失败和将来应取的方针》，则进行了比较全面的剖析和反思。他重申了一年前对"五四"精神所下的定义，并认为那三种精神产生了相当大的影响，这就是：（一）思想改革的促进；（二）社会组织的增加；（三）民众势力的发展。但他也承认学生的失败之处，在于他们产生了万能的观念，导致了学术的停顿，行为落于形式的窠臼。不断地通电、游行、罢课，效果也就愈来愈小。他与蔡校长一样，主张在中国没有解决国计民生问题以前，学生所能贡献社会的，是专心去研究真的学问，翻译国外有价值的著作，以期建立思想改革的基础。他坦率地承认自己"好不容易，辛辛苦苦读了几年书，而去年一年以来，忽而暴徒化，忽而策士化，忽而监视，忽而亡命……全数心血，费于不经济之地"。这是他毕业前的自白，也说明了他获得"穆氏基金"资助后决心出国深造的动机。

在北大的最后一学期，父亲继续记录、整理杜威在北大所作的系列哲学演讲，准备在《新潮》发表。他自己则为该刊第二卷写了二十二篇文字，其中有探讨一些社会问题的，如《妇女解放》和《是青年自杀还是社会杀青年》；有批评学术界不良现象的，如《学术界的骗局》；也有介绍西方新书和新学说的，如《杜威著〈学校与社会〉》《近代西洋思想自由的进化》等。另外，他还为《新潮》坚持批评的态度辩护，指出由于专制社会对思想的桎梏，使中国缺乏批评的观念，"所以我们批评他，他就以为我们骂他，所以他就要记恨，就要真的还骂"。因此，他最后的结论是："我们赞成一件事应当研究，反对一件事更当研究……因为研究固当批评，而批评固当研究。"（《批评的研究》）

此时父亲对新文学的兴趣尚未减退，在出国的途中还曾整理出一篇一万多字的论文《近代中国文学思想的变迁》，发表在1920年10月的《新潮》上。他认为新文学面临的危机，是受到旧思想中"轻佻、谩骂、武断、笼统、空泛、不合逻辑"等遗毒的影响。所以赶上世界潮流的途径，唯有研究西方文明的源流，有系统地选择中国所需要的书，介绍给国内，使中国能够适应时代的进化。基于这个信念，他在出国前便经常把国外有价值的文章和整本的专著翻译出来，在《东方杂志》《晨报》和上海《时事新报》副刊上一次或分期刊出。

父亲在北大身为新潮社的主要成员，义不容辞地负起了领导并代表北大学生的任务，进而成为全国学生运动中的一名健将。他的声望是由于

我的父亲

1920年秋北大毕业生赴美留学前合影

前排右起：汪敬熙、康白情

后排左起：罗家伦、段锡朋、周炳琳

行动上的表现，更是因为他以开放的思想和生动的文笔，写出了千万青年的心声。但他对自己所扮的角色，从不夸张，自认只有"五四"前写的两篇有关文学的长文曾产生过一些影响。至于那些批评性的文字，他承认"看过去是太幼稚了，但是在当时于破坏方面的效力，确是有一点的"。

"五四"的前后三年，对父亲终生的影响是极其深远的。此后他在美国和欧洲六年，有良好的学术环境供他学习研究，翻译和著述也坚持不断；对国内的局势虽感到隔膜、无奈，但在祖国面临危难时，他奋起的表现仍与当年无异。1921年他参加了留美学生华盛顿会议后援会的游说和新闻工作，并为国内报刊写了三篇专题报道。1925年"五卅"事件发生时，父亲在伦敦立即加入了英国在野党人士组成的"中国讯问部"，用新闻稿和演讲等方式，把惨案的真相和国内舆论的反应，供给英国议员及新闻界咨询。

在国外，父亲的兴趣转向哲学和历史，并决定要用科学的方法来整理和研究中国近代历史。但回国后不久，他即全力投入了大学教育工作。这仍应归因于蔡元培的影响和鼓励，使他认定大学肩负着建立新文化的特殊使命。他在清华和中央大学校长任内的工作，都体现出蔡校长的作风。他自己经常担任基础课程，保持与学生接近；同时定期对全校学生演讲，分析国际局势，讨论各种文化课题，疏导青年的苦闷等。这些讲词，记录下来的有一百多篇。抗日期间他出版的几本书——《新人生观》《文化教育与青年》《黑云暴雨到明霞》《新民族观》，内容大半是将这些讲稿修订集成的。

自从1919年父亲发表《五四运动的精神》以来，他在"五四"周年时一共做过将近二十篇谈话、演说和专文。在1931年所做的《新文化运动的时代和影响》演讲中，他重申了新文化运动和"五四"运动的互动关系，并分析新文化运动的目标是用新标准估量旧文化，用新文学表现新人生，用新态度促进新社会。他深信这个运动必须长期坚持下去，才能真正发生影响。所以他比喻"新文化运动是欧洲文艺复兴运动与启明运动合而为一的运动"。

又过了三十多年，也就在父亲去世前两年，他写了一篇《对五四运动的一些感想》，再一次说明他的看法："五四"运动是受新文化运动的影响，而新文化运动也广泛地澎湃地由"五四"运动而扩大。新文化运动和"五四"运动一贯的精神，就是要使中国现代化。要使中国现代化，必须从思想现代化做起。"五四"运动已经过去了半个世纪，但就现代化的意义来说，仍是有待我们继续努力的一个方向。

作为一个研究历史的人，父亲在1942年写的《从近事看当年》一文中曾说过一句含义深长的话："凡是一件历史的事迹，时代隔得愈远，其意义和影响，愈看得清楚。'五四'运动也不是例外。"在美国历史学教授Vera Schwarcg的"五四"运动专著中，总结她十余年的研究成果，得到的结论是："五四"运动的参与者所留下的最独特的遗风，是他们对启蒙事业的执着和对思想解放的憧憬。这个评估"五四"运动的观点，可以说与父亲一贯的立场不谋而合。

父亲晚年在一首自寿诗中有一句"但有死亡无凋谢"的祝愿。"五四"一代的元老虽都已作古，但愿他们所体现的精神永不凋谢。

罗家伦

蔡元培先生与北京大学
——谨以此文纪念先师蔡孑民先生百年诞辰

　　我以为一个大学的精神，最好让后代的教育文化史家来写。但是有人以为当时的人尚且不留记录，那后代的史家更缺少相当的凭藉。又有人说当时人的观察虽不能和"明镜台"那般的晶莹，然当时人的心灵，也不见得就如顽石般的毫无认识和反想。我是劝人注重近代史的人，对于这番话自然无法来否认，也无须来争辩。我是治历史的人，愿意忠实地写我对于北大精神的认识和反想。我不愿意夸张，也无所用其回护，然而这些认识和反想，终究是从我的观察体会中得来。强人相同，则吾岂敢！

　　一个大学的精神，可以说是它的学风，也可以说是它在特殊的表现中所凝成的风格。这种风格的凝成不是突如其来的，更不是平空想象的。它造就的因素，第一是它本身历史的演进，第二是它教职员学生组合的成分，第三是它教育理想的建立和实施。这三项各有不同，但互为因果，以致不能严格划分。即以北京大学的精神而论，又安能独为例外。

　　北京大学的历史，我不必细说，因为毛子水先生在《国立北京大学的创办和历年的经过》（见《国立北京大学成立六十周年纪念特刊》）

篇里，已经考据精详。我们不愿意攀附以前历代首都的太学、国学；但是在首都要建立一座类似近代的大学，则自以光绪二十四年（1898年）创立京师大学堂的诏书开始。而其内部的建置，主体是仕学院，收翰林院编修、检讨、六部中进士举人出身的员司和都察院的御史等等做学生，并把官书局和译书局并入。这是最初时期的第一阶段。中经庚子之变而停顿，到1901年才恢复。嗣后把同文馆并入，以严复为译书局总办。次年取消仕学院而分设仕学馆和师范馆，并设英、法、俄、德、日五国语文专科，此系译学馆的前身。这是最初时期的第二阶段。1902年7月张之洞等会奏《重订学堂章程》以后，大学中分为八科，上设通儒院（即现在大学研究院），下设预科，附设进士馆、译学馆和医学实业馆。毕业后，分授科举时代进士的头衔，并将成绩优异的进而授予翰林院编修、检讨等官职。这是最初时期的三阶段。综观这最初时期的三个段落，我们可以看出京师大学堂的几种特点：

第一，承受当时维新图强的潮流，想要把中西学术熔合在一炉；吴汝纶、严复诸先生同在一校担任重要教职，就是象征。但是旧学的势力当然比新的深厚。

第二，是要把"仕而优则学，学而优则仕"的观念，在此实行。当时学生半途出家的情形，演出了许多有趣的故事。如上课时，学生的听差，进房屈一膝打扦，口称"请大人上课"。除译学馆学生较洋化而外，仕学馆和以后的进士馆则官气弥漫。

第三，因为学生的学识和资历均高，所以养成了师弟之间，互相讨论、坐而论道的风气。这点对后来却留下了很好的影响。就在这里，让我写一段学术界的逸事。在清季象山陈汉章（字伯弢）先生是名举人，以博学闻于当世，于是京师大学堂请他来当教习。他到校后见一时人才之盛，又因为京师大学堂毕业以后可以得翰林（当时科举已废），于是他决定不就教习而做学生，在马神庙四公主府梳妆楼上的大学藏书楼里，苦苦用功六年，等到临毕业可以得翰林的一年，忽然革命了，他的翰林没有得到，可是他的学问大进，成为朴学的权威。

1911年，蔡元培先生任教育总长，特别选学通中西的严复先生为大学堂总监督，不久改为国立北京大学，仍以严先生继续担任。这正是着重在融会中国文化与西洋学术的传统精神。

1916年底，蔡元培先生自己被任为北京大学校长。蔡先生本来在清季就不顾他翰林院编修清高的地位和很好的出路，而从事革命，加入同盟会。当时党内同志有两种意见，一种赞成他北上就职，一种不赞成。国父孙中山先生认为北方当有革命思想的传播，像蔡元培先生这样的老同志应当去那历代帝王和官僚气氛笼罩下的北京，主持全国性的教育，所以主张他去。蔡先生自己又不承认做大学校长是做官，于是决定前往。他在北京大学就职的一天，发表演说，主张学生进大学不当"仍抱科举时代思想，以大学为取得官吏资格之机关"。大学学生应当有新的"世界观与人生观"，"当以研究学术为天责，不当以大学为升官发财之阶梯"。他又主张"发扬学生自动之精神，而引起其服务社会之习惯"。他又本其在教育总长时代的主张，认为任何挽救时弊的教育，"不可不以公民道德为中坚"。这种精辟、勇敢、诚挚而富于感动性的呼声，震开了当年北京八表同昏的乌烟瘴气，不但给北京大学一个灵魂，而且给全国青年一个新启示。

蔡先生对于北京大学及当时学术界的影响如此其深，所以我们不能不把他的思想和态度，重新平情和客观地认识一下。

第一，他是一位中国学问很深、民族意识极强、于中年以后再到欧洲留学多年的人，所以他对于中西文化，取融会贯通的态度。他提倡新的科学研究，但当时他为北京大学集合的国学大师，实极一时之盛。他对于双方文化的内涵，是主张首先经过选择而后加以保留或吸收。

第二，他研究哲学而又受希腊美术精神的影响很深，所以主张发展人生的修养，尤其当以美育来涵养性灵；以优美代替粗俗，化残暴而为慈祥。

第三，他在法国的时候，受到两种思想的感应：一种是启明时代一般思想家对文艺和科学的态度，以后他并赞成孔德（A.Comte）的实证主义；一种是法国大革命时代"自由、平等、博爱"的号召，所以他主张民主。

第四，他对于大学的观念，深深无疑义的是受了19世纪初建立柏林大学的冯波德（Wilhelm Von Humboldt）和柏林大学那时代若干大学者的影响（英国著名史学家谷趣（G.P.Gooch）称，当时柏林大学的建立，是19世纪一件大事）。蔡先生和他们一样主张学术研究自由，可是并不主张假借学术的名义，作任何违背真理的宣传；不但不主张，而且反对。有如马克思的思想，他以为在大学里是可以研究的。不过在"五四"时代，北京大学并未开过马克思主义研究的课程。经学教授中有新帝制派的刘师培先生，为一代大师，而刘教的是三礼、尚书和训诂，绝未讲过一句帝制。英文教授中有名震海外的辜鸿铭先生，是老复辟派，他教的是英诗（他把英诗分为"外国大雅""外国小雅""外国国风""洋离骚"等类，我在教室里想笑而不敢笑，却是十分欣赏），也从来不曾讲过一声复辟。

第五，他认为大学的学术基础，应当建立在文哲和纯粹的自然科学上面。在学术史上，许多学术思想的大运动、大贡献，常是发源于文理学院研究的对象和结果里。所以大学从学术贡献的基础来看，应以文理学院为重心。其他学院可在大学设置，但不设文理两院者，不得称大学。这个见解里面，确是含有了解学术思想全景及其进化的眼光。

第六，他是主张学术界的互助与合作，而极端反对妒忌和排挤的。

他提倡克鲁泡特金（Kropotkin）的互助论。他认为学术的研究，要有集体的合作；就是校与校之间，也应当有互助与合作，一个学校不必包揽一切。所以他曾经把北京大学的工学院，送给北洋大学。

第七，根据同样的理由，他极力反对学校内或校际间有派系。他认为只能有学说的宗师，不能有门户的领袖。他认为"泱泱大风""休休有容"，为民族发扬学术文化的光辉，才是大学应有的风度。

第八，他幼年服膺明季刘宗周先生的学说，对于宋明理学的修养很深，所以他律己严而待人宽。他有内心的刚强，同时有温良恭俭让的美德，所以他能实行"身教"，不但许多学生，而且有许多教授，"心悦而诚服"。

在他主持北大的时候，发生了三个比较大的运动。

第一是国语文学运动，也常被称为白话文运动或新文学运动。这是一种有意识的文学解放运动，以现代人的语言文字，表现现代人的思想感情，不必披枷戴锁，转弯抹角，还要穿前人制就的小脚鞋子，才能走过狭长的过道。并且就可把这种"国语的文学"来形成"文学的国语"，使全民的思想意识都能自由地交流，而巩固中华民族的团结。英、德、意各国能形成为现代的国家，它们都经过这种文学革命的过程。这种运动，当年受过许多猛烈的攻击，到现在也还不免，但其成效俱在，不必费辞。就是当今总统和政府重要的文告，都用国语，已足证明。至于多年来节省亿万小学生、中学生和一般青年的脑力和心血，使他们用在科学和有益的学问知识上，实在是全民族一种最大的收获。到现在新文学中还不曾有，或是有而不曾见到伟大的作品，是件遗憾。同时我们也知道，从马丁·路德于1521年在华特堡（Wartburg）开始用德国民间的白话翻成新约全书以后，一直等到18世纪初叶，才有歌德和席勒两大文学家出现，产生出最成熟的现代德国文学。我们正热烈地欢迎和等待中国新文学里的歌德和席勒出现。至于当年北京大学的工作，只是"但开风气不为师"而已。

第二是新文化运动。它只是从新文学运动范围的扩大而产生的。当时，不想到现在，还不免有人对他谈虎色变，其实它一点也不可怕。简单扼要地说，它只是主张"以科学的方法来整理国故"。也就是以科学的方法，来整理中国固有的文化，分门别类地按照现代生存的需要来重新估定其价值。无论什么民族文化都是为保持它民族的生存，它自身也附丽在这民族的生存上。"处今之世而无变古之俗，殆矣！"若是国粹，自然应当保留；若是国糟，自然应当扬弃。文化是交流的，必须有外来的刺激，才能有新的反应；必须吸收外来的成分，才能孳乳、增长和新生。我国在汉、唐时代，不知道吸收了多少外来的文化。到今天吸收西洋文化是当然的事，是不可避免的事。科学方法最忌笼统，所以"全盘中化""全盘西化"这种名词，最为不通。我不曾听到当年发动新文化运动的人说过，尤其不曾听到蔡先生和胡适之先生说过。就以"五四"以前傅斯年先生和我编辑的《新潮》月刊来说。《新潮》的英文译名，印在封面上的是"The Renaissance"，乃是西洋历史上"文艺复兴"这个名词。当然这新文化运动的工作，至今还未完成。以前它曾收到许多澄清的效果，也产生了很多学术上有价值的著作。当年大陆上北平图画馆收集这种刊物，质量均颇有可观。近二十五年来中国学者在外国科学定期刊物上发表的贡献，为数不少，而且有些是相当重要的，断不容轻视和抹煞。只是新文化建设性的成绩，仍然还不足以适应国家当前的需要，这是大家应当反省和努力的。至于北京大学的任务，也还只适用于上节所引的龚定庵那一句诗。

第三是"五四"运动。"五四"运动也很简单，它是因为"山东问题"中国在"巴黎和会"里失败了。国际间没有正义，北京军阀官僚的政府又亲日恐日，辱国丧权，于是广大的热血青年，发生这爱国运动。这运动最初的起源是在北京大学，但一转瞬就普及到全北京大中学生，弥漫到全国。不久全国工商界也就很快的加入，这是中国第一次广大的青年运动，也是全国性的民众运动。所以这运动不是北京大学可得而私，更不是少数身预其事的人所敢得而私。就北京大学而论，学生从军阀的高压和官僚的引诱中，不顾艰险，奔向一条救国的道路，实在是蔡先生转移学风的结果。蔡先生一面在校提倡大学生的气节，一面于第一次大战停后在中央公园接连三天的讲演大会，以国际间的公理正义来号召。嗣后不过数月，"巴黎和会"竟有违背公理正义的决定（因为英国与日本在战争后期成立密约，把德国在山东的权利让与日本，以交换他种权利。美国当时不是不知道，乃是有意缄默和优容，等到在和会中威尔逊总统竟公开的让步，牺牲其《十四条》中有关山东一条的主张。此事与"雅尔达会议"中同盟国和俄帝订定违害我东北主权密约的经过，有若干相似之处）。当时北京军阀官僚误国卖国的逆迹，又复昭彰，于是"五四"运动遂在这适当时机而爆发。还有一点，就是中国历史上汉朝和宋朝太学生抗议朝政的举动，也给大家不少的暗示。"五四"那天发表的宣言，也是那天唯一的印刷品，原文如下：

现在日本在国际和会，要求并吞青岛，管理山东一切权利，就要成功了。他们的外交，大胜利了。我们的外交，大失败了。山东大势一去，就是破坏中国的领土。中国的领土破坏，中国就要亡了。所以我们学界，今天排队到各公使馆去，要求各国出来维持公理，务望全国农工商各界，一律起来，设法开国民大会，外争主权，内除国贼。中国存亡，在此一举。今与全国同胞立下两个信条：

（一）中国的土地，可以征服，而不可以断送。

（二）中国的人民，可以杀戮，而不可以低头。

国亡了，同胞起来呀！

　　这宣言明白标出"外争主权，内除国贼"八个字的口号。这是最显著的爱国目标。诚然"五四"运动以后发生过一些不好的副作用，但是"五四"当年的精神是爱国的。"五四"是青年在北方军阀的根据地站起来对抗反动势力的第一次。受到"五四"的激发以后，青年们纷纷南下，到广东去参加国民革命的工作，有如风起云涌。蔡先生常说"官可以不做，国不可以不救"。到"五四"以后学生运动发现流弊的时候，他又发表"读书不忘救国，救国不忘读书"的名言。

　　但是，北京大学始终认为学术文化的贡献是大学应当着重的任务。因为时代的剧变，更觉得灌溉新知，融会中西文化工作的迫切。以前外国人到中国来教书的，大都以此为传教等项工作的副业，所以很是平庸，而无第一流的学者肯来讲学。就在"五四"这时候，北京大学请大哲学家杜威（John Dewey）来讲学一年有余，实开西洋第一流学者来华讲学的风气。以后如罗素（Bertrand Russell）、杜里舒（Hans Driesch）、泰戈尔（R.Tagore）均源源而来。地质学家葛利普（Grabau）长期留在中国，尤其能领导中国地质学界不断作有价值的科学贡献。

　　当然一个大学的学风，是各种因素构成的。如师生间问难质疑、坐而论道的学风，一部分是京师大学堂的遗留，但到1918—1919年间而更甚。我尤其身受这种好处。即教授之中，如胡适之先生就屡次在公开演讲中，盛称他初到北大教书时受到和傅斯年、毛子水诸位先生（当时的学生）相互讨论之益。以后集体合作从事学术研究的风气，一部分也是从这样演变而来的。除了国语文学运动是胡先生开始提倡，和他对于新文化运动有特殊贡献，为大家所知道的而外；他对于提倡用科学的方法和精神，并且开始实地的用近代科学方法来治国学，其结果的重大，远超过大家所说的考据学的范围。

  从1929年蒋梦麟先生继长北大以后，北京大学更有意识地向着近代式的大学方面走。那时候文史和自然科学的研究工作，沉着地加强，大学实在安定进步之中。到1934—1935年以后，日本帝国主义者和亲日派（以后许多在"七七"事变前后公开成为汉奸的）狼狈为奸，横行无忌。北平空气，混沌异常，反日的人们常感觉到生命的威胁。那时候北京大学的教授，尤其是胡适之先生和傅斯年先生坚决反对"华北特殊化"，面斥亲日分子，并联合其他大专学校的教授，公开宣称要形成文化战线坚守北平的文化阵地，决不撤退。在日本决定大规模作战以前，北平的教育界俨然是华北局势的安定力量。这仍然是表现着爱国运动的传统精神。

  等到抗战胜利以后，胡适之先生被任为校长，而先以傅斯年先生代理。傅先生除了他个人的学术造诣而外，还有两件特长。第一是他懂得集体学术研究工作的重要，而且有组织能力来实现这种工作，如中央研究院的历史语言研究所的坚实的学术成就，就是一个显著的例子。第二是他懂得现代的大学是什么，而且应该怎样办。他把北京大学遗留下来的19世纪初叶德国大学式的观念，扩大而为20世纪中叶欧美大学式的观念。他又大气磅礴，能笼罩一切。于是把北京大学，扩大到文、理、法、工、农、医六学院，计三十二系，为北方最大规模的大学。

罗家伦

蔡元培时代的北京大学与"五四"运动

　　以一个大学来转移一时代学术或社会的风气，进而影响到整个国家的青年思想，恐怕要算蔡孑民时代的北京大学。北京大学现在已经有三十二年的历史，最初是京师大学堂，里面分进士馆、史学馆、医学馆等，无一馆的学生不是官气十足的。据最初一班的人说：差不多一个学生要用一个听差，上课的时候，有听差来通知"老爷上课了！"于是这些学生老爷，才由鸦片床上爬起来，睡眼蒙眬地带着一个听差到课堂去。医学馆比较多些洋气，但是和进士馆也不过是五十步与百步之差别而已。等到辛亥革命以后，称为国立北京大学，最初一些做过初期校长的人，对于这个学校，也没有什么改革，到了袁世凯时代，由胡仁源代理校长，胡仁源为人，一切都是不足道，但是听说当时不曾列名于筹安会，上劝进表，倒也算是庸中佼佼者。蔡孑民做北京大学校长这件事，是范源濂发动的，因为他对于蔡孑民极其推重，同时国民党的人，分为两派，一派是赞成蔡去一派是反对蔡去的。直到"五四"运动以后，反对派之态度才改变过来。

　　蔡到北大的一年，适巧是我去进北大的一年，当时的情形，可以说是暮气沉沉,真是腐败极了。教员之中,没有一点学术兴趣的表现。学生在各部挂名兼差的很多,而且逛窑子个个都是健将,所以当时北京窑子里有两院一堂之称(两院者参议院众议院,一堂者京师大学堂也)。当时蔡初去时,本科分为四科,有四个学长,蔡接事后,重聘四科的学长——文科学长陈独秀、理科学长夏元瑮、法科学长王建祖、工科学长温宗宇。并决定工科按期结束以后,并入北洋大学而将北洋大学法科并入北大。这件事自然引起工科中很多反对,只是教员也很不高兴。文科方面,则生气较多,胡适之是新从美国回来,章行严也到学堂来教几点钟逻辑。国文方面,则蔡挑了一批章太炎的学生如黄侃(季刚)、钱玄同、沈兼士、沈尹默、朱希祖,更有一位经学大师刘师培,和一位两足书柜陈汉章。还有一位刘半农,本来是在上海做无聊小说的,后来陈独秀请他到预科教国文。当时大家很看他不上,不过慢慢地他也走上正路了。英文方面,则有辜鸿铭,担任外国诗,从前有几个英国人——英国下等流氓——在里面教英文,蔡到以后,一气把他们辞退了,这件事闹到英国公使馆出来干涉,而蔡不为之动,所以把无聊的外国教员肃清一下,但是以后所添的外国教员,也并不高明,除了一位地质系的葛利普是一位特出的学者,替中国在地质学上打下一个很坚固的基础。理科方面,则有秦汾、何育杰、王烈、王星拱一般人。法科则以官僚任教为多,如余棨昌、张孝栘等都是大理院厅长一流的官。法科一直等到民国九年下半年王世杰、周鲠生等加入北京大学以后才日见起色。最初实在没有什么大的整顿。所谓文化运动的出发点,还是文科。我方才说过,文科的人物,很有趣味,因为蔡对于聘请教授是主张兼容并包的,凡是一种学说苟能言之成理持之有故,只要在学术上是说得过去的,他总让他在大学中有机会去发展。所以拖辫子复辟的辜鸿铭,筹安六君子的刘师培,以至于主张急进的陈独秀,都能熔化在一炉,而北京大学遂有百派争鸣之势(蔡之取兼容并包主义,有时候也有太过度的地方。从前有一位刘少少，做了一部"新改老"，可笑极了，蔡先生也让他在北大开一门功课，可笑得很）。各派之中，势力最大，而且最易号召者便是所谓新旧文学两派，当陈独秀没有进北京大学以前，他就在上海亚东书局办了一个杂志叫作《青年》，胡适之不过是一个投稿的人，而易白沙这些人，都是这个杂志的主干，胡适之发表《改良文学刍议》一文，以八事相号召，此文发表以后，陈独秀就做了一篇《文学革命论》，其主张较胡适之更为激烈。故"文学革命"四字乃是陈独秀提出来的。胡适之接上又做了一篇《建设新文学革命》。因为胡适之本来于"革命"二字，有点害怕，所以于文学革命之前面，戴了一个"建设"的帽子。胡适之初到北京大学，我曾去看他，他的胆子还是很小，对一般旧教员的态度还是十分谦恭，后来因为他主张改良文学而陈独秀、钱玄同等更变本加厉，大吹大擂，于是胡之气焰因而大盛，这里仿佛有点群众心理的作用在内。当时陈独秀提出文学革命的时候，大家已经吓得目瞪口呆了，而钱玄同更加提出废除汉字的主张，所以许多人更目之为怪诞。他们因为要找一个反对的人做骂的对象，所以钱玄同便写一封假名的信，用"王敬轩"的假名字，这封信是特地用旧派口吻，反对文学革命的，当时刘半农就做了一篇什么连刁刘氏鲜灵芝都包括进去的一封复信，狗血喷头地把这位钱玄同先生的化身王敬轩骂一顿。这封信措辞轻薄，惹引了不少的反感。后来新青年社中人，亦甚感懊丧。刘半农还有一篇《作揖主义》也是同样的轻薄口吻的文字，所以大家都看得不大起。当时新青年社是由六个人轮流编辑的，陈独秀笔锋很厉，主张十分尖刻，思想很快而且好作惊人之语。他的毛病是聪明远过于学问，所以只宜于做批评社会的文字而不宜于做学术研究的文字。胡适之在当时还是小心翼翼的，他回国第一年的工夫，拼命的在写着他的《中国哲学史》上卷，他自己亲手抄了两道，的确下过一番苦功。（但是这是依他在美国的博士论文"先秦名学史"作骨干而以中文写成的，所以写起来比较快，一年就完事了。）当时他所做的《建设文学革命论》很引起大家的同情，他做了一些似词非词似诗非诗的所谓白话诗，虽然失之于浅薄，但是在过渡的时代里是很适合于一般人口味的。钱玄同本来是一个研究音韵学的人，是章太炎的学生，是自己主张白话却是满口说文言的人，是于新知识所得很少却是满口说新东西的人，所以大家常说他有神经病，因为他也是一个精神恍惚好说大话的人。他的哥哥钱洵，做过意大利公使的，钱玄同很怕他的哥哥，他在外面一向主张很激的人，然而见到了哥哥却一点也不激烈了。他当时主张废姓主张废汉字，因此大家更觉得这种主张可怕，而更觉得钱玄同是同疯子一样。沈尹默也是一个编辑，但是他是很深沉而喜治红老之学（《红楼梦》与《道德经》）的人，手持一把羽扇，大有谋士的态度。北京大学许多纵横捭阖的事体，都是他经手的。他不做文章，也不会做，但是因为他常做白话诗，而胡适之赞赏他的诗做得好，所以也就成为《新青年》六编辑之一。更有一位莫名其妙的，便是陶孟和，陶是英国的留学生，他外国书看得很多，是一位很好的读书顾问，但是他的中国文字太坏了，而且他读书不若胡适能得简，且没有综括之能力，做出来的文章非常笨（以后他还出了一部《孟和文存》，真是可笑之至）；但是因为能够谈什么社会问题、家庭制度等等，所以他也成为一位编辑了。第六位编辑是刘半农，他的地位和工作，我以前已经说过一点了，当时大家对于他很不重视，乃是一种实在情形。以后北京大学派他到法国研究音韵学对于他乃是一种很大的帮助。《新青年》除了六位编辑以外，更有许多投稿的人，如李大钊，是当时北京大学图书馆主任，他的文章写得很好，人也很朴素。周作人是极注意于写小品文字的，他"自己的园地"等一类稿件，都是那个时候写成的。鲁迅即周树人，乃是周作人的哥哥，当时在教育部做一个科长，还是蔡孑民做教育总长时代找他进部的。以后他宦隐于教育部者多年，这时候也出来打边鼓，做《狂人日记》《药》等很传诵一时的小说。至于旧派方面，刘师培在学问方面是公认为泰斗的，他赋性柔弱，对于此类问题不去计较。黄季刚则天天诗酒谩骂，在课堂里面不教书，只是骂人，尤其是对于钱玄同，开口便是说玄同是什么东西，他那种讲义不是抄着我的呢？他对于胡适之文学革命的主张，见人便提出来骂，他有时在课堂中大声地说："胡适之说做白话文痛快，世界上那里有痛快的事，金圣叹说过世界上最痛的事，莫过于砍头，世界上最快的事，莫过于饮酒。胡适之如果要痛快，可以去喝了酒再仰起颈子来给人砍掉。"这种村夫骂座的话，其中尖酸刻薄的地方很多，而一部分学生从而和之，以后遂成为国故派。还有一个人，读书很多，自命不凡并太息痛恨于新文学运动的，便是陈汉章。（陈汉章乃是前清一位举人，京师大学堂时代，本要请他来做教习，他因为自己没有得到翰林，听说京师大学堂毕业以后可得翰林，故不愿为教师而自愿为学生。他有一个兄弟，乃是一个进士。当年他兄弟中进士的时候，要在他家祠堂中央挂一个表，他坚决的反对，他说你的表不能挂在祠堂中央，中央地方要留给我中了翰林时候才可以挂的。那知道他在当年十二月可以得翰林的，八月间便是辛亥革命，所以到了现在，他到祠堂里面尚不敢抬头仰视。）他所读的书确是很多，《十三经注疏》中三礼的白文和注疏，他都能个个字背出，他一上讲堂，便写黑板，写完以后一大篷黑胡子变成白胡子了。他博闻强记而不能消化。有一次我问他中国的弹词起于何时？他说，我等一会儿再告诉你。我问他是上午九时，到十一时，接到他一封信，上面写了二十七条都是关于弹词起源的东西，但是没有一个结论，只是一篇材料的登记而已。他自负不凡，以为自己为了不得，只有黄季刚、刘申叔还可以和他谈谈，这位先生也是当时北大一个特色。还有朱希祖、马叙伦等人，则游移于新旧之间，讲不到什么立场的。从新青年出来以后，学生方面，也有不少受到影响的，像傅斯年、顾颉刚等一流人，本来

我的父亲罗家伦

中国诗做得很好的，黄季刚等当年也很器重他们，但是后来都变了，所以黄季刚等因为他们倒旧派的戈，恨之刺骨（最近朱家骅要请傅斯年做中央大学文学院长，黄季刚马上要辞职）。

当时我们除了读书以外实在有一种自由讨论的空气，在那时我们几个人比较读外国书的风气很盛，其中以傅斯年、汪敬熙和我三个人，尤其以喜买外国书，大学的图书馆，对于新书的设备比以前也好些，大家见面时候，便讨论着自己所读的书籍而回去的时候便去看书或写信给日本凡善书社去定买外国书。除了早晚在宿舍里面常常争一个不平以外，还有两个地方是我们聚合的场所，一个是汉花园北大一院二层楼上国文教员休息室，如钱玄同等人，是时常在这个地方的。另外一个地方是一层楼的图书馆主任室（即李大钊的房子），这是一个另外的聚合场所。在这两个地方，无师生之别，也没有客气及礼节等一套，大家到来大家就辩，大家提出问题来大家互相问难。大约每天到了下午三时以后，这两个房间人是满的。所以当时大家称二层楼这个房子为群言堂（取群居终日言不及义语），而在房子中的多半是南方人。一层楼那座房子，则称之为饱无堂（取饱食终日无所用心语），而在这个房子中则以北方人为主体。（李大钊本人是北方人；按饱食终日无所用心，是顾亭林批评北方人的；群居终日言不及义，是他批评南方人的话。）这两个房子里面，当时确是充满学术自由的空气。大家都是持一种处士横议的态度。谈天的时候，也没有时间的观念。有时候从饱无堂出来，走到群言堂，或者从群言堂出来走到饱无堂，总以讨论尽兴为止。饱无堂还有一种好处，因为李大钊是图书馆主任，所以每逢图书馆的新书到时，他们可以首先看到，而这些新书遂成为讨论之资料。当时的文学革命可以说是从这两个地方讨论出来的，对于旧社会制度和旧思想的掊击也产生于这两个地方。这两个地方的人物，虽然以教授为主体，但是也有许多学生时常光临，至于天天在那里的，恐怕只有我和傅孟真（斯年）两个人，因为我们的新潮座和饱无堂只隔着两个房间。当时学生界的思想也有一个剧烈的变动。最初的北大学生看外国书的很少，到了我们的时候，看外国书的便比较多起来了。傅孟真和我两个人，是每月都要向日本凡善株式会社（代收西书的书店）报效一点款子。傅孟真是抛弃了黄季刚要传章太炎的道统给他的资格，叛了他的老师来谈文学革命。他的中国文学，很有根柢，尤其是于六朝时代的文学，他从前最喜欢读李义山的诗，后来骂李义山是妖，我说：当时你自己也高兴着李义山的时候呢？他回答说：那个时候我自己也是妖。傅孟真同房子的有顾颉刚。俞平伯、汪敬熙和我，都是他房间里的不速之客。天天要去，去了就争辩。还有一位狄君武（膺）是和傅孟真同房子的，但是他一天到晚咿咿唔唔在做中国小品文字，以斗方名士自命。大家群起而骂他，且当面骂他为"赤犬公"（因狄字为火及犬构成），他也无可如何。这虽然是一件小事，但是可见北大当时各种份子杂居一处的情形及大家有一种学术自由的空气。因为大家谈天的结果，并且因为不甚满意于《新青年》一部分的文章，当时大家便说：若是我们也来办一个杂志，一定可以和《新青年》抗衡，于是《新潮》杂志便应运而产生了。《新潮》的英文名字为 The Renaissance，也可以看见当时大家自命不凡的态度。这个杂志第一期出来以后，忽然大大的风行，初版只印一千份，不到十天要再版了，再版印了三千份，不到一个月又是三版了，三版又印了三千份。以后亚东书局拿去印成合订本又是三千份。以一部学生所做的杂志，陡然有这样大的销数，是出乎大家意料之外的。最初大家办这个杂志的时候，还抱着好玩的心理，等到社会看重了，销数一多，大家一方面有一种高兴的心理，一方面有一种害怕的心理，因为害怕，所以研究的空气愈加紧张，而《新潮》第二、三、四、五各期从客观方面看来，却比第一期要进步一些。当时负责编辑的是我和孟真两个，经理人是徐产之和康白情两个，社员不过二十多人，其中有顾颉刚、汪敬熙、俞平伯、江绍原、王星拱、周作人、孙伏园、叶绍钧等几位，孟真当时喜欢谈哲学，谈人生观，他还做了几个古书新评，是很有趣味的；我着重于谈文学和思想问题，对于当时的出版界常常加以暴烈的批评。有些文字，现在看过去是太幼稚了，但是在当时于破坏方面的效力，确是有一点。比较起来，我那篇《什么是文学》在当时很有相当的影响，《驳胡先骕文学改良论》也很受当时的注意。颉刚的文字，多半是关于掊击旧家庭制度和旧社会制度，关于妇女问题，也有许多篇文章加以讨论，在当时大家以为是骇人听闻的话，有妇女人格问题一篇，主张女子应当有独立的人格，这篇东西，被江瀚看见了，拿去给徐世昌看，说是近代的青年思想至此，那还得了。于是徐世昌拿这本《新潮》交给傅增湘，傅示意于蔡子民，要他辞退了两个教员，开除了两个学生，就是当时所谓四凶，这两个是《新青年》的编辑，两个是《新潮》的编辑。蔡子民先生当时坚持不肯，他复林琴南的那一封信，不只是对林琴南说话，并且是对徐世昌而发的。林琴南的背后是徐树铮，也就是段祺瑞，是代表当时军人派之意见；而徐世昌也是所谓北洋文治派的领袖，当时北大同时受北洋文武两派之反对，其情形之危险也可想而知了。但是蔡子民这一封信得到了绝大舆论上之胜利，反因而学术界对他非常敬仰，这真是蔡先生有道德勇气（Moral Courage）的地方。于是所谓新文化运动，到了这个时候，其势遂不可遏抑。还有一个《每周评论》，也是很值得注意的。这是陈独秀、李大钊和新潮社几个人合办的，是一个短小精悍的小报。不料这个刊物遂成为以后一切小报的祖宗。不过它的性质是完全谈文艺、谈思想和批评现实的政治社会问题的。这个杂志，当时有很大的影响，那时候进步党讨论系的《国民公敌》（蓝公武、孙洪伊为主笔）和研究系的《晨报》（蒲殿俊、张梓芳、陈博生为主笔）也先后在北京响应，在上海方面，则戴季陶奉中山先生的命令，办《星期评论》，同《每周评论》几乎是两个姊妹报纸。关于文学政治社会等问题也加以猛烈的批评。而上海的进步党所办的《时事新报》，也闻风景从，张东荪和张君劢等还办了一个《解放与改造》，虽然谈社会问题比较多些，却也是响应文学革命的刊物，自此以后所谓新文化运动似乎布满全国了。但是新文化运动之所以布满全国，中间还有两个政治运动在里面，第一个运动是比"五四"运动早一年，因为反对对日的参战借款和中日密约而起的。那时候还是冯国璋做总统，段祺瑞做内阁总理，这个反日运动，是从日本留学生发动的。我记得有一天晚上，两个留日学生的代表，其中一个叫阮湘，在北大西斋饭厅慷慨激昂的在演说，大家莫不义愤填膺，但终觉束手无策。最后我跑上讲堂对着大家说，这个事体，徒然气愤也没有用处，我们如果是有胆量的，明天便结队到新华门围总统府去，逼迫冯国璋取消成约，若是他用军警干涉，我们要抱有流血之决心。这句话出来以后，大家受了一个极大的刺激，当场表决，第二天去闯新华门。到了那时候，果然北大学生还同其他几校的学生，集合在新华门口，一直围到下午五点多钟大家才散。哪知道回来以后，蔡先生提出辞呈。蔡先生之辞职是会使北大发生根本危险的，这件事我们是很不愿意的。我自己是不愿意北大坍台，而顾颉刚反把我痛骂一顿。后来费了很大的力气，才叫冯国璋把蔡先生的辞呈退回，我们自己也去对蔡先生说，这件事体，完全是同学为着国家大问题而出此，不是不顾北大。经过了一再解释，蔡先生也就答应下来。这场风波也就结束。这是学生运动的第一次，也是学生反对帝国主义和军阀勾结而有所表示的第一次，这是"五四"运动的先声，然而这件事却很少有人提起（说句没出息的话，这也是民众请愿的第一次）。有了这件事做引子，再加上所谓新文化运动和文学革命，"五四"运动的产生，几乎是事有必至。自从这次请愿以后，北大有一部分学生，组织一个国民杂志社，其中重要的人物是易克嶷、段锡朋、许德珩、周长宪、孟寿椿等，当时，他们也要我加入这个组织，但是我对于这种比较狭义国家观的刊物不很热心，而且自己还要专心去办《新潮》，对于《国民杂志》，只算是一个赞助者吧！

《国民杂志》里面的人，多半是实行的人；新潮杂志社的人，多半是偏重于学术方面的人，所以"五四"运动发生以后，学生会里面组织分为七股，各股的主任几乎是国民杂志和新潮杂志二社的人平分的，这两个杂志，所以也可以说是"五四"运动的基础。

在此地附带说几句话以结束新文化运动的叙述，当时还有一派北大学生和教员办了一个杂志叫《国故》，其目的在于和《新潮》对抗的，这一派的主干，在教员之中，便是黄侃，学生之中，便是张煊（后来是张学良的机要秘书），他们关于文艺的理论，是非常薄弱的，其掊击新文学的地方，也不能自圆其说。其中登了许多文艺的文字，也多半是故国斜阳的吟呻而已。所以《国故》杂志出来，很不能引起各方面的注意和重视。而且有许多人很轻视它，办了不久也就停止了。毛子水在《新潮》上做了一篇"怎样用科学方法来研究国故"一文，倒惹起许多旧学家的称许。当时对于新文学的抵抗力不外三种，一种是林琴南派，一种是东南大学的胡先骕和他所办的《学衡》杂志，一种是北京大学内部的《国故》杂志。但是综合起来，抵抗力还是很薄弱的。

现在讲到"五四"运动了。"五四"运动产生的重要原因，不外乎下列几种：

第一，是前次新华门事件的连续。第二，是新文化运动所产生的思想变化的结果。第三，是大家受了蔡孑民的影响，一变从前羡慕官僚的心理而为鄙视官僚军阀的心理，并且大家有一种以气节相标榜的态度，有意去撄官僚军阀之锋。第四，是正当巴黎和会的时候，感觉到中国受人支配和帝国主义国家协以谋我的痛苦。正是那一年的三四月里，朝鲜发生徒手

我的父亲

革命，也给大家以深刻刺激（当时我到北大图书馆里面去看报注意到大家都在抢着关于记载朝鲜徒手革命的报纸看）。第五，因为受欧战以后各国革命潮流的激荡（特别是当时蔡子民所提倡所谓德国是军国主义，战败是应当的，并且当时国际联盟的论调甚高，北大也常常有这一类的讲演）。以上是这个事件的原因，至于这件事体具体的酿成，都完全由于中国在巴黎和会的失败。在四月里，日本要求中国撤换两个专使的消息纷纷传来，北大学生开了一个会，并且捐了几百块钱打电报，一方面打电报给巴黎和会中国代表，要求他们坚持，一方面通电全国，反对因为外国压迫而撤换本国专使的事，这两个电报打出以后，所捐的电报费还存三百元左右，于是用四个干事的姓名，共同负责，存在学生银行里面。到五月一、二号的时候，外交消息，一天恶似一天，傅孟真、许德珩、周炳琳、周长宪和我等几个人，商量要在北京取一种积极反抗的举动，但是我们当时一方面想对于国事有所主张，一方面对于北大又要保存，所以当时我们有一种非正式的成议，要在五月七日国耻纪念日，由北大学生在天安门外率领一班群众暴动，因为这样一来，北大的责任可以减轻。五月三日那一天，清华大学举行纪念典礼，许多北大的人，都到清华去参观，那天我也去了。直到晚上八九点钟才回来，不料三号那一天，邵飘萍到北大来报告，说是山东问题已经失败，在校的一班同学，于是在北河沿法科第三院召集临时会议，最初由邵飘萍报告，以后由许德珩等一班人慷慨激昂的演说，还有一个刘仁静（他现在是共产党中很重要的人物），当时还不过十八岁，带了一把小刀，要在大会场上自杀。还有一位，要断指写血书的，于是当场主持的几个人，不能维持我们以前决定的五七发难的成议，当场议决在第二天（即五月四日）联合各学校发动，并且当场在北大学生中推出二十个委员负责召集，我也是其中一个，由他们各学校联络进行。我们九点钟由清华回来，看见他们会也要开完了，什么决议都已经定好了，当时我们还在

69

埋怨许德珩，说是我们说好在五月七日发动，而现在改了期，不是要把北大断送了吗？可是埋怨尽管埋怨，大家的决议还是大家决议，是不能更改的。于是他们叫我连带签了字，把前存学生银行的三百元拿出来买竹布，费了一夜工夫，请北大的书法研究会及画法研究会的同学来帮忙，做了三千多面旗子，除了北大学生个个有旗子外，其余还可以送给旁的学校。（所以当时大家疑心"五四"运动以为有金钱作背景，不然为什么以北大穷学生临时有这许多钱去做旗子呢？其实这个钱是打电报省下来的。）各代表当夜分途至各学校接洽，约定了在第二天一点钟在天安门会齐。当夜十一点钟的时候，各代表在北大开了一个预备会议，当场举出了三个总代表，一个是我，一个是江绍原，一个是张廷济，并且当时推我写了一个"五四"运动宣言，由狄君武送到北京大学印刷所去印了五万份，第二天的早上，我们还预备了一个英文的备忘录，送给各国使馆。到下午一点钟，大家便齐集在天安门了。我们三个所谓总代表，因为预备各种文件，一直到一点十分才到天安门，当时步军统领李长泰、警察总监吴炳湘，都已经先我们而到，对大家讲了一番话，劝大家解散。当时众怒难犯，哪一个肯听？于是大家从天安门出发，一走走到东交民巷口，便被警察挡住了。只有我和江绍原两个人进去到使馆内去找美国公使。那一天芮恩施到西山去了，由他的参赞出来见我们，他对于我们很表示同情，说了一番很漂亮的话，并且说，由他去和使馆界的警察交涉，让他放我们通过，我们从美国公使馆出来以后，又到了别的几个使馆，告诉他，我们示威的意思。回转身来到美使馆去问美参赞，同使馆界警察交涉允许我们通过的结果怎样，他说，使馆界的警察是答应可以的，但是刚才警察总监有电话来，说是不可以让学生们通过，所以我们不能这样办。这个消息一传出来，大家更是愤怒，当我们报告交涉经过的时候，大家便要求我们硬挤进去，后来想硬撞不成事体，反而给别的国家以不好的印象，于是大家便高

我的父亲

呼口号："我们去除国贼吧！"于是掉转大旗向曹汝霖家前进（曹家在赵家楼），曹汝霖的房子，是一座很大的满洲王府式的平房，我们到他家门前，大门已经关了，门口站着一大队荷枪实弹的警察，大家到门口便大骂国贼，最初拿旗子向屋顶丢去，后来打破了一个短墙的窗子，大家便爬进去，首先进去的人，据我眼睛所看见的，乃是北大的蔡镇瀛，一个预理科的学生，和高等工业学校一个姓水的。大家看他们进去了，于是接上爬进去的几十个人，把大门打开，而曹宅的院子里还站着许多警察，因为学生向他们极力宣传，所以他们已没有什么抵抗。适巧那一天曹汝霖同章宗祥、陆宗舆和一个日本资本家在那里商议事情，他们以为有着警察保护是不要紧的，我们打进去的时候，曹汝霖便换了警察的衣服混在警察堆里，从后墙跳出去，陆宗舆怎样逃走，我们却不知道，听说他也来喊口号，喊打倒卖国贼，混在群众里面逃走的，是否确实，却不知道了。章宗祥比较老实，他和那个日本人一道躲在一个小房间里，群众跑进去的时候，日本人还掩护着他，于是大家知道他是一个要人。群众便把他们围起来了。不久一个北大的校工进来，他说自己是认识章宗祥的，并且说这就是章宗祥，于是大家便动手打起来，打了一顿，忽然有人说"打错了"。大家便一哄而散，于是这个日本人和曹家的用人，便把章宗祥抬出去，停在一间杂货店里面，这个日本人也去了，于是群众中忽然有人叫"刚才并没有打错"，大家便去找章宗祥，在他后门杂货店中找着了，当时这个日本人还掩护着他，群众们便用杂货店中鸡蛋来丢这个日本人，重新把章宗祥拖进曹宅来，拆散了一张铁床，拿铁床的棍子来打，所以当时章宗祥确是遍体鳞伤，大家以为他已经死过去了。曹家的装饰品、古玩……简直是打得干干净净，他的姨太太和他的女儿的房子里许多香水，都一捶一捶的打碎在地上，当时香气四溢，不可向迩。我还亲眼看见江绍原拿了一床红绸的被子，拖在地上，撕了一块红绸，拿在手里，乱晃几下，说是"胜利了！

胜利了！"至于放火的举动，乃是高等师范的学生开始的，我看见有两个学生，自身上掏出许多自来火来，如果他们事前没有这个意思，为什么要在身上带来这许多自来火呢？结果，曹宅烧起来了，徐世昌便下了紧急命令，叫军警捉人。那时候，傅孟真把他一本日记簿，上面写着许多代表名氏的，往火里一丢，马上烧掉了。我们还是从前门出来的，当时街上的救火队和水夫，已经拥挤不堪，很难通行。在曹宅里面还没有出来的，还有几十个人，于是便当场被捕。我从赵家楼出来以后，便向北大东斋（即第一宿舍）去，当时自己实在疲倦极了，从五点钟睡到六点钟，六点钟以后，重新振刷精神开始活动。当时派定了多少代表，向各家学校联络，预备在第二天，全北京的高等以上学校，自大清早起，一律罢课。那天晚上适派我到各报馆去解释这件事体，等到十几家重要报馆都跑空以后，时候已经是半夜三点多钟了，所以那一晚便没有睡，第二天早上，果然全北京专门以上的学校，一律罢课，并且各校代表齐集北大一院第三十六课堂开会。学生联合会的组织，也就是那个时候形成的。当时各学校的中心，自然是北京大学，至于北大主持这个运动的躯干，要算是新潮社及国民杂志社里面的人，在"五四"那天，曾经开了一个会，大家本来要推傅斯年做临时主席，忽然有一个浙江籍的学生姓陶的，打了傅斯年一拳，这一拳就把傅斯年打得不干，自此以后，"五四"运动和傅斯年便不发生关系了。因为他是一个以感情用事的人，一拳被打万念俱灰了。我当时因为在各处接洽的事太多，所以不愿意做会场上固定的事，经大家一想再想，最后推出段锡朋来，由他做北大学生会的代表，结果就是北京学生联合会的主席。段锡朋在"五四"以前，北大学生，很少有知道他的，他总是穿一件蓝竹布大衫，扇一把大折扇，开口就是我们庐陵欧阳公的文章气节，所以大家都当他有几分迂气，哪知道被选举出来以后，他处理事务非常灵敏，运用群众，大有特长，于是段锡朋的名气陡然间闻于全北京。这一次蔡子民先生确是有一种特别的表现，就是"五四"事情出来以后，他不和前次一样的辞职，反而联合各大学的校长，负责的要求北京政府释放被捕的学生。到了五月六日那一天，他们接洽好了，听说吴炳湘竭力奔走，要求各校校长于五月七日命令全体学生复课，以此为条件，可以赦放在捕的学生。徐世昌也有这样主张，因为他们知道如果长久的罢课下去，一定是要出事的。而且五月七日是国耻日，更容易出事。我们全体罢课的决议，乃是五月五日通过的，五月六日的晚上十点多钟，蔡孑民及汤尔和（医专校长）以及其他专门以上学校的校长，到北大的校长室里面，把我们找去，说是现在同吴炳湘已经有这样一种了解，只要明天全体复课，他明天就立刻可以放人。当时去见这几位校长的，有我及方豪（俶新）等四五个人，他们都说："昨天才决议罢课，明天便要复课，乃是办不到的，我们也负不起这个责任。"我说："现在如果尽让同学们关在里面，也不成事，况且我们这一次有放火及殴伤等重大情节。（当时章宗祥还没有离危险境界，有两天没有大小便，医生说他命在旦夕了。）适巧政府又捉去我们几个人，用这几个人去抵命，也是没有办法的事。"因此我便问他们几位校长说："若是我们明天复课，他们不放人，怎样办？"他们说："我们可以用生命人格为担保，而且吴炳湘也曾发誓过'如果复课而不放学生，我吴炳湘便是你们终身的儿子。'"于是我以为既然如此，我们明天复课好了。但是我这句话说出来，许多人便反对，以为我们答应下来乃是越权，许多同去的人，也是反对我意见的。我说："现在为减少被难同学之危险，这件事非如此办不可，我们只有从权办理了。"于是当夜我们分成五队，去通知全体同学，明天复课。除每个宿舍派一队外，其他两队，是负责通知宿舍附近公寓里面的同学的。大家出发的时候，已经是十二点钟，同学们完全睡着了，一个一个房间敲起门来，把睡熟的人叫醒了，告诉他们这件事，他们还不相信，还要费许多心血去解释，解释不明白的时候，还要受大家的责骂。半夜醒转过来的人，相对讲话，口中臭气是最令人受不了的。这可以说是我在那一晚上特别记得深刻的一种感觉。幸而能得大多数同学之了解，谢谢大家对于我们还有最低限度的信任，所以第二天北京各大学亦先后复课了，到了十点钟，全部被捕同学从警察所送回学校来，大家都列队在门口迎接，当时那种痛哭流涕的情形，真是有家人父子于乱离巨劫以后相遇时之同样感觉。当时章宗祥的病还没有离危险期，时时有死耗之传闻，刚巧北大有一位同学叫郭钦光，在这个时间死了，他本来是有肺病的，在"五四"那一天，大约因为跑得太用力了，吐血加重，不久便死了，当时大家怕章宗祥和我们打官司，所以定下一个策略（这个策略之最初主动者便是狄君武）硬说郭钦光乃是在"五四"那一天被曹家用人打死的。于是郭钦光遂成为"五四"运动中惟一烈士，受各处追悼会之无数鲜花美酒吊祭，和挽章哀辞的追悼。在上海还有一位女士，当众痛哭郭烈士。郭君那一天因为走路过多，身体过劳而使肺病加重乃是确实的，这是我们应该同情他，但是把他造成"五四"的烈士，全国亦以烈士待之，多少未免有点滑稽。等到被捕的全放出来了，章宗祥也被打了，曹汝霖的房子也被烧了，照常理说，这件事情可以告一个段落，但是当时有两种情形，是决不能使这件事告一个段落的。一件是山东问题还没有了结，而且一天比一天的失败下去；一件便是蔡子民先生于五月七日学生出狱以后，便当夜出京，没有一个人知道的跑了。跑的时候，他留下一封信，就是那最出名的"杀君马者道旁儿，民亦劳止，迄可小休。"（这封信的头两句话如此）这封信出来，许多人很费推测，于是大家去询问国文教授，请他们去查这个典故的来源。因为这些国文教授见大家纷纷请教，当时也得意了一下。蔡先生去了以后，北京大学自然是第一个恐慌，为维持北京大学，北大学生不得不继续闹下去，而且不能不联合旁的学校学生一同的闹下去，于是"五四"运动又重新紧张起来了。

经过这次事变以后，北京大学遂成为政府的眼中钉，这是不可讳言的事实，为铲除外交上的障碍，政府方面，也很想对于北京的学生界下一番毒手，这个情形，学生界也是完全知道的，但是在北京方面，学生运动已到了一筹莫展的地步，于是便遣派代表到上海去组织全国学生联合会，第一批南下的就是段锡朋、陈剑翛、许德珩、黄日葵、祁大鹏（中国大学）、瞿世英（燕京大学）等，他们到了上海以后，就联合上海及各省学生代表组织全国学生联合会，到了五月底，各处的布置已经有点头绪了，于是我们在北京接到段锡朋的密电，说是可以相机发难。到六月三日的那一天，于全北京的学生里面，挑了五百多人，分队出发演讲，那一天被捕的有一百多人。第二天，继续派人出去演讲，大家都带好了毯子在身上，是预备被捕的。当天被捕的大概有四百多人，第三天，被捕的达九百人之多，监狱关不下去，于是把北大的第三院改为临时拘留所，外面用密密层层的刺刀和机关枪守着，如临大敌一般。到了六月四日，我们想把恐怖的新闻电打出去，我就带了四十几块钱去打电报，哪知道我一出去，侦探便跟着我，于是跑到日本邮局去拿一本丸善株式会社寄来的书。侦探在前面守着，哪知道那个日本邮局有一个后门，我就从后门走了。结果，居然被我把那个电报拍到上海去，上海方面接到这个电报以后，全体学生便出发，除分散传单外，并向各家店铺，要求他们罢市，甚至于要求不遂，向商店老板面跪下去。到了六月四日，全上海罢市了，别的地方跟着罢市的也有好几处，而天津方面，因为一个南开学生马骏在商会代表的前面，用一只碗向自己脑壳一打，表示他要求的决绝，商会方面的人大为感动，也罢市了。因此，这个北京学生与政府正在短兵相接的时候，学生方面，正是无可奈何的时候，忽而得到了这种有力的声援，一刹那间，个个悲欢交集、哀痛淋漓，而声势遂大振。当时上海、天津方面所提出要求政府的条件，第一，就是释放被捕学生，第二，就是罢免卖国贼曹、陆、章，第三，就是不签《巴黎和约》。而三个条件之中，以释放学生为先决条件，所以五号那天晚上，北大三院方面军警的帐幕在半夜三更便悄悄地撤去了，当时拘禁在里面的学生还不肯出来，因为他们一出来要减少了天津及上海方面的紧张空气。到了第二天，步兵统领衙门和警察所却派人来道歉，他们才肯出来，还有拘禁在警察所和步兵衙门里面的，他们请他们出来，而却不肯，以后预备了汽车和爆竹送他们出狱，还是不肯。最后一个总务处长连连向他们作揖说："各位先生已经成名了，赶快上车吧！"至于罢免曹、陆、章的命令也随着下来，以由学生运动扩大成的民众运动，使内阁局部改组，在当时看来，也算是一件可以诧异的事情了。不过山东问题还没有拒绝签字，北京教育界还有受摧残的危险，这两件事是大家最不安心的。到七月和约要签字的时候，北京大学联合各校学生又会在新华门一次，在新华门门口，睡了两天两夜。同时巴黎方面的学生同华侨，也就闻风兴起，逼迫中国专使，不许他签字，拒约运动，因为内外夹攻，所以终能实现原来的主张，而为后来华盛顿会议留下一个争回山东的余地。至于北京各大学被摧残的问题，也是使大家寝不安枕的。政府的目的，是要逼走蔡孑民先生，所以他们要胡仁源来买通一批投考的学生，来占据北大学生会，硬把学生会的图章抢去，以学生会的名义，欢迎胡仁源到校。同时教育部方面，胡仁源已预备好上任的汽车，谁知此谋不密，被北大学生会中人知道了，当时便召集紧急会议，每一个人发一个特别符号，集合在第三院，时三院的被买及投考学生，正议"夺帅印"的事，还没有完结，哪知这边去了两三百个人，一个个的把他们擒住了，并且带了纱麻绳把他们捆将起来，便在法科大礼堂设立公案，举出了五个审判官，来审判这些人的罪状，他们也陆续的把被买经过供将出来，大家又逼他们写悔过书，写了悔过书还要他们在悔过书上盖手印，再拍了一个相，然后把他们放了。这幕滑稽，遂因此终了，而他们抢北大的计划因而失败，但是他们却继续进行向法庭控诉北大学生会的职员,以为私设法庭和逼迫人行使无义务之行为(这条法律怕是永久没有人用过的)。于是法庭拿了学生会里面二十余人下狱,其中有孟寿椿、鲁士毅等,在打官司的时候,学生会要我去做代表,我几乎天天晚上要和律师刘崇祐接洽。许多上诉状都是我写的,这场官司打完了,我倒因此得到了许多关于法律的知识。这一幕取成都的戏没有唱成功,而胡仁源也知道北大不容易占据,他们的野心,亦因此而减少一点,那时候蔡子民先生派蒋梦麟先生到北大来,以总务长的资格,做他私人的代表。到双十节左右,学生会派我到杭州去接蔡先生回校,蔡先生遂慨然答应回来。在蔡先生到校时候,刚巧是双十节,各学生便捐了一批钱,教员也捐了一些钱,共几百块钱去买了几万个馒头,上面盖着红戳子是"劳工神圣"四个字及其他成语,在那天便分发于北京各平民,由北大学生去发,这真是面包运动,也是一件值得回忆的事。当时北大的学生,生活是很苦的,一间房子中住着七八个人,最小的房子才只住三个人,说起饭来,包饭只有四块五毛办一月,两块钱是现洋,两块五是中交票(当时中国交通银行的票一块只合四毛),所以吃一月的饭只合三块钱,当时学生在吃饭时候,除了五个菜以后,每人还分两个馒头,大家抢着吃,吃饭是先打锣的,故有"锣声动地,碗底朝天"之谣,这是北大生活的一点回忆,是附带记载于此的。

"五四"运动到了这个地方,似乎应该告一段落了,但是到了那年年底,因为要逼迫政府取消军事协议,学生和政府又起了一个大冲突,这个冲突,使北京大学的第一院和第三院又重重的被围,当时政府有命令通缉我和方豪等几个人,我当时住在嵩祝寺八号,到吃饭的时候,忽而来了八个马队,把我前门围住了,我从后门走到黄振玉(现在南京中央饭店的经理)的家里,由他家里带了一副黑眼镜和一顶风帽,逃到北大一院,因为他们正派我做代表,叫我和张国焘(现在共产党的领袖)一同去,在旁晚时分，我便由一院后门逃出，经过铁狮子胡同，想到永定门上车（只有普通快车是在永定门停的），哪知道到了永定门，车已开了，于是跑到李光宇家里坐了半夜，半夜时候，又到永定门去上车，车又开了，于是我只得和张国焘坐待城门开门，当时很怕守城的问我们是做什么的。因为城门上有自鸣钟，纵有鸡鸣狗盗也一律不济事的，我们等他开城门，总是不开，到城门开了，火车又走了，于是我们两个人只得直接沿着火车轨道走去，到了丰台，登车南下。南下过了一个多月，又回到北京来。这段故事虽然是我自己的经验，写在此地，也算是"五四"运动的余波吧！自此以后，学生运动也就衰落下去了，衰落下去的原因很多，但是主要的原因，据我观察：

第一，青年做事往往有一鼓作气再衰三竭之势。

第二，做第一次学生运动的时候，负责的大家都是用功的学生，静则思动，所以他们精力都很充足，思想也很周到，行动也很有计划，但是到后来动久而不能静，有许多人只知道动而不知道读书，于是乎其动乃成为盲动。

第三，最初动的学生，是抱着一种牺牲的精神，不是为着出风头来做这些运动的。因为最初几个人声名较大，大家知道的多了，于是乎有许多人以为这是成名的快捷方式，乃是出风头的最好方法，于是个个想起来动，结果必至于一败涂地。

第四，政治力量的参入。"五四"运动的时候，可以说是没有一个人是有政治色彩或是有政治目的而在活动的。当时只是纯粹的青年血气冲动。到了后来，各种政治的成分都参加进去了，所以往往起内部的破裂，于是学生行动也就不能一致。

至于"五四"运动的影响，有人以为他的成绩，是拒绝《巴黎和约》的签字，为后来收回山东之余地，更有人以为曹、陆、章之罢免，也是一种未曾有之胜利,这都是皮相之谈而已。"五四"运动真正的影响,第一是青年参加国是运动的开始,唤起了全国青年对于国家问题的意识。第二是把青年运动扩大成为民众运动,造成了民众的许多组织。第三是扩大新文化运动的势力,因为必要经过了"五四"运动以后,新文化运动的影响及国语文学之势力才能普及于青年及一般民众身上去。

从整顿北京大学,改革课程内容,唤起青年对于自身人格的重视以至于产生文学革命和所谓新文化运动,对于社会的制度、固有的权威加以理性的批评和大胆的攻击,再至于产生"五四"运动为中国近代一般青年和民众直接参与国家问题和社会运动的开始,这一个大波澜虽然是种种时代的动量促成功的,但是当时蔡孑民时代的北京大学,是一切动力的发动机,是将来写这个时代历史的人不能不注意到的。

——二十年八月廿六日晚上整理毕于北太平洋舟中

(本文记录1931年)

我的父亲罗家伦

1926年夏,罗家伦与张维桢在上海订婚照片

父亲母亲的恋爱

20世纪的初年,西方文化的冲击在中国掀起了狂风巨浪。强权的压迫、思想的混乱、政治的激变,令知识界的男女老少陷入了无可适从的境地。这个时候产生的新文化运动,便是对传统社会的全面挑战。对于那时的青年来说,爱情和婚姻的问题,成了他们最为切身的关注。"父母之命""媒妁之言"引起的解约、逃婚、重婚等悲剧屡有所闻,成功的恋爱和婚姻却如凤毛麟角。

我的父亲母亲,1919年底于全国学生联合会在上海集会中结识。不久父亲先出国留学,回国时母亲已获得美国大学奖学金即将启程出国,其间经过六年多的越洋通信,短短相聚而定情。一年后母亲完成了硕士学位,在双方将近三十岁时才结成了夫妻。

他们的故事,日后在中国大学生中产生了一些传说,数十年来曾出现过不同的版本。记得我从小学起便听到过,并曾惊异地向母亲问起,她总轻描淡写地回答说:"哪里有这些事?都是那些大学男生追求女生太辛苦,才编出来互相鼓励的。"关于母亲是某大学"校花"的事,她说最初认识父亲时还没有进大学,而且那时中国极少数大学招收女生,她后来进的大学里女生也寥寥无几,根本没听说过选校花之类的事。至于父亲"环绕地球一周才如愿以偿"的说法，则还可以扯得上。因为他先去美国留学，再往欧洲研究，回国时从法国马赛上船，经地中海、苏伊士运河、印度洋返国，刚好环绕了北半球。另有一说母亲要求他当上大学校长才嫁，是为"条件"之一，也有其来由。因为他们结婚不到一年，父亲便出任了清华大学校长。

进入21世纪，我偶然发现网上竟然还载有这类的传说，其中一篇的题目开头是，"罗家伦百封情书追到校花"。这句话的前一半离事实倒是不远，因为现存父亲在六年多中从海外写给母亲的书信有61封（15封寄自美国，46封寄自欧洲），另外有写上一两句话的风景片和艺术明信片，共约40张，还不算途中可能失落的少许，和回到上海后的一信，加起来足够有一百封。当年没有国际航空邮递，一封信总要走上两三星期，平均起来每月不到1.5封，一次往返至少一个月。在现今越洋电话和电子邮件价廉而捷便的时代，这个纪录并不算什么；但这种"长途式"的通信交友与追求，维持了这样长的时日，竟然达到圆满的结局，大概算是比较稀有的事。

父亲在1919年三月的《新潮》杂志上发表过一篇叫"是爱情还是痛苦"的故事，其中引用了严复翻译的《群己权界论》里的一句话："以伉俪而兼师友，于真理要有高识遐情，足以激发吾之志气。"这应该就是他和当时多数青年们共同的理想。1920年初他从上海回到北京后，寄了两张风景明信片，和两张小型风景照片给母亲，她也回赠了一张个人小照，可称是个好的开端。同年八月父亲再度南下，经上海赴美留学，匆忙中却失去了与母亲会面话别的机会，船未离港立即给她写了一张明信片投邮。1921年春父亲在普林斯顿大学才半年，便在信中鼓励母亲多读外国书，并告诉她清华招考女生赴美的消息，劝她积极准备。此后他常在信中谈到求学的方法和计划，也开始寄书送给她。但母亲刚进入湖郡女校，英文程

我的父亲

1927年11月13日，罗家伦与张维桢在上海的结婚照

度正待提高，准备两年后投考大学，留学和考清华奖学金自然还不在考虑之列。然而父亲对她的处境可能不甚了解，又担心长期分别会夜长梦多。1922年2月19日的信中，他提出次年学业告一段落时，想回国两三月，可以和她见面，不然二人另设法在欧洲相见；并且问起她家庭对她出国和资助的问题。又因母亲把他的信给同学看的事，传到他耳中，为此表示不满。足见此时一切还嫌太早，这些问题大概都没有得到正面的回答。

　　1922年到1924年间双方处境都有所改变，1922年母亲考进了沪江大学，1923年父亲去了德国，各人忙着自己的学业和生活。1924年上海"八一三"事变发生，8月30日父亲借机给母亲写了一封问候信，这才恢复了冷却已久的通信关系。从那年年底起，父亲差不多每月一封信，谈阅读、求学的心得外，还鼓励母亲翻译书，也托她买书和笔墨。这时彼此在性格与志趣方面的了解渐渐加深，父亲的情感也在字里行间自然地流露出来。他在1925年5月20日的信中坦然地说："中国人的感情，天性，都被拘束，reserve杀尽了。社会间与个人间的不了解，也都是从此而起的。我们如果要另生一种新社会的空气，总当各按本性的纯粹要尽力发挥才是。你以为然否？"那封信内附了一副颈珠（珠子项链），是他参观英帝国展览会时为母亲选购的。这是他除了书籍外，第一次送母亲穿戴用的饰物，并说"我选的一种颜色，自己以为还清新，配夏天的白衣服或粉红衣服，都很好看。望你不嫌弃，作我游展览会纪念，并作我想起你的纪念。"分别了五年，他这份千里外的心意，一定使母亲感动，1926年新年，她寄了蜜枣和松子糖回赠。

　　这个时期，父亲的经济来源已经中断，1925年5月通过蔡元培校长向张元济先生借得巨款，计划在法国再维持一年。但他虽热衷看书、买书、收集史料，却不得不作回国的打算，而国内政情仍然混乱，内心的矛盾，可从他年底信中的牢骚看出："一想起回国，就是头痛。如非经济能力有限，则终生流窜在海外，亦所不惜。"此时母亲已即将毕业，也正为自己的前途考量。1926年1月至4月之间，父亲寄了好几次书，写了16封信给她，3月19日信里对她的称呼，从"薇贞吾友"换成了"薇贞"，但是言辞中显出，双方对共同的未来都还没有把握，又不能当面坦诚讨论，所以不时会产生些小误会。

　　1926年4月，父亲不得已作出了回国的决定，但必须再向张元济先生借贷一笔运书的费用及川资，才能成行。就在此时，母亲申请到美国密歇根大学的奖学金，计划秋季进入研究院。时间如此迫切，双方必然意会到如果再一次阴错阳差，后果可能不堪设想。5月底父亲突然接到母亲汇去的五百法郎，可见她已能体谅他的困难、支持他的计划、愿意与他共处患难了。6月18日父亲在马赛登船，7月23日到达上海。他们结束了六年多的离别，但仅有短短一个多月的时间相处。没有谈心的地方，他们有时在"法国公园"的一隅见面，两三周以后，似乎已经互许了终身。第二年母亲获得学位回国，1927年11月13日他们终于在上海举行了新式婚礼，结成了夫妻。从1919年12月第一次见面算起，这个整整八年的过程，无论古今中外，都可以算是一项纪录吧。

我的父亲罗家伦

1921到1923年期间，北大赴哥伦比亚大学留学学生在纽约合影
后排左罗家伦、右冯友兰，前排中间杨振声

父亲在留美的日子里

父亲在北大主修的是外国文学，对西方的文化和思想产生了浓厚的兴趣。1920年毕业时，正逢企业家穆湘玥（藕初）捐出五万银元给北大设立奖学基金，用以派遣有能力和学识，且有领袖潜力的毕业生赴欧美进修。经蔡元培校长的推荐，父亲和四位同学被选为这项奖学金的第一批得主。离别北京前，他得到胡适写赠的新诗《希望》。

9月下旬，他憧憬着未来踏上了旅程，从美国西岸乘火车先到纽约，发现大都市"社会太紧张，对于神经的刺激太大"，于是立即南下到普林斯顿，进入了该校的研究院。

父亲在普林斯顿大学找到了他理想的求学地。他在1920年底的一封信中形容普大是："美国极著名的第一流大学，而大学院尤有精神。教授中多当代学者，同学中亦多深造之士，大家一同吃饭，一同看报，一同谈天，一同研究，四周真是在学者空气包围之中了！"另一信中又说："此地为大学区域，风景极佳，有湖山之胜，而建筑复古峭多逸趣。大学院巍然独立，尤有特别空气，同学仅130人（现在我几乎都能认得），多深造之士（无女学生）；教授倒有一百人左右……"中国研究生只有两人，另一位是即将念完物理学博士的饶树人。

在这样"美如春花，静如古寺"的环境中，父亲感到能够彻底"脱离风尘气，还我故我"，决计"关了罗马史，翻开思想书"。他养成了每天看三五百页书的习惯，文学作品和报刊尚不在内。第一学期期终成绩优异，得到免学费University Scholarship的鼓励，显然有意直接攻读博士学位。1921年春他陪同蔡校长访问东岸学府，从夏天起又参加了留学生的组织进行国民外交活动，常有机会与新旧朋友交换求学的经验。暑期他在康奈尔（Cornell）大学听课后，秋季转往纽约哥伦比亚大学，达成了拜在杜威教授门下的夙愿。

早在杜氏在北京讲学时（1919~1920），父亲便是胡适口译后作中文笔记的学生之一，对他的立论与著作已有所认识。哥大还有Woodbridge、Hayes、Dunning、Shotwell等名教授，久已让他向往；到校后也选听Kilpatrick、Boas、Conklin等教授的课程，并曾在新近成立的新学院（New School for Social Research）旁听。仅在1922~1923这个学年中，他在哥大便听了一共12门课程，但都没有考学分，也未再考虑到学位。这显然是那个时期他和一部分留学生所选择的途径：尽量在各处涉猎多方面的学问，以期先博后专，自成系统。

父亲少年时代受过传统式文学的熏陶，养成了即景或遭兴作旧诗的爱好。在北大时他加入了写白话文、作白话诗的行列，曾在《新潮》和一些副刊上发表他新诗的尝试。到了新大陆，新的事物和见闻自然地会引发他抒情的诗意。他看到普林斯顿秋天的红叶、绮色佳（Ithaca）夏日的湖山、哈德逊河两岸的峭崖，漫步于古战场和古墓群之后，留下的十余首长短新诗，流露出他的感性与心境。《普林斯顿的秋夜》写出他早期心情的宁静：

月带倦爬上山坡，
皎洁无尘的却余瘦魄；

沿坡稀疏的树根像没入秋波，
　　浮出一片珠白。
藤阴密护的钟楼孤挺，
　　睡着的野鸽不须绕着惊飞；
也没有虫鸣，
　　剩得几点萤火悠然掠地。
我疲乏的心灵，
　　似散尽的水纹，
　　轻轻地，
　　融入世界的寂静。

《深林中的大雨》虽写在绮色佳，象征的却是游子心中直奉战争后的祖国：

黑压压的林子里面，
　　侬微的曲径已经灭了。
虎啸的风声，
　　像扑不进林子的重围，
　　正发怒的绕着。
猛一阵煞煞喇喇的，
　　打着满头枯叶；
不见两下，
　　心疑风卷去了。
林梢的电光再忍不住，
　　火星似的迸出，
　　射穿嵯峨的层枝，
　　仿佛先郑重的雨点报道：

我的父亲罗家伦

> 可怜失路的人，
> 　不须性急，
> 　洪水就到你们身上。

父亲把这首诗稿寄给《努力》周报，附致胡适信中说："行见中国之大难来矣。"

《友啊！敌啊！》《战场的自由女神》和《深秋傍晚独游绮色佳墓地》三首诗写出的，是父亲25岁时对战争与死亡的沉思。《理想》是较长的一首寓意诗。开头两段说：

> 江干的路上我遇着你，
> 　我的心便到你身上。
> 白金色满布的阳光下，
> 　春风吹上夹路的藤花，
> 　送声声画眉，
> 　催我不自觉的随你前去。
> 江水照着你的娟影，
> 　藤花牵着你的衣，
> 　回头一盼处，
> 　清朗的眼波含笑射着我。
> 你总在我前面一点，
> 　不使我追着，
> 　我心中怨你残酷。

最后六行诉出他对"理想"的渴望：

> 只愿明早江边的轻烟晓日下，
> 　山花加倍的红着，

> 江水浮着新翠,
> 在这般风光里得你的回眸一笑,
> ——一定更妩丽的——
> 慰我人世的孤寂。

当他登上当时世界最高建筑纽约Woolworth大楼,发出的是对楼下芸芸众生的悲悯之音:

> ……
> 地道中的人潋相混;
> 望个个长方孔中的鸽笼生活——
> 黑压压的一阵。
> 有凭藉的骄纵着,
> 没际遇的压迫着,
> 聪明的闷死,
> 有志的累死:
> 自己辛苦的造成黑囚,
> 还自欺的说黑囚中快乐。
> 在高处望下可怜的人类啊,
> 你们炫耀你们的文明,
> 你们的文明究竟是为的什么?
> ……

除了这些他称为"心灵的记录"外,父亲的翻译和写作工作也继续不断。在北大时约定翻译Paul Reinsch 所著的 *The Fundamentals of Government*(《平民政治的基本原则》)是在普大时完工的,1922年由上海商务印书馆出版。另一本J.B.Bury的名著 *History of Freedom of Thought*(《思想自由史》），出国前也已着手翻译。到普大后向J.H.Robinson等几位教授问教后，才把最难的后半部译完。后来又经过彻底修改和重译，于1927年出版。在哥大时父亲又有感于国内发生的"科玄论战"，动手写一篇长文，讨论当前科学与玄学的地位和关系。可是他的思想和研究不能停止，竟费了四个月在图书馆日夜工作，并得到Dewey、Woodbrige、Montague、Spaulding等教授的帮助和鼓励，于1923年秋天写成了一本书稿。以后带到欧洲，又与许多位学长、好友（如俞大维、傅斯年、赵元任）讨论切磋，《科学与玄学》终于在1926年问世。

1921年11月美国在华盛顿召开的九国会议，目的是重新拟定大战后列强在太平洋上海军的均势。美、英、日三国各有企图；而中国的利益，特别是山东问题的解决，却面临严重的威胁。北洋政府中倾向妥协的派系，预先便有收买留美学生的形迹。那年夏天东部留学生在康州Lakeville举行夏令营时，热烈地讨论这个问题后，父亲和许多新旧朋友，发起组织"留美中国学生华盛顿会议后援会"。他们计划在开会期间到华府，展开对中国代表监督和游说工作，并且向各国代表团和记者递送通讯，说明中国民意的立场。

父亲在"后援会"的任务是撰写中文新闻稿，寄往美加各地侨报和国内大报。他的第一篇长文，《华盛顿会议与中国之命运》8月写完，10月初在上海《东方杂志》刊出，对会议的国际背景和中国面临的危机作了详细的分析。他沉痛地预测说："此次限制军备问题的结果，不过各国得一共同磋商，将现在所定之海军计划，一律造完，势均力敌，休养生息数年，然后再抖擞精神，向远东作最后之一战。无论结果如何，中国之祸至无日矣！"不幸的是，这些话在往后二十年中都一一应验了。

会议进行中，父亲先赶写了《精神破产之民族》，强烈地反对中国直接与日本交涉山东问题。他指出直接交涉"无异实际上承认不签字的

《巴黎和约》，承认威胁成功的《二十一条约》"；并认为即使中国要求召开国际会议而失败，也足以表现其民族生命的精神和"不为义屈"的意志。他毕生从事教育文化工作的目标是建设新的民族意识，在外交政策方面他始终坚持国际间应讲正义。追溯根源，应该是他在这期间的亲身感受。

《我对于中国在华盛顿会议之观察》是他一篇三万多字的专题报道和总结。他严酷地批评中国代表团缺乏预定的政策和充分的准备，导致了"腐败国无外交"的结局；并指出过分信任美国，处处位于被动，以及缺乏"老成硕望，对外有威望对内能提系全局"的外交人才等弊病。这些猛烈的言论，在国内可能引起过一些舆论的反应。对父亲来说，"仆仆于道路，而于国事无所补，大足痛心。"但也算是尽了"对于国家辞不了的义务"而已。多年后他回忆起这次留学生自动自发的爱国行动时，仍骄傲地认为这是1919年"五四"精神的延续。

父亲在华盛顿会议期间的观察，使他格外留意风云变幻中的世界局势。到了纽约，各方面信息更加灵通，于是他开始为多伦多（Toronto）《醒华日报》和芝加哥《工商日报》撰写时事短评，用笔名发表了大约八十篇之多。其中直接涉及中国的不到十篇；其他的题目包括了美国的内政和外交，欧洲和近东的各种纷争，爱尔兰的独立运动，土耳其的复兴，等等。早在北大时父亲便为《东方杂志》翻译过几篇有关外交方面的文件和论著，出国之后虽然没有正式研究国际关系，却因目睹中国在外交上的弱势，导致了他毕生对外交问题和地缘政治的关注。

除了以上各种活动外，父亲还写了一篇《光到星移的杂感》，分为25段短文，倾述他在留美期间对一些其他课外事物的观察和评论。前8段主要是批评当时国内的政治缺乏是非，社会缺乏舆论，执政者没有主张和国际知识。他对未来虽不抱乐观，但仍认为国民应该对局势有所认识与见解。第9～13段讨论的是中国教育与学术界的一些现象与风气，例如聘请世界一流的学者来华讲学。他觉得这个办法不见得有多大用处，而中国要建立科学的基础，需"请外国有实学而耐劳的学者——自然科学与社会科学均在内——帮助……"；聘请人文与社会学科专家时，更必须注意到他们的真实学问和对中国文化的态度。

第14～18段所探讨的是基督教的势力与西方文明所产生的科学精神之间的矛盾。20年代是美国保守势力茁壮的时期。纽约州中小学教育发生政教分离的争论，南方中学因教授进化论而引起的诉讼，都是自由派人士关心的问题。以父亲所受的儒家教养和西方开明思想的陶冶，对宗教控制社会的趋势自然表示反感。此时美国教会正积极在中国发展教育事业，因此他在第19～25段中举出许多实例来批评教会学校在华办学的宗旨、方式和师资；并认为国内新思潮兴起后，教会教育必须自行改革，才能在中国生存。1923年他就这个问题投稿给纽约一个期刊 *The World Tomorrow*，介绍James P.Webster的新书 *Christianity and National Consciousness in China*，并推崇著者对教会教育的批评和建议。父亲自己特别指责西方传教工作者对中国文化的无知和卑视，并强调说："Any movement which means to be of service to a country must not neglect the historical background of its people. The spirit of education lies in the search for truth, not in the dissemination of dogmas." 文章刊出后该刊的主编John Nevin Sayre写信给他说，基督教青年会的国际事务委员会已订购了500份，还有一位Mr. Sherwood Eddy订购了3000份。

从以上各种的言论中，可以看出父亲离美前的思想，经过三年的学术训练和各方面的耳濡目染，已达到了相当程度的成熟。他有很强的民族意识，但是崇尚西方的人文传统和科学精神。他有文人的奔放气质，却能理性地研讨政治和哲学课题，也有研究学问的兴趣、能力和意愿。然而客观的情势，终究不允许他长期停留在象牙塔内。他回国以后事业方面的发展，在留美时期已显出了趋向。

父亲个人的感情世界，也同时展开了新的一页。他的家境不算宽裕，9岁丧母，弟妹众多，但得益于严父的庭训和勉励。17岁他离家出外求学，进入了日渐开放的大都市。在男性为主的学校中，很多同学都面临着旧式婚姻制度的磨难，但父亲却未曾受到多少压力。在北大的第一年，他与胡适教授合作翻译易卜生的名剧"*A Doll's House*"（译名《娜拉》），1918年1月在《新青年》发表后，震撼了无数青年读者的心灵。此后他担任《新潮》编辑时，曾写过两篇文字，反对不由自主的婚姻，主张解除没有爱情的结合，并提出妇女自我解放和独立的建议。他在文中承认自己还"不曾堕入男女的爱情网里去"，所以言辞虽然激昂，只能算是理论性的纸上谈兵吧！

1920年初，父亲因遭北洋政府通缉，潜逃出北京到上海参加全国学生联合会集会，结识了先母张薇贞（后改名维桢，1898～1997）。此时她是上海一个女子初级师范学校的体育教员，因为陪同学生上街游行响应"五四"北京学生行动，加入了上海学生会日刊社的编写工作。他们在联合会的各种场合中几次相见，互相建立了良好的印象。分别以后，父亲曾寄过短柬和风景片保持联系。同年9月他到上海乘船出国前，满心希望再能与母亲会面，不巧既忙又病，错过了机会。船未出海，他便匆匆发出一张明信片，从此开始了两人长达7年的婚前越洋通信关系（详见本书"父亲母亲的恋爱"一文）。

当时上海和美国东岸之间的邮递，水陆单程至少需要三个星期。1920到1922年这三年中，父亲的信保存下来的共有长长短短15件，另有不少风景片和艺术画片。可惜母亲写的信，却一页也没有留下。

1923年穆氏企业破产后，父亲的奖学金停顿。秋季他结束了三年留美的生涯，带着《思想自由史》的译文和《科学与玄学》的书稿，满腔希望地前往物价较低的德国，继续去寻求新的学问和新的经验。

罗家伦

留美情书15封

(1) 1920年9月27日

浙江湖州湖郡女学
张薇贞先生①
志希寄自虹口江中中国邮船

薇贞吾友：

来沪七日，大烧（二十二日病作）凡四十二小时；沿途风热，至此一齐发作，几乎不得动身，可谓危险。今难关已渡，人已上船，方作此书，歉疚万状，知我者当能谅我。来沪未能一见，心中很难过。玉影已收到，谢谢。不及多书，遽将离国，此心何堪，余容途中续书。

渴望珍重

弟志希倚装
二十七日

---

① 母亲的原名张薇贞，后改名为张维桢，详见本书"怀念我的母亲"一文 ——芳注

(2) 1920年12月13日

薇贞吾友：

到美后无暇致书左右，歉甚。途中寄一片，不知收到没有？

你近来的学业，想必大有进步；在湖州生活如何？

我在上海动身时曾病，途中华侨多知道我的名字，沿路有会欢迎，总是由我起来代表演说；又经五日长途的火车，所以到纽约时我困顿已极。

纽约社会太紧张，对于神经的刺激太大；我于是转往普林斯顿，离纽约一点多钟火车。我现在普林斯顿大学院治文学哲学，兼及教育。普校亦美国极著名的第一流大学，而大学院尤有精神。教授中多当代学者，同学中亦多深造之士。大家一同吃饭，一同看报，一同谈天，一同研究，四周真是在学者空气包围之中了！

此地风景也好极了！秋天的景象，衬出满林的霜叶。明媚的湖光，傍着低回的曲径，更映出自然的化工。晚间霜气新来，树影在地；独行踽踽，觉得淡淡的月色常对着我笑。唉！我爱此地极了！今寄上大学院照片一张，聊供清览。

此校系英国牛津大学式，无女学生。中国学生不过数人，无好者，唯与我同在一处的一位饶树人兄，也在大学院，（大学院中国学生仅我们两人，余在本科。）品行学问都是极好的，于明年可得博士（物理学）。他回国过上海时，我希望你可以见他谈谈。

匆促不尽欲言，伏希珍重

弟家伦
十二月十三日，美国普林斯顿大学院

通信处

Mr. K.L. Lo,

2H Dickinson Street

Princeton, NJ, U.S.A.

(3) 1921年3月8日

薇贞吾友：

　　昨天接到你的信，给我许多优美愉快的感想；并且谢谢他，谢谢写他的你。

　　我听说你求学的情形，更使我高兴；希望你照着这个方针进行，先以能自由读外国书为第一要义。以你的天资，及你现在的环境，是不难的；出国求学，也不是绝对没有机会，当先以自己有准备为要。惟有"学问"，乃是我们终身的事业。

　　尊照甚好；大的一张稍微觉得憔悴一点，我很愿意听说你已经休养复元了。

　　我两年以来，因为各方面的事，也是弄得憔悴已极；暑假在西山时如此，临出国门在沪卧病，更觉难堪。会吾先生来看我时，正扶病治装，所以江苏省教育会那天欢送会请我演说，我都未到。想起来真不堪回首！

　　现在我在普林斯顿大学真是好极了！此地为大学区域，风景极佳，有湖山之胜，而建筑复古峭多逸趣。大学院巍然独立，尤有特别空气。同学仅一百三十人（现在我几乎都能认得），多深造之士（无女学生）；教授倒有一百人左右，多当代学者。我们一同寄宿，一同吃饭，一同谈天，一同讨论，一同游戏，真是四周都是在学者包围之中。这些情形，我不知道（我忘了）上次告诉你没有？我来此以后，受了这种环境的感应，精神同身体都大大改变了状态。多读书，少作文；暇则谈天，游泅，间或同外国小孩子玩玩，亦别有天真存在。我极健康；惟功课极忙，常至夜深方睡。但是不足劳你记念。

　　此地美如春花，静如古寺；我们会餐时每晚要穿黑大礼袍的，所以极像一种隐士生活。脱离风尘气，还我故我；我现在决计"关了罗马史，翻开思想书"了！

寄上纽约风景片一盒，是印得最精致的；望你分尝新大陆风味。湖州春天风景极好，你们如有照的照片，可以给我看看吗？

二书已嘱纽约Sterchert Co.寄上，大约后信一星期可到；钱可不必寄来，难道我买两本书都买不起了吗？

祝你进步

志希

三月八日

（4）1921年3月15日

薇贞吾友：

前函想已收到；但不知书收到了没有，因为包裹向来要慢到一点的。

你近来功课如何？我劝你极力用功英文，科学也不可忽略，将来在大学时一点不能少的。英文好一点，就可以练习译书，我愿意极力帮你。

今年清华招考女生赴美，恐怕你还不能考；昨天在纽约晤清华当局一人，他说明年还招，望你积极预备。

我在此甚好，上学期成绩为著名教授所称许；称为有"Remarkable ability"，现在大学已赠我名誉大学免费学额"University Scholarship"。

你前次的信，生我许多感触。你能常写信给我吗？

寄上大学院夜景（月景）照片一张，庄严壮丽的样子，真是令人起优美崇高的感想。

春天来，你们也照像（相）吗？可以分点给我吗？风景有你在里面的更好。

我的父亲罗家伦

今日有船回国，所以匆匆写几句

此望

珍重

志希
三月十五日

（5）1921年3月22日

薇贞吾友：

前寄两信，都收到否？方才重读你旧历元旦晚间给我的信，实在使我感动。此时此景，我正与你作同样感想。

我离国时太匆促，兼之以病，不及与你细谈你求学的方针，我至今也过意不去。你求学的热心勇气，我都佩服。我劝你极力预备明年考清华直接留美，一年实在的预备，不为无望。即不成，如你能有进美国大学一年级的程度，我当尽力为你想法。且到那时再作计议。（俞庆棠女士前年来美，今年已在哥校大学二年级。在纽约见过数次，太用功了！）

我在此可于后年（一九二三年）授博士学位，拟回国一看，再赴欧洲。但意尚未决，万请勿告人。

昨接Sterchert Co. 来信，知书已于十七日寄出，地址未误；但无中国字，请留意英文邮件。原信附阅，款勿寄来。

望你珍重

志希
三月廿二晚二时

（6）1921年6月10日

薇贞吾友：

两奉手书，纸短意长，感愧实深。乃以大考关系，屡握管而无暇一复，歉甚。我于六月一日方才考完，于是日下午即赴纽约接蔡先生，连日奔走接洽，无片刻空闲。纽约大学于六月八日，赠蔡先生名誉博士学位，观礼者万众欢呼，实中国之荣幸。十四日华盛顿大学请蔡先生参与毕业大典，闻亦将有荣誉之敬礼。我于九日暂回普林斯顿、于十三日即赴华盛顿，为蔡先生接洽一切。暑假内即赴绮色佳康南尔大学入暑期学校。绮色佳风景极好，最宜避暑。暑假后仍回普林斯顿，因为普地雅僻，宜于读书。你近来学业进步如何？下半年仍回湖郡，似宜即看英文有思想的书。因为英文的长进，不在乎专读文法修词（辞），而在乎多读多看多写。况且我们中国人学英文，更宜以"一箭双雕"的办法，将文字和思想同时得着。国内教会学校的弊病，就在专使学生读机械的课本，而不能引导学生读有思想有智慧的著名书籍。所以不但对西洋的文字难于学好；就算学好了，会说几句"How do you do"的口头禅，也不过是造成一种能言的鹦鹉。这种"鹦鹉派"的人对于学问的本身，何曾有点关系。世界上的人事，往往难于前定的，所以靠得住的只有学问。人生所以当各自切实求学者，也不外此理。你现在如能致力看书，我学问虽浅，或者可以尽点介绍的力量。但望将所愿研究的门类告知，我必竭诚奉闻。

你前次寄书费二元及邮票七十分给我，未免太客气了！邮票谨先寄还，因为我在国外绝对没有用处。美金因为寄回多费手续，暂存我处，以备买相当合用的东西寄你。

你想致力用功固好，但体力与精神也须顾全。

以极诚恳的心思祝你进步和健康

志希
六月十日

令妹处问好，

我暑假内的通信处为——

我的父亲罗家伦

Mr.K.L.Lo,

c/o Mr.T.S.Yong,

122 Catherine st.,

Ithaca, N.Y., U.S.A.

望你常写信给我。我大约九月十五日回普林斯顿。

（7） 1921年11月1日

薇贞吾友：

接到你三封信，又接到你送我的笔，我真是又惭愧，又感谢，真是寻不出合宜的字，可以表现我的心思。我于暑假之中，忽而华盛顿，忽而纽约，忽而湖城，奔忙已极；所以屡次想写信给你，而屡次失败。我想你一定能恕我的！就是你给我的信，也是转几次方才收到。

还有一件要谢谢你的事，就是你的照片，使我看了生无限的愉快。至于你托我买的书，我当立即买好寄上。

我今年转到纽约哥伦比亚大学哲学院来了！所治的是教育哲学及思想史。教授为杜威Dewey，客尔白去克Kilpatrick，波士Boas，康克林Conkiln，均当代学者；功课极满意。但是纽约大城之中的生活极苦，远不及在普林斯顿之清静。所住的是一个美国的家庭，其中仅其夫妇二人，极和霭（蔼）大方。我的房间很不坏，陈设极佳，但是稍暗，所以我日夜都在图书馆中读书。图书馆中我专有一个大棹（桌）子，地方极好。我脱不了的就是忙，夜间总是睡得迟，朋友劝我，我也知道不对，但是我又没有法，你说如何是好？

近来为华盛顿会议事，此间留学生有"留美学生华盛顿会议后援会"之组织，我被推为中文编辑股主任，又推为代表，现辞后者而任前者，也是对于国家辞不了的义务。将来开会时恐须赴华盛顿一行。中国还有两个报要我做代表。我对于此问题在中国发表两篇长文，听说很发生一点影响，不知究竟如何？你看见过吗？

你现在怎样？我很高兴知道你身体较好。但是也要常运动，如网球等可常拍。强健的思想，属于有强健之体力者。西方以身体全部发达为美，而东方以瘦弱为美，实民族衰落之征。望你力矫此习。功课近来何如？何不直接看点西洋书呢？我有一本书送你，希望你能试看，并非难者。此书我不日寄出。谨祝你以健强的心身，包着优美的思想！

（国内评我前文之论调，多未看见，即有见过者，亦不欲与无聊之言，多作辩论。我辈建筑事业正多，无许多闲工夫及此。拙文已经日本《日华公论》及《东京朝日》两报译成日文。）

现在寄上我暑假中的照片两张，望你晒存！一张是和人合照的，一张单独照的光线较强。地方是在绮色佳我暑假中住的房子门口，时间是九月初间。绮色佳地方风景好极了！每于傍晚看由蔚蓝而入墨青的山色，衬着明净的湖光，涂上一抹深红的晚霞，令人起自然无限的美感，作万里外的遐思。

我最后有一句千万请罪的话，就是你最近给我的那张照片，我前天因为夹在书里，不知如何掉了。请你再寄我一张，我希望你能寄我一张六寸或四寸的全身照片，你允许我吗？我想你一定肯的，但是这不情之请，只有你能恕我。薇贞！

祝你千万珍重

志希
十一月一日

我的通信处

Mr.K.L.Lo,

540W.122 St.,

New York,N.Y.U.S.A.

我的父亲罗家伦

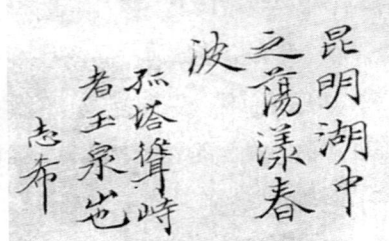

罗家伦北大期间寄给女友张维桢的部分明信片

(8) 1921年底（无日期）、明信风景片

此系世界第一高楼，建筑奇伟；以加快电机登其颠巅，需时一刻以上。在此楼上得句云：

"千尺楼头据此身，

一生湖海压陈登。"

然久不作旧诗，不愿再续矣！

志希

（9）1921年底（无日期）、明信风景片

此系"自由神"之铜像，巍然独立于大西洋西岸；曾至此地，高呼

"自由之神万岁"者再。令人兴奋，无过于此。

志希

（10）1921年12月7日

薇贞吾友：

前次好几个信片收到没有？我现在仍然是奔驰的忙不可言。

中国在会议中已显然大失败，现作万一之挽救。作此书时念之实痛心。

于百忙中有友人来信，谓《时报》中对于我有胡乱的登载，荒诞之极，已去函更正。但是我自己究竟没有看见登的是什么。可笑已（亦）复可恼。

你近来好吗？读书何如？望珍重。

此颂

年祺

志希
十二月七日

（11）1921年12月25日

薇贞吾友：

前次书片，不知收到否？甚念。

昨晚又自华盛顿回，时已半夜矣。

仆仆于道路，而于国事无所补，大足痛心。

夜深人倦，偶检书箧，重阅你给我的信，别有意兴，靡增心感。

我现在知道了，人事虽难前定，但人足以定之。人类者，情感之动物。

望常有信给我，增我的愉快和健康。

嘱购书已寄出，我另有一书见赠，望细读。

盼你致力于学且珍摄。

志希
十二月二十五日

（12）1922年1月28日

薇贞吾友：

你近来好吗？

接书局信，谓你所开的书早已寄出，不（知）可收到否？

我另有一本书送你，分包寄出。

更有花子一包，系游华盛顿墓之纪念花，另外夹在报内寄出。

我连日发表国事及外交文字甚多，有一长文曰"我对华盛顿会议之观察"长三万余言，甚重要，在《时报》与《东方》登出，可一看。

于百忙中写这几句封寄你，表示我记念的心思。可惜没有工夫再写下去。

祝你珍重，千万千万。

志希
一月廿八日

（13）1922年2月4日

薇贞吾友：

前函并奉赠之书二册，想必先后收到。花子一包（花名Althea）系谒华盛顿墓之纪念品，即夹在书内，因用报纸另寄颇不方便，想你一定发觉了。

寄上两书，一系易卜生戏剧三种，一系王尔德戏剧三种；前次在卷首略述读法。总之第一遍须读得快，当小说看，先得其大意；然后再细读，查字典，留心Idiomatic Expression，再揣摩其神情。此等书并不难看，不必胆小。一气呵成的看书勇气，是要养成的。今天看三页，明天看五页，便永远不能成功。我们在国外大学院中，每日看书总在三五百页——戏剧等不算——非此等习惯便不成也。

你对于学问的兴趣既浓，以后我当常时择相宜的书寄你。你先把这两本书看了，并望你能以你所得的感想告我。

昨日收到你寄我的信，甚慰甚慰。你对于我的关切，**谢谢**。我近来仍然甚忙，写起来有许多话说不尽。先写此信给你，稍暇即有另函畅谈。我在国外用中国笔墨不方便，所以用墨水笔写字；你在国内，而又善用中国笔写字的人，也用墨水笔写信给我，不使我失望吗？

欲言不尽，望你珍卫。

志希
二月四日

（14）1922年2月10日

薇贞吾友：

前数日有一信给你，最后说到稍暇当写信给你畅谈。今天写这封信，就是践这个心愿。

许久没有见你了，实在有点念你。你近来也少写信。想是你的朋友很多，忘记在远方的人了！——如果没有，则请你不要见气。

老实说，我仿佛记得暑假间有一二次给你的信，其中不免有使你失望之处。但是这信当时成于心绪恶劣之时，可以请你见谅。你对于我的情谊，我始终感激；我对于你也是一致的，薇贞！

时间真快，匆匆一年多过去了！我在此间大学院应分功课，明年六月间可完。我颇想回国两三月，略观大势，再赴欧洲；我们可以在中国见。不然，我径赴欧洲，我们设法谋在欧洲见。此非难事，我稍有成算。

我有一句重要的话问你，就是关于你自己一切的事，你自己能否作主望诚切告我。

如赴美或赴欧留学，如到后学费及生活费有所出，家中能否允你出来，能为你筹旅费多少？（全部或一部）均望详密告知。但不必语人，事前张皇。

听说我给你的信，你给同学和大家看；果然，你便错了，我将永不写信给你。

我闻"君子爱人以德"，很相信这句话，所以事事都从学问事业等大处着想。成败系另一问题，但力之所及，必尽其力而为之。

诚恳的心思，愿随太平洋的水流到彼岸。"无穷的好望，为你的将来。"

志希
二月十日晚十一时

你于湖郡何时毕业？望你复信时告我。

（15）1922年9月1日明信风景片

暑假内所居地之风景，故地重游，颇饶兴趣。三次来函均收到，谢谢。忙顿未及详复，甚歉。匆询，近佳。

薇贞吾友

志希
九月一日

罗家伦

留欧情书46封

（1）1924年8月30日

薇贞吾友：

久疏音问，甚歉。

今日看见德（国）报专（栏），知道沪上将有战事发生；想起在沪上的你，颇以为念。所以立时写这封信来慰问你。并且祝你不至于有惊扰。

接前函，知学于沪江，学必大有所进，为慰。

来欧以后，颇于精神学业体魄有增进。颇有较重要而耐时间淘汰之著述，尚未发表，将次第公于世。

国难一时未已，当储学以救民族的沉沦。

今年尚在德，利用其研究院；明年将学于巴黎大学。再由法而英而意。

近况如能告以梗概，以慰故人，亦甚慰。

志希
八月三十日，柏林

(2) 1924年11月25日

薇贞吾友：

前次接到你一封信，正在想复，今天又接到你一封信，真是给我感情上许多愉快。我深深的谢你，但是你这样待人，使我谢的心思，笔墨很难表现。

虚惊经过，沪渎复安，祝你健康，更祝你用功的进步！你治的功课，大致都是很需要的常识。望你于法文用功，法国文学中的作品，实在有许多使我爱慕的，盼望你也能读原文。

近年以来，我于所学自信有所增进。离美前一年，美国历史学会开全国年会，请我读一论文，是一种少有的courtesy。去年为一美国杂志《未来之世界》写一文批评教会教育（直接的系批评沪江教员一书），后接该志编辑谢函，谓美国青年会国外教育股因此文特定五百份，艾迪特定三千份，遍送在华各教会学校及教徒。可见教会教育自己也多少有一点自觉——自觉其地位的危险。但是这都是暇时无关宏旨的东西（近来常为美国报纸写文论中国时局）。精心结构的一本书，就是《科学与玄学》，凡十三四万言，或于国内此项争端，能作一最后之解决。此书稿已于九月十八日保险寄给朱经农兄，请其交商务出版，但现在尚未得到回信，甚以为念。

我于来日所从事者，已有固定计画（划），欲于中国民族在这个进化期间，可以得着我一点坚实的根本贡献，使后人数起这个时代来，或者少不了一提。至于浮誉已等闲视之矣。

本学期完（明年二月中），拟赴巴黎，一学期后即赴伦敦。皆拟研究于这两个大学，为将来一种著作之准备。于明年九月间或不免回国。

欧洲文明，自是繁复多姿，非单调式之美国所以比拟。故即回国后于两三年间仍将一出也。

偶与时报通信，亦仅系暇时游戏，然久不作矣。

你如果要得什么欧洲的书籍，或是于学术问题认为我有可以备顾问之处，尽管请老实告我，无不从命。

另外附上柏林大学照片一张，请惠存，以作纪念。

你的体力近来好吗？有最近照片可以寄我一张吗？不敢请耳，固所愿也。

云天东顾，祝千万珍重。

志希

十一月二十五日

(3) 1924年12月10日

薇贞吾友：

前书想收到。我现在有一件事遵你前书的命，所以敢托你。但是先声明要你不客气，不至于不收我还你的垫款，我才敢托你。我想你一定能了解的。

我要请你为我向商务买一部"译外国人名地名表"（新书），买小楷紫狼毫笔（不必太贵的，只不过为译书或做文起草用，或任何小楷水笔均可，在先施或商务均有）半打（或一打），问商务要一本图书汇报。书和书一道寄，上写明（"Drucksacle"＝Printed Matter），笔用一硬纸盒寄，（防笔头损坏）上写明（"Liebsgabe"＝gift），因为免除德国税关的麻烦。需款若干，务乞示知，以便设法汇拨。一切封面上写明Via Siberia，可以省许多时间。

随此信附上明（信）片二张，皆系游时纪念。

诚意的祝你的好！和新年的幸福！

志希

十二月十日

(4) 1925年2月3日

薇贞吾友：

接到你信，很感谢。知道求学甚积极，佩甚。

近来所看之书，是些什么？你是治社会学，还是教育学？沪江是美国式，自然美国空气很重；可是教会式，是然有许多顾忌的地方。社会学之美国学派，虽然有Small，Barnes诸人尚好，但是如Ellwood Ross等实太敷（肤）浅，Giddings实太陈旧。如英国Hobhous Wallas等，在美国竟不可得。如Hobhouse: *Morals in Evolution* Wallas: *Human Nature in Politics*，*Our Social Hertage*等看过否？人类学美国实甚发达。如Boas，Lowie等实最精密而批评的学者。A.A.Godlenweise为后起之秀，（我在纽约听过他一次讲演，谈过一次）其*Early Civilization*甚佳。你不把他译完，甚为可惜。Boas: *Mind of Primitive Man*一书极重要。你看过否？如有兴趣，何妨试译呢？无论学社会或教育，统计学实在很要紧。因为驾驭材料，审查错误，均须借重。此学可以加倍注意；不然，则皆随人为转移了空谈也。你以为何如？

前一书劳你太多，再前一书亦不免带感情时之情形，发后均觉不安。但是我想你能原谅而不介意的。来书甚为悱恻。于目前中国环境之中，有志者自多感触。望善自珍卫，不以此自伤。至于些微细事，更不必置诸怀中。我平素是旷达善忘的，因不如此，则生活烦恼更多也。

年假内游中欧名山Harz，步行八九日，每日八十里左右；看尽风景，极为痛快。今附上风景片两张，望察纳。

沪上再度军事，受虚惊否？

此问

近好

志希

一九二五，二月三日，柏林

(5) 1925年3月5日

薇贞吾友：

你的信和风景片，笔墨和书都收到了。三番四次劳你的神，真是感谢的了不得！你要送我，是我不能受的。因为这是我托你买的东西。若是你要送我——心领你的意思——那我下次再也不敢托你买东西了。所以我于下次来信时，还是汇或封寄钱给你，一定的。今天赶火车故，已经来不及了。

蒙你想得周到，寄笔给我的时候，还寄上几个铜笔套，真是有用。

假期长否？近来做些什么事情？

我的稿子，早收到了。现在在印刷中。经农兄有信给我，大可不问，我想你是没有问的，但是我早就应当告诉你，却是忘了。

柏林今年冬天真好，宛如春天。欧洲as a whole不冷。大约下月我将赴英国，信仍由柏林转。暑假赴巴黎。我如果能筹得到款的话，还想在欧洲多留一年。你以为何如？欧洲文化的五光十色，比美国有趣多了！

附上名画片一纸，望收下。

北京一班朋友办的现代评论甚好。我前几天接连写了三封信给他们，你可捡得一看。虽没署我自己的名字，但是看的人大概都知道是我写的。

此问

近好

　　　　　　　　　　　　　　　　　　　　　志希
　　　　　　　　　　　　　　　　　　　　　三月五日

还问你妹妹的好。

(6) 1925年3月27日

薇贞吾友：

最近又收到你寄的墨，屡次费心，真是感谢。

前次的信和附片，均收到否？你近来怎样好？功课忙吗？于功课之外，尚以何事为消遣？望暇时告我一二。

我于四月十日由柏林经荷兰赴伦敦，自四月至七月，大约都在伦敦，七月后赴巴黎。你如果写信给我，可仍寄我柏林住址，可以转到。

附在这封信里，你可以找着一张五块钱美金的支票，这是我托你买东西的钱，还你的。请你务必不要客气收下，不够我可补寄上，多了存在你处，为我以后托你买东西之用。不然，我以后永不敢托你买东西了！所以你是一定不能客气的。今天很忙，不能多写。望你好好保重。

志希
三月二十七日，柏林

令妹处问好。

(7) 1925年4月15日

薇贞吾友：

久未接信，不知近况如何，亦不知何故。功课忙否？课外作何消遣？我想江南春色，你已经饱尝了。

柏林初春的风景好极了。我很留恋，但是本星期内一定赴伦敦。经荷兰渡海，只须二十四点钟，坐飞机只须六点半钟。由伦敦至巴黎乘飞机只须三个钟头。欧洲的交通，真是便极。

近来把柏林名胜古迹几游遍。附上照片两张，系前日游皇宫纪念。

郑重的祝你的好！

>　　　　　　　　志希
>
>　　　　　　　　四月十五日

令妹处问好。

(8) 1925年5月12日

薇贞吾友：

　　由荷兰来伦敦，一切均安适。现卜居已定，开始在British Museum研究，利用其他处不能有之收藏。在伦敦大学只听两课，不过谋与一二教授接近而已。

　　近况如何？望珍重。

>　　　　　　　　志希
>
>　　　　　　　　五月十二日

(9) 1925年5月20日

薇贞吾友：

　　同时接到你的信两封，并你的最和霭（蔼）的近照，感激欢喜的心，不必我说，你如果知道我一分，你应当知道了。

　　你的神采，比以前更自然、更清雅。可惜你寄我太迟，若是我在柏林收到，则我可请一位德国的画友，有相当画名的，为你画一张油画。

　　我在海牙及伦敦所寄的画片，想收到。我记得以前寄你的第四封信，就是你这次复的，实在太粗率吟静；你或者知道我不是这种temperment的人；只是我读你的前书，有"两年来寝食恒逾常轨"等语，为之移感，而虑你痛苦增加，故意出此，你或者了解此意。真有情感的人，是情愿自己苦痛，而不情愿人家苦痛的。

　　我对人总是很frank，我只希望人对我也frank。中国人的感情，天性，都被拘束，reserve杀尽了。社会间与个人间的不了解，也都是从此而起的。我们如果要另生一种新社会的空气，总当各按本性的纯粹要尽力发挥才是。你以为然否？

在伦敦生活，尚安适。Wallas已年老退休，Hobhouse尚在授课，均已见过。我现在立志不看在中国可以看得到的书，并不看有钱可以买回中国看的书。现在有两种确定的计画（划），为著述的。一种是在历史哲学方面，为direct中国将来社会思想之趋势（一再与西洋学者争地位），入于适当的正轨。一种是近代中国通史，以科学方法，哲学眼光，文学手段，融合来写。务求scholarly，而不尚凭空理论，如不能持久的梁任公办法。近代中国通史是与世界关系分不开的，所以近来专看英、德、法各有关系之材料，在中国所不能得的。——其中当然有许多documents & manuscripts。如将来有成，——万一有——则（一）可造成一种民族的觉性（悟）；（二）如以standardize中国的文字，为文学革命成种重大的工作；（三）为中国写第一部Scientific History。高山仰止，景行行止，猥以不才，窃想望之。

我自信，薇贞，Struggle very hard. 我总想，Struggle for some original contribution，Stuggle for an enduring historical position. 眼看目前许多人，不禁有杜少陵"尔曹名与身俱灭，不废江河万古流"之叹也。

兴到时聊为你说，你如果对我有丝毫的了解与体贴，请你将来于我放弃责任，不告成功时责我，但此时不必为他人告也。

你有次问我回国后到什么地方，我现在未定，因为现在不必急之。其中有一处是上海。最近广州、杭州亦有友人以函电相询，均不能即复。待回国后再看。

你现在身体如何？求学心得如何？何时作形式的毕业？龙华的桃花想过去了，但是沪江江边的烟楼，望你多多领略。

我在欧洲常听音乐，尤好Wagner，Strauss等作品。如Verdi Mozart等亦甚愿听。听opera甚多。如Faust，Meistersinge，Siegfried Mme Butterfly Intermezzo……等均听过。

接到你的信是吃晚饭的时候，这封信是饭后一分钟动手写的。写的是你的笔——领谢了！——信纸前面是你的照片。

祝你——不断的祝你安好

志希
五月二十日

（10）1925年5月23日

薇贞吾友：

今天去参观英帝国展览会（British Empire Exhibition）。这会规模伟大，哄（轰）动世界，想你已听过了。会址离伦敦城一点钟火车，在Wembley。在澳洲（Australia）部看见一种项珠，想起你，买了一副（串）送你，另包挂号寄上。此系澳洲海底一种晶石所成，以作项珠，颇盛行于欧洲。我选的一种颜色，自以为还清新，配夏天的白衣服或粉红衣服，都很好看。望你不嫌弃，作我游展览会纪念，并作我想起你的纪念。

余容续谈

志希
五月二十三日

（11）1925年5月28日

薇贞吾友：

二十三日寄上一函，并颈珠一副（串），想已收到。

你近来好吗？恐怕快考暑假考了？我对于旁人总是劝人用功的，但

我的父亲罗家伦

是对你决不望你用功。

国际法可学——我也学过——因为是生于现在世界的常识。中国宪法史是笑话，因为中国尚无宪法可言，如吴哀灵（宗慈）之宪法史，不过Superficial Journalism而已。望你不必费工夫。

你以前的照片，无论你以为好坏，是不寄还的。因为你的东西对我是多多益善。但是为报答你的损失，我寄一个自己的照片给你。这是我当年在纽约照的——最近没有照片——虽不能算十分好，却还能表现一点我的精神。如果你不愿意丢掉，望你存着。

伦敦天气如初春，昨夜雨声淅沥，令人魂游数万里外也。

千万的望你保重

志希

五月二十八日

（12）1925年8月13日

薇贞吾友：

此系滑铁卢战场大铁狮，奇伟。八月八日离英，九日抵比京不鲁舍尔，十日赴海牙，十一日回比京，皆系为国事接洽。十三日游滑铁卢，寄此以作纪念。

志希

一九二五，八月十三日

（13）1925年8月18日

薇贞吾友：

在英劳顿万状，以一介书生而见忌于强国外长，致其不安，亦足自豪。来巴黎已三日，而病夺其二。顷游卢森堡美术馆，见此画原本，徘徊不忍去。尊况如何？何日归校？甚想念。

溽暑望善摄卫

志希

一九二五，八月十八日

（14）1925年10月18日

薇贞吾友：

月余未接到你的信，不知你近况如何？沪上风云又起，甚念，望善珍摄。

我因为学为国，均不能于九十月间回。如会议尚进行，则我尚有回伦敦之必要。孑、亮两先生争关税自主及修约一电，系我起草。即各公使争关税自主一电，亦出我手。事关民族，未敢辞责。然我回国之期，亦不能迟过明年二月间也。近尚日赴此间国家图书馆工作。

一切尚好。很系念你，并问候你。

志希

十月十八日

（15）1925年10月23日

薇贞吾友：

今日偕孟真游Petit Palais，观其美术收藏，甚为神往。今寄上印片数纸，以作纪念。久未接信，未知近况如何？我本疏懒，亦将步你后尘也。

深秋多凉，望善摄卫

志希

十月二十三日

（16）1925年12月15日

薇贞吾友：

前天接到你一封信，知道你现状甚好，体力也加强健，甚慰。

我来巴黎以后，寄你的信片画册，不下十次，而我在巴黎期间，你所发的信不过一封，原来你待我只是如此！

我近在巴黎大学上课，一切情形都很好。买书和读书都很多。余时料理伦敦中国问讯部事。

留学期间，无论中间有多少痛苦，终究是快乐的，也可专心求学。一想起回国，就是头疼。若非经济能力有限，则终身流窜在海外，亦所不惜。

我不是悲观的人，但是国内一切事情，令人精神不痛快。

你在沪江本科已读完否？近看何书？

多多的祝你珍重。

志希

十二月十五日

（17）1925年12月27日

薇贞吾友：

接到你的信，真是很高兴，知道你还没有完全忘我。我前信如有抑郁语，这封信也可以把他抵消了。

风景照片极好，此等晚景，甚不好照；此片取景甚好，惜中间小树太多而乱。不然画意更要充分。

我近来甚好，惟见国事常觉头痛，然又有不能不问的苦痛；看书则不然。

你说你在学"中国国际条约关系"，此科与我的近代史甚有关系。

我关于此方面看书甚多。A.B.Morse：*The International Relationl Relations of the Chineses Empire*，3 Vols.与Henri Cordier：*Histoire des Relations de la Chine avec les Puissances Occidentables*，3 Vols.二书较好而可靠，不失为学者著作。二者我都有；后者已绝版，甚难得。我关于此类的书，自己已有百余种，其中甚多难得者。

你怎样好？什么种应酬，因为你说应酬。

罐头何必再寄，徒使我心里不安。

问你好，并祝你的年祺。

志希

一九二五年十二月二十七日，巴黎

（18）1926年1月5日

薇贞吾友：

又过了一年了！你怎样好？法国过年，并不十分热闹，远不及美国和德国。我除看了两次戏以外，没有什么其他的庆祝。这几天连日有朋友来，昨日有陈剑翛（自英），今日有陈寅恪（自德），明日有麦朗大佐（Col.Malone自英），虽然高兴，但是要分心几天。陈剑翛（宝锷）你是认识的，他定于一月十五日由马赛上船回国，大约二月二十左右到上海，你作兴可以见得到他。近日我因发现了些法国于一八五八年在广东抢来的档案，正在清理。其中有许多史料。我想二月间再到英国搜寻一次，即准备归国。我的《科学与玄学》闻可于一月间出版，出版后有什么反应，望你便时剪下寄我。凡寄我的信，交11 Rue Descarted，Paris V，France总可收到。我请你寄一部平民千字课给我，由西伯利亚，因所费有限，所以不寄款给你了。

祝你新年安好。

志希

一月五日

（19）1926年1月18日

薇贞吾友：

顷接十二月十二日信，知道你体力渐复原状，甚慰。此后宜留意，并多运动。你说四星期没有收到我的信，以此埋怨我，但是请你自己回想，我到巴黎以后，寄你多少次信。你这封信说你上次给我一信在上月，上月那封信（十一月）说再上一次信在国庆日。你想这种距离不是过于四星期吗？我不是同你来吵嘴，乃是指明责人不可忘了自己。但是你埋怨我也受，因为这表现你交游广大的时候，也有时还念到我一点。你现在功课怎样？我想你的大学本科功课，是夏初毕业，是不是？我的动身，暂拟在三月底，恐怕还稍有变动，若是国内有教育机关托我买书的话。但是六月初以前，一定能到上海。一则因时间问题不能不回，二则因经济问题不能不回。我出国时穆君捐助北大的基金，二年多以前就没有了（因他纱业失败未缴齐）。这两年多以来我在国外的用费，都是朋友借的。所以只得今年暂回，二年后图再出。但我想起回国则忧喜交集，常常忧过于喜。

问你的安好。

志希
一九二六年一月十八日，巴黎

（20）1926年2月12日

薇贞吾友：

前日接到你一月十日的信，又接到你所寄的蜜枣及松子糖。蒙你这样的关切，真是不知到（道）从那（哪）里说感激起。

知道你处世与求学，均大有进步，甚以为慰。我除佩服外，更无他话。一切事情，多靠自己磨炼出来。惟从磨炼出来的经验，才是真经验；从磨炼出来的学问，方是真学问。

承告杨杏佛君之语，我毫不计较。出自不知我者，毁固不足惜，即誉亦可笑。我已不愿与衮衮时贤计短长，而惟求于时代进化的程序中，我能建筑一段坚实的路程，使来者认我贡献之价值，斯已足矣。此或年来不息为学之小进也。

与我同出来之汪敬熙君学有专长，将来为有数的现代心理学者（彼现已任约翰哈普金大学之聘，回美教实验心理学）；段锡朋君才识纵横，为中国将来有数政治家。皆非我所及也。较之半官僚半政客之"大教育家"们何如，且待后世作定评耳。

国内朋友，多劝我回，我亦有思归之意。本拟二月间回，今已二月过去一半矣。（我自己的书约一千种，但门类较多，绝不够用。）因回国后多少书籍没有，为研究之大障碍。现正向清华国学院交涉，拟请其拨一宗款子，由我代彼购买关于中国史料之西文书籍。此事已由我的朋友陈寅恪兄（此人系朋友中之极有学问者，近回国任清华国学院教授）向其提议，我允候其回信至三月底，如能成，则我当赴英两三月专办此事，约六月初或五月底回国。如不成，则当于四月中回国。总之今年六月间可在上海见着你，或能参与你的毕业式亦未可知。

高兴的听得你避免做egoist，但是我为学之心，将使我做egoist了。年来读破千卷，为学前途愈觉渺茫。此次归来，颇有庾子山"日暮途远，人世何间"之感。我想我一无所成，一无可取。请你不必对我idealize过度了，免得你将来失望。

念你的心，常常萦绕着，望你好好珍重。

志希
二月十二日，巴黎

另附美术片两张，望哂察。

（21）1926年2月19日

薇贞吾友：

　　本星期初，曾寄上一信。现在又写一信给你，你可以不必埋怨了罢！你好？近来干么？贵恙完全好了吗？我近来如常，惟致力学问之工作，不敢少怠。前天法国宗教节气，一般人穿得极素丽的带了鬼脸在街上走，别有风趣。我常想西洋人过的是Life，中国过的是torture！可惜妄人梁漱溟不曾来此看看，而高谈中国精神文明。中国人地狱之罪不知何时受了！

　　这封信没有什么话可讲，只是寄一点怀念的意思。

志希
二月十九日，早二时

（22）1926年3月5日

薇贞吾友：

　　前次两信想均收到。上星期接你的信，知道你身体全好，而为学亦大有进，甚慰甚慰。伍传我意不必译，因近代名著可译者甚多，不必以有限时间，译平常书籍。于近代中国史料中，可译者亦甚多，而且译成将来可以在学术上站地位的。你如有意及此，我可以有多少意见供你参考之处。我现在关于此类书籍，极力收买，已有百余种，其中多有绝版者，甚为可贵。但恨经济能力，不能容我多购。（我的书前函，告你约千，但我自己也无确实统计，大约一千二百至一千五百左右；大约德文二百左右，法文三百左右，余均英文；现分存纽约、柏林、伦敦各处，并堆满巴黎房间；将来运回运费甚可观，不无可虑。）我的书籍，大约均属哲学、历史两类；在美国时尚买文学书，今以不胜其买，故缩小范围，买得较专。朋友中书多者尚有傅孟真、俞大维两人。有时候第二天没有钱吃饭了，头一天还是大批买书，不如此则永买不成。目前回国，尚天天发愁教起书来抓不到书。即必不可少之书尚缺多少，奈何！你读法文，可不必只读小说，最好拿起一本法文书（如历史之类）就来看，进步一定可观；而且看起来比小说容易得多。你何妨听我话试一试。

今天还有许多事不能多写了。多多的郑重的望你善自珍卫并努力。

志希

三月五日

（23）1926年3月11日

薇贞吾友：

今天我有两件高兴事，不能不告诉你：

（一）当然是你的信和你给我的书，多多的谢谢！你的大作[①]读过了，很好！不愧得着首奖。此文中并且可以表现你许多处世接物的态度，都是很合正轨的。其中有一两处排字错误，但你可以卸责。你的努力和努力的成绩，我都佩服；你现在既然打下了一个很好的根底，将来苟能继续不已，是很可以在这个时代进化的程序中，于学问方面，立一个永久的位置。希望你不要甘于小成，骛（鹜）于浮誉，将来经过适当的工作，举国及后人当能认定你真正的价值。我希望我这种希望，你一定能够达到。

（二）我今天买了一部好书——《尼采全集》。此书我在德国时早想买，因其太贵，而且版本不好。现在我于法国旧书店中，买了一部，计八大本，是战前印的，印得精雅之极，目前绝无此等工致印刷。此书原有者并未看过，若在德国，至少卖一百三四十马克，约华币八十元，现在法国书居外行，不知德国书价，竟以二百五十法郎买得（约合华币

[①] 见母亲张维桢的作品《现代中国学生的一些家庭问题》。　——久芳注

二十元），将来回国多一种中国少有的书，不胜高兴。我近来还买了一部大书，即 *Lavisse et Rambaud: Histoire Generale*，计十二大本，每本均千余页，此书为近代法国史学界重要名著，系mobilize全国专门家合写；性质似英国*Cambridge Modern History*但C.M.H.一部须费三十余镑（约国币三百五十六元），而此书分量不减C.M.H.仅费五镑（约合五十元）。此书北京各图书馆均未有，亦将来参考不可少之书。希望你法文能自由看书时，可以从我这里借去看。

你近来怎样好？毕业考试有何种预备？我想寄两本书送你，但是还没有想定什么书。这星期的火车赶不及了，下星期再说。

我近来看洪秀全问题的材料不少，为国人见所未见，闻所未闻者。我并且开始将洪秀全所颁行的书籍抄写，T.S.V.P以备将来我edit中国近代史料丛书时作一种。我前天和巴黎东方学院院长谈了一点多钟，甚欢；他特谅我在该院图书馆将书借回家看，为之大喜。此间亚洲学会（Societe Asiatique）为研究东方学术最著名学会，已通过请我做会员，系伯希和（Prof. Paul Pelliot即发现敦煌石室者）所提出。

我立身行事，大致都是很积极的，间作消极语——如再上次函——不过一半是momentary reaction，一半是染了此十八世纪欧洲文人（如Voltaire等）的习气，好作parodox的语调。

回国之确期虽未定，然终不能不回，十之九·五，可于六月间踩着中国可怜的国土。好在你现在也忙于功课，即到上海也没有常和你谈天的机会。

多多问你的好。

志希

三月十一日

（24）1926年3月13日

薇贞吾友：

今天是星期六晚上。下午从国家图书馆回来，请了两个客吃了一顿饭；写了两三封信。现在已经很晚了。只是觉得写信给旁的朋友而不写信给你，心里有点不好受。所以随便写几个字和你谈谈闲天。

谈什么呢？阿（啊）！有了。

你可以告诉我一点经农近来的情形，尤其是他的家事吗？他的结婚，始终不曾告诉我的——虽然他妹妹的结婚告诉过我。听说他的太太只有一只手，脾气很坏，很会用钱。是真的吗？经农人极好。听说他和太太近来不很好，我想一定是他太太的不是。是真的吗？他在美国的时候，常和我谈家事。有次他来Princeton我处过年，谈了一个通宵。现在不谈，大约是写信不便，或是不高兴所以不谈。

天籁的照片里，穿西装坐在中间的，是蒋廷黻吗？很像他。他是哥大同学。小政客气十足，也是实际的政客。他和郭秉文等有秘密党，大约朱彬魁也在内。他不在南开吗？为什么到上海来了？他的太太唐玉瑞我也认识。难道我认错了照片？

饶树人兄是我很好的朋友。他人极好，学问也很好。我们在Princeton住对面房间。为了一件事，他吵得我两个月晚上没有睡好觉。这是什么事，我且不告诉你。你若是要我将来告诉你，你现在应当绝对放在心里，不要告诉第二个人。

当年在美国的时候，听说你把我写给你的信都给人看。我听了大不为然。我希望即以很好朋友的资格论，你不至于剥夺我能take你into confidence之机会。朋友之间，能keep something confidential是很重要的，也是做大事的人不可少的。我希望你能了解我开诚的善意，不要怪我说得太坦率，太恳切了。

谈gossip的，又谈到正经话上去了。好，现在太晚了，gossip也不谈了，正经话也不谈了，休息去了。

信停止了，念你的意志还没有停止。多多的祝你安好。

志希
三月十三日

（25）1926年3月18日

薇贞吾友：

临上图书馆时，接到你二十三日的短信，并甲寅一册，又回到房间，写这封信给你。

我不知道怎样谢你——这样关切我，和能在知识上能为我留心和帮助的朋友。你想我应当怎样谢你？

章文可供一面之参考，但其偏见甚深，自烘逻辑，而常背逻辑名例。（如谈逻辑换位说，不对。）我的书又蒙你去问，甚感。此书本文不过七万字，而小注却有五万字左右，共十余万字。

李伯嘉是我北大同学，他是学经济的。人性情颇好，但无作为。

阅看南北政府名单，大有"同学少年多不贱"（老杜诗）之感。只是我不希望做他们，他们却做不到我。

我近阅"鸦片"及"洪杨"二役文件颇不少。并且手抄洪杨书籍多种，以备将来"近代中国史料丛书"之资。此事我想曾告诉过你。此间尚有多少书籍文件当抄，可惜我一个人来不及。待第二次来欧时再说。

我相信照我办法，不但可以自己成一种Standard Work，并且可以Revolutionize the Chinese history & open a new epoch for Chinese historical writings，如梁任公空谈历史研究法是没用的。

最近开始学点俄文，因为俄国方面关于中国的史料甚多，而且以前所有的文件都开放了。

同信一道寄上的，有书两本，一本是Fagnet："*Petite histoire de la literature Francaise*"。他是近代法国大批评家，文章写得极好，而且易读。你何妨开始试读，一定不会遇困难的。一本是Mitchell："*Thomas Huxley*"。著作是一位大科学，而文章也写得好。这是写一种简单大学者传记的好作（做）法。Huxley不但是一位学者，而且于人生的兴趣也很丰富，其中你或者可以看见有趣的地方。

问候你，并寄怀念的意思。

志希
三月十八日

（26）1926年3月19日、20日

薇贞：

我可以这样叫你吗？你在你的照片后已开此例；只是你不见怪我仿效吗？

我昨日于收到甲寅后即发一信给你。今晚又接你的长信，于我抱怨周至，我如果不真是笨人，我应当谢谢你。你前信懂得grievances之说，则现在也应当知道我能了解你的complain，也和你能了解我的complain一样。

再前次一信中，我不知何故又发生一种以前的complain，那或者也是好事者传播之误，但是我想真正的交谊，是需要扩（廓）清一切的误会。了解这点，我想你不但不会怒我，而且可以体谅我。

这个complain的时期已过了，以后彼此勉励不要再谈斗气的话了，谈点有趣的话罢。

我的父亲罗家伦

　　知道你近来用功的状态和身体的健康，很是高兴。关于洪杨问题，我想我可以贡献于你之处甚多。我看过太平天国时南京所刻之书二十余种（在伦敦巴黎两处图书馆中），并抄本上谕与文件。西书之中，亦有很好材料。如Hamberg：*"The Vision of Hung Sew-tseuen"* 系根据其弟洪仁玕（后称干王）亲笔为彼所作之记载。T.T.Meadows：*"The Chinese & their Rebellions"* 中有当年在南京之见闻。Cordier：*"Histoire des relations de la Chine avec les Puissances occidentales"* 中有Rev.Roberts（洪秀全向彼学基督教两月）之信。我关于此问题材料，看过百种左右，你如果有见问之处，我当然可以随时见告。

　　你寄我的甲寅最后一篇孙师郑节录翁常熟日记，甚有史料价值。因此可证明康有为非彼所保，打破一切误传，（如J.O.P.Bland：*"China under the Empress Dowager"* PP.184-185所载，即根据当时传说。）常熟死时诗："六十年间事，伤心到盖棺；不将两行泪，轻为汝曹弹。"盖有一腔冤抑，想即指此事也。翁日记中各节，友人陈寅恪阅时即留心及此，过巴黎时曾为谈及。

　　知道你选课中有伦理学，一二日内当拣此科书籍两种寄上。

　　多多问候你，并寄你怀念的意思。

志希

三月十九日，晚十一时

　　康洪章先生过沪何为？他近来作何活动？望便告我。

　　再者忠王李秀成供词，原文计八万余言，以后发表者约三万言系经曾国荃删节。友人俞大维言原稿尚在曾家，将来他为我赴湖南去要（他是曾国藩曾外孙，此人颇有学问与天才，现尚在柏林，与我交谊极好）。删后稿于民国二三年《庸言杂志》（梁启超办的）曾为转登（若是我的记心

（性）不错），你一查便得，不必远求。徐家汇天主堂的图书馆中，一定有许多可贵的中国史料，（关于清初政治，尤为要紧），我将来回沪时，一定大大的去翻寻数次；关于洪杨事，我想上海工部局图书馆中，一定也有材料。两处我都当去寻。若是你能为我做先锋去探险，先将大概见告，我更大感激了。

　　　　　　　　　　　　　　　　　　　　　　　志希
　　　　　　　　　　　　　　　　　　　　　　　二十日

令妹处代问候。

（27）1926年3月24日

薇贞：

　　由前函中知道你选择的功课中有伦理一项，故今天随此信寄上该类书籍两种（挂号的）。

　　（一）L.Stephen：*"The Science of Ethics"* 此书系一重要名著，为英国经验学派之Classics之一，其立论极精密而深沉。文章上亦极好。此书望审慎一读，是很值得的。

　　（二）Tufts：*"The Real Business of Living"* 塔氏是一个有学问的教授，与杜威同派，而以杜威为宗，他们两人曾合写一书，名*"Ethics"*，为近代伦理学中一重要著作。此书我有，惜丢在美国书籍内，不然可以寄上。*"The Real Business of Living"* 系一通俗著作，取材立说，多据美国情形；但纲领尚要。此书为Social Ethics，可供参考；可以当作消遣书看。

　　你看完之后，有什么感想可以告我？近来怎样好？气消了没有？

　　多多问候你。

　　　　　　　　　　　　　　　　　　　　　　　志希
　　　　　　　　　　　　　　　　　　　　　　　三月二十四日

我的父亲罗家伦

（28） 1926年3月28日

薇贞：

　　星期三接到你的信，知道你一切都好，甚慰。我前几天共寄出书两包，计四册，不知收到否？你能对于中国近代史留意用功甚好。这是知识界一片极富于收获的领土，但是还没有人去开垦。我就是想借这范围以内的工作，以为中国史界成一大革命事业的人，只是还要加上许多艰苦的工夫，至于方针是不错的。我很喜欢你也有这种共同的兴趣，将来见面时可以有讨论的机会。

　　我前次有一函述及Morse与Cordier之著作，不知你曾因此参看过否？Bland骂中国之处，有时"谈言微中"，但其著书，太journalistic，不可靠得很。

　　今天的London "*Observer*" 报中有Lord Haldane论Beatrice Webb 一文，甚佳。Haldane为当代很出名的一个哲学家，在英国政治家中亦占重要地位。Mrs.Webb是Sidney Webb的夫人，两人同为英国负重望之学者而兼社会改革家，合著之书颇多，而皆有学术价值，世人称之the Webbs。（Sidney Webb我在英国会工党委员会中演说时见过，彼为前工党内阁阁员。）Mrs.Webb此书我尚未见过，阅Haldane评论，知其为自传之上半部分。

　　我现在假定于五月二十三日由马赛上船回国。现正筹措一切（连川资在内），如无特别事故，必可成行。我的行期，请你尚不必为我宣布。

　　你近来怎样好？看什么书？望告我，信是一定可以收到的。如不得我上船时电，大约总还可以写信。

　　问候你。

　　　　　　　　　　　　　　　　　　　　　　　　志希
　　　　　　　　　　　　　　　　　　　　　　　　三月二十八日

（29）1926年4月2日

薇贞：

　　近来怎样好？这一个星期你并没有信给我。书收到否？徐家汇及工部局两处图书馆去过否？圣约翰中有一美国教员Mc Nair亦研究中国近代史，不知该校图书馆中收藏关于中国史料之西书如何？你能去一参看，作一bibliography否？

　　除此之外，还有两件事托你：

　　（一）上海比较清洁而价钱不十分贵的旅馆，以何者为合式？清洁是第一条件，不闹是第二，不贵是第三。你如有所知，望便时告我。

　　（二）如《科学与玄学》已出，请代购五本即由西伯利亚寄下。因商务寄出，不知何时？价目若干，望示知，以便奉还。

　　附上名人照片两张，望察（查）阅。

　　多多问候你。

志希
四月二日

（30）1926年4月4日

薇贞：

　　前书附款者想已收到。所附两片，均系近代名画。

　　近来看美术馆收藏甚多，为之流连。因将离德关系，复大听Wagner等音乐。从这方面看起来，中国的生活，真是沉闷的，贫血的。读书的时候，并设法编一重要书目，以备将来应用。

　　我大约四月十日由此地赴伦敦，道经荷兰，拟停留两日，饱览其风景及美术收藏。

此次赴英，拟留一学期（三个月），在伦大研究。然后再赴巴黎。大约九月间回国是不能免的。

你近来如何？为什么附着东西没有音讯？为什么仅寄我可买的东西，而没有你自己答应那不可买的东西？

有信请寄现在住址，可转到。沿路会有信片寄你，是不会忘记的。

志希
四月四日

(31) 1926年4月8日

薇贞：

方才收到你三月十四日的信，知道我二月间的信，使你有多少难过，致"心绪颇乱"，真是不安之至。其实我随便写的话，也不必深猜。倒是你的信，却蕴蓄常常不尽之意。

我很appreciate你能appreciate他人的长处，过于常人。只是自己惭愧的恐怕没有真正的长处，供你appreciate。你说你从我得着的inspiration，是"超出于寻常的"，更使我惭愧。我希望苟我真正曾有过一点inspiration贡献给你，你能利用这点不值什么的东西，为学问为社会做一点真正的事业。

你说我现在所有的经验都是mountain top experience；有一部分对，一部分不对。在知识方面，确是如此；自己虽尚不足以当太岱，而睥睨却小众山。至于其他部分——如感情生活——或者是一种绝对的反面，竟成一种sea bottom experienec亦未可知。

说到此地，告诉你一句话，本来是我不愿意说的。我二月间的信，乃是为你正月间的信所感动，知道你甚为感情约束，恐怕于你身体有伤，所以聊作丧气的话，或者是一种宽慰。"此语若是我一直不告诉你，你自己能够观察得出吗？"

还有一层，要做真正的朋友，不当彼此专以得意语相道。要彼此能够知道彼此的困难，甚至于彼此的缺陷。从这种经验里得着的appreciation，或者更能耐久，更能经挫折。"此语若是我一直不告诉你，你自己能够观察得出吗？"

你要因此怨我，不谅解我，我只有以后永久不说了。

以前寄你的四种书收到否？前信中涉及上海所藏近代史料问题，你曾去探险否？

我现在一切都很好，望勿念。

多多的祝你安好。

志希

四月八日

（32）1926年4月22日

薇贞：

两个星期没有接到你一个字，我想你是误会我了。我很抱歉我以前使你失望的话，但是（一）你误会我深一层的意思，专从坏的地方猜去；（二）你不了解我的paradoxical expression而认真起来。若是我前一信还不能得你了解和原谅，我也只有自怨自艾而已。

我近来极用功，但是精神上不甚舒服。十天来将所译《思想自由史》（*History of Freedom or Thought*，by J.B.Bury）译稿，发愤改完。托一同学带回上海，交商务出版，现在已在路上。此书甚不易译，加注数百条，尤其费工夫。共约十五万字左右，凡数易稿，大有其作始也简，其将毕也钜之慨。既已寄出，总算暂了了一场（个）心愿。

天天图书馆的生活，也有时使人困倦，但是我不怨恨。我现在只是从工作里求生趣，以我的大目的为奋斗最后的标准。

国事日日使人失望，然我不信中国的民族不能有 regeneration，我不相信我的事业，不能在这 regeneration 中，piay a great part。这或者也是一种安慰。

你近来怎样？读些什么书？我前次寄的四本书收到了吗？看后的感想怎样？我于动身前大约还有东西寄你。

你的安好，常为我的念中。

志希
四月二十二日

（33） 1926年4月28日

薇贞：

今天很盼望你一封信，但是终究没有收到。我想你或者以为我动身了，所以不写。不过我前几次信中，再三说明若是你没有接到我在马赛的电报，还是请你写信，因为纵然我已动身，巴黎有人为我转信的。

我于三月二十四日，寄你 Tufts 与 Stephen 伦理学两册，你上次来信未说收到，难道有遗失吗？望你告我。这是挂号的，我可以追查。

明天还想寄你一部法文文法，不知我曾告诉过你否？（始终无工夫寄）

你二十九的信，我于上星期收到。谢谢你的记念我。

旅馆事我来问你，是我的 stupidity。但是我的意思，不是三四马路一带无聊的旅馆，是想于清静处得一旅馆，可以比较长住一些时候的。但是这层容易，我到上海时不难立即解决。

我到上海时，可不必劳你令弟招呼。我想商务有黄警顽君，专任招待事宜。我随身的书箱等，恐尚须经税关检查；如黄君来接，一切想更熟手。黄君处我当写一封信给他，托他招呼上岸的事；下次当附在你的信里，托你转寄。

今日自国立图书馆回，甚气闷。思归之心甚切所致。

上次长信收到否？

你好吗？看些什么书？身体不致过劳否？

我自然很 appreciate 你上次的电报；但是电前两星期你如不曾写信，不是表现你在那期间不曾念着我吗？

希望早早看见你，薇贞！

再三问候你。

志希
四月二十八日晨一时半

这信是昨晚也可说是今早写的。方才九点钟，收到你三月三号的信，知道书收到了，你一切都好，真是高兴。我拟乘最早能得之船归国。如六月四日的船不能得票，恐须延至十八日，意闷之至。以后寄给你的画片和照片收到否？最近我一位朋友在我房里为我照了一张照片，你可以想见我工作时的情形。我的桌子，是一个乱书窝。但是我的书架上，若隐若现的谁？你仔细看看，可以认得吗？

昨夜没有睡好。

志希
二十八日上午九时半

（34）1926年5月3日

薇贞：

你四月十日给我的两封信，都收到了。是昨今两天早上先后收到的，都是没起来的时候，邮差敲我的门送进来的。我看了当然非常欢喜，但是又……你的scholarship条件如何？每年补助费多少？期限多长？还有其他什么条件？望你详细告我。

当然我对于你求学的前程，是极赞助的，虽则公义与私情有不免冲突的地方。你希望于临走前能"多叙几时"，要我早点回来，我也很感激你的意思。我现在也急于回国，定于至迟六月十五日以前由马赛动身。我现在所等的，只是经费；希望朋友能于该时间以前用电汇到。我本来希望北京两宗款项早到的，但是因战事关系，至今尚无音信，甚为着急。但是无论款到不到，我六月十五以前的日期，是不能再延了。

你如赴美，预备学什么？我个人以为社会学太泛，何不专学历史？一面注重西洋政治社会史，一面注重看关于中国史料的书（Michigan没有多少，但可嘱其图书馆往华盛顿Congressional Library借。）历史的学问，尤其是这一部分，在中国是要大盛的。做学问当求Original contribution（这当然是高处着眼说法）。要达这个目的，有几要点：

（一）用自己性之所长及其已往准备；

（二）留心人家所不留心的东西，看人家所不看的书；

（三）不要耕果实不茂，入土不深的田地，不但劳而无功，并且即有微效，也只是most popular yet most superficial的东西，经不起久的。这是我从多少时间的学问经验中得来的教训。因为期望于你甚深，所以尽情告诉你。

听说令弟与令妹求学前进的情形，甚慰。望代问候。

多多问候你的好

志希
五月三日

（35）1926年5月8日

薇贞：

你第二次的信我又收到了。看了多少遍，极端的谢谢你。两次的照片都收到；我上次的信不可饶恕的忘了两件事：一件是贺你成就了出国求学的志愿，一件是谢谢你的照像（相）。

你第二次的照片比前两次的好，可惜你是和他人合照的。我本来应当随这封信寄还你，如你所嘱，但是非常之reluctant and unwilling；因为你站着的那一张非常之sweet and yet dignitied，坐着的是很charming and natural。你自己单独照的，都不免有一点做作，不像这自然。至于有别人在里面，我想是不要紧的，因为我看的时候，专看你不看他们，换句话说，我不觉得他们的existence，或是presence。

闲话少说，言归正传。你究竟定了什么时候走？我谢谢你想我回来的意思。我自己也想快快回来。我现在所候的，只是国内经济上的接济。去年正是这时候我收到一千五百元，本来可回来的，但是那时候的情形与现在不同，我带了到英国去，"五卅"事情一发生，六月一个月我便用了五十镑。今年这时候，我本来有一个清华的计划，以前告诉过你的；本来是十分可有把握。不意前天接到赵元任兄的信，说是一则因为战事，而最重要的还是内部的风潮。教务长张仲述兄（彭春美国同学）辞职，研究院无主任，由校长暂兼，梁任公在病院里，王静安先生他访过两次，不曾见着，寅恪兄尚未北上。所以不但他孤掌难鸣，而且内部是百事停顿，所以此事只能缓提。这下一来，把我的计划和预算都upset了。现在我已急函经农兄，请其为我立即设法筹国币五六百元，函适之先生，请其立即筹五百元，都用电汇。我动身前后一切费用，约需千元，但是略少也可以，当随时设法略在法国暂挪，为数不能大，因为在国外的人经济大都是有

我的父亲罗家伦

限的。所以我如果从经农或适之任何处收到六百元，立即动身；只是不知道他们经济的情形，是否能为我立即设法，这是我心中常在悬念的一层。（他们有力，未有不尽的。）这款原不过是暂时的挪动，我如在国内，本来这种数目很可活动；但是在国外有鞭长莫及之势。这是我最近的情形，尽量的告诉你。所以我不是有意推诿，不愿回来，或是以为国外有任何可以流连之处。这是与真实绝对相反的。我现在under any circumstances，想六月十五日以前动身，约七月二十左右到上海，或者可以和你聚谈一个月左右。我现在希望于你的就是你把动身的日期，拖到as late as possible，不必把早期的船定了。Michiga开学约在九月二十七八日（我想美国各学校都差不多）；如果坐Canadian Pacific Line的船，二十天可以准到学校。当然一切的情形，完全当由你自己准酌办理，我不欲遗你以任何的不便，只是我们多年的朋友久别了，想多聚一些时候，也是人情之常T.O.P.，但是我还要郑重申明一声，一切请你自己斟酌，我万不欲遗你以任何的不便。

　　写到这个地方，也写不下去了。用你的成句，你应当知道我的"mixed emotions"。一想自己也饿了，因为我早上自八点钟早饭以后，便动手为自己译的《思想自由史》改做了一篇序约三千多字。做完便动手写这封信。到现在四点钟了，还没吃中饭。中饭是没得吃了，只能到咖啡馆吃点点心。再谈罢！

　　多多的问候你

志希
五月八日

（36）1926年5月13日、14日

薇贞：

　　前三天寄你名画十张，画题及画家之名，均在背后写着。有一张写

在画身的背后，有一张考不出（山水）。你喜欢这些画吗？看了有什么意见！最喜欢那（哪）一张？

你们学校里的女生体育会，我已经在《申报》上看过了。

我上次的信，你收到了没有？我现在正在整理一切稿件，以免动身时仓卒。五月底的船已没有了，兼之我也没有收到钱。我想无论如何，定六月十五日以前船动身，所望的只是国内汇款。在此间虽能多用功，但精神上有时烦闷，或者回国后好一点。

现在我还同你谈谈你求学的问题。我想于你最好而将来在中国也最需用的，莫过于历史。且把近代中国史一部分不谈，即西洋史的人才，也是中国目前最缺乏的。你当知道这种情形，并且看清楚这（是）人家还不曾十分注意到的一点。我劝你这次出去，先从西洋史方面，受一种严格的训练。于西洋史大体，当然要有一点普遍的知识，但是也要有一部分较专的。于古代史及中古史专门甚难，非通希腊拉丁文不能专进。所以我希望你注重近代史，假定为法兰西革命后之欧洲史（即十九世纪之政治外交史）。此部分较易见长，而且有英、法两种文字即勉强可够（以英文为主体，法文为辅助）；一面于谈西洋文化史的学说，稍为涉猎一点。（如F.S.Marvin，J.H.Robinson等，但这方面很空，仅能作为谈助。）若是将来从此转入中国近代史，则欧洲近代史更有补助，可以打通来讲。这是最有希望的一条路，望你不要错过，仔细听我这句话。以你的聪明和用功，好好经过一个相当的研究，如陈衡哲君辈自当望你而却步呢？望你再三想想。

老实说，我现在对于美国学者的general scholarship不很看得起（当然有许多例外），觉得他们流入superficial境地。这或者是我受了一些欧洲人的影响！但是与事实却离不远。而且为你求学的根底起见，美国是同样好的。不过我们学的时候，要存一种取法乎上的心思罢了。

我现在于说话中之American accent及Americanism也很讨厌。我当年学得很像，后来一看不起，全改了。希望你不要学些最难听的："I guess"，"Sure"……而且常出鼻音的"美国的英文"。

我还告诉你我的一个偏见（或者不是全无道理的偏见）；我不喜欢上海话或苏州话，因其带黏性而无骨气。不能生一种伟大崇高或皎洁晶莹的印象。你的信当然是我极喜欢看的。但是你信中间有一二别字，如此次信中"不争气"作"不张气"，即系上海口语之遗误。所谓普通话是很容易，若是你能以普通话和我谈天，那我更是听了忘倦了。

多多问你的好。

志希

五月十三日

这封信是昨天晚上写的，方才拟出去寄，又接到你一封不写日子的信，邮票上为四月二十八日（？），并杭州照片四张，你坐在湖边和倚树的两张，真是好极了（现已决拟将湖边一张放大）。我不知道怎样谢谢你？你说罢。你的船定在八月中，我不知道是八月初或是八月底，使我急于回国之念更切。我的情形，是最开诚的一起告诉你了。我现在想六月初一定可以动身，能到上海，总在七月底。即走西伯利亚，亦不能快。因走西伯利亚必须经过北京。经过北京必不能免几日的耽搁。我现在什么都好，款一到即动身。心里想着到国内见你不久，又须远别，实在有点难受。我想你或者也有相同的感想。我这次的迟延，纯粹是清华因内部风潮，将我的计划临时根本动摇。我想你一定能体谅我。经农之遭遇，我深为叹息。树人是极好的人，学也学得很好，我想他和他的太太一定是能很好的。你所说饶太太"寻死作活"的话，想你指朱太太事而言，是吗？再说一个笑话罢。我说你的别字，是由于苏州上海音所误，是不是？这次信里，有"前天回结的"一语，"回"系"完"误。我不是来吹毛求疵，来捉你的小错儿。只是因为朋友亲热了，开点小顽（玩）笑是不在意的。不说笑话，再说一句正话便收场：我这次正信中贡献给你的意见，是很值得一考察的。

你好？再谈。希望你回我这封信回信，我已不能在欧洲收到，由我朋友代转回国。

志希

五月十四日上午九时

（37）1926年5月20日

薇贞：

昨天早上的电报，想你已经接到了。但是你的回电——若是你回电——在现在是还不能到的。我在这个当儿，还写封信给你。你说你定八月十二日起身的时候，"很难受"，你想我呢？……

那个字还没写完，送电报的小孩子敲门了。果然接到你的回电（来回不过二十五小时，真快），说是展长十天动身，一面催我快回。我不知道怎样谢谢你，还只有说是请你将来告诉我罢！

你叫我立刻动身，我遵命；或者你当知道我现在回国的心，不亚于你的切。立刻动身是一时事实上的障碍，不是我不想。我昨天打电以前，把所有开赴中国的船都问过了。五月里已没有。六月四日有一只，十八日有一只。四日的名Paul Lecat，七月九日到上海；十八日的名Amboise，七月二十三日到上海。若是能得坐四号的船，则勉强有一个半月的工夫和你在一起；若是不得已坐十八号的船，就勉强只有一个月。时间真短促得令人生恨啊！

我的情形，上次告诉过你。最初因为等清华搜集史料费的回信，以为一定可成的；最后赵元任兄告以内部风潮情形，谓虽可成，但不能在目前。于是把我的预计，完全Upset；我于是一方面则鞭长莫及，一方面则应付不灵。我写出的信，一时尚无回信，现在我拟征服一切困难，于六月四日动身。但是离今日不及两星期（因二号即须到马赛），我巴黎的行装及杂事一点没料理，伦敦还有事须我亲去一次，经济筹措尚无把握，心中又不愿意你久候我的归舟。你应当知道我现在心烦意乱的情形了。

现在简单与你约：我如果能六月四日动身，没有不六月四日动身的。动身时当于马赛发一电给你。仅言动身；如四日你收不到这电，则我是一定于十八日动身了，决不再迟。无论如何非十八走不可。我于十八或十七在马赛也有一电给你。

一方面更与你约：你的行期，希望延到as late as possible，我也知道你的困难，因为你必须与令弟同行，不可太耽延了他。但是美国大学大半都是九月二十七八开学，坐Canadian Pacific船由上海到Vancouver或Seattle至多不过十五天，所以九月初动身，于九月二十三四日仅可到校，时间绰有余裕。所以希望你也尽你的能力延到万不可延的期间。

啊，薇贞！你的诚心我是完全了解的。想将来……

今天本来希望你一封信，但是没有希望到。这个失望，却被电报抵消了。今天却接到陈剑修兄一封信，说是梦麟嘱他转达，北大拟请我担任史学教授，兼授哲学。（此事目前万勿发表。）我现在尚不能一定，对于任何处之约，均待回国后再说。我回国后当把各处情形，详细审察一下，方能决定去就。这件事我还要和你商量。我现在请你将徐家汇工部局两处图书馆的史料，及其他的library facilities（如St.Johns，商务、申报馆）为我调查一下（于重要书稿略写note），于我一到上海时，即能给我一个详细的报告。因为这件事与解决我下半年的去就问题有关。我或者先在上海一年，再赴北京，亦未可知。我既然take you into confidence，所以并希望得你的counsel。

他处有以暑假讲演见询者，我现在暂行谢绝，希望不至于阻碍和你聚谈的机会（如有在上海者，或担任几次亦未可知）。

　　我希望你将一切动身前杂事，于我未到前料理妥帖。将来或者能离开上海到什么地方去游几天，或者能有多谈几天的机会。

　　我还有许多事应当和你谈，但是等下次罢。

　　你的相片我放大了两张，放得很不坏。倚树的一张，把旁边一个人也去了。这是重照底片以后再放大的。若是从原底片放大，我想或者还要好。你的底片不知留着或收回否？我自己留了两张，把两张回赠给你。我送你的照片，奇怪吗？

　　再谈罢！多多问候你。

志希
五月二十日

（38）1926年5月22日

薇贞：

　　前天有封挂号信给你，昨天又由邮局挂号寄上你的照片两张，想均收到。今天因为图书馆假期关门在家，所以又写这封信给你。

　　这一个礼拜完全没有你的信，想是你以为我动身了。不然是不会如此的。

　　我的情形，上两次信告诉你许多，我是最重开诚相与，不肯掩饰的。我以为最好的友谊，当根据于完全的了解。彼此的境遇，事业的前途，及人生观的大体，都当心了相见。因此我对于你说的我自己，决不专从得意的方面看，也决不愿意糊着任何使流俗企羡的话。无论在中国或外国，总有许多冷酷的事实要应付的，不是专说花好月圆可以了事。专说这类话的人，我以为不但无聊，而且常常可鄙。所以就是我对于你，自来也不作任何过分的恭维，而只是彼此从为学和做人上相勉励。你回想一下，便可知道。彼此如未能从这种态度得着了解，方有其他的了解可言。

现在我再稍稍谈一点我的旨趣。这种话我对于旁人是绝对不愿意写的；现在对你谈谈，或者可以增进我们一点了解。

我现在的志愿，是学问上一件重大点的贡献。我所愿过的是一种学者的生活。我虽志在学者，但是我不是对于社会没有同情的人，如槁木死灰。我来自于学术外，还负一点有为社会做事能力的浮誉。我将来对于社会，于学术余暇，或者还要尽一小部分批评指导的责任（以不妨害学术贡献本身为度）。但是对于实际加入社会政治运动一层，我认为"泥中斗兽"，决不愿以我更有效的精力，用在这种常得负号结果的事情上面。

我不隐瞒的说，我是有野心的人；名誉心一层，我也是不能免的。我的野心和名誉心，决不是在博得一时浅薄世俗的艳羡。这种情形我早看不起。我的野心是要将来公认我于中国这个时代的进步程序中，我是有坚实贡献，有真正影响，少不了的一个人。不但对于中国学术有种贡献，而且可以学术影响社会和民族的将来。所以我选定这种近代史的工作。目前海内学界，宗仰胡梁，其实胡梁都是"但开风气不为师"（龚定庵句）的人，于学术方面的solid contribution是很难讲的。若是我和我的几个朋友（如傅斯年兄），再蹈胡梁故辄，则中国已有胡梁，何必再有类似胡梁者。看到这层，便可知道我努力的方向，或者不是无意识。

我想若是我有真正的知己，便应当常常鼓励我学术方面之可能的大业，而当反对我，匡扶我，使我不坠入社会政治活动的歧途，以博一时的浮誉。不然，便不是爱惜我的人，或者为国家断送一个以人材（才）——若是我僭越的以人材（才）自居。

年来对于做人，自问略有进步。仅求实际的效果，而不求人知。所以数年以来，不欲发表任何文字。此次在英为"五卅"事倾动其朝野，而自己未曾让国内报纸将我的活动登载一字。常见国内报纸上多少大吹特吹之肥皂泡，不过有时冷笑而已。

　　昨日有吴康君者，（旧同学）自国内新到。谓广东大学不曾事前征我同意，即将教授聘书寄给北京友人处转交；但至今尚未转到我处，想因我的住址常变之故。我想我不见得到广州去。北京方面虽有要我去的意思，但目前教育经费确是问题。我现在对于下半年去就，尚难一定，待回国后考察情形再看。或者先在上海一年，再赴北京亦未可知。到上海时还须与你商酌。

　　我的意思，是于这次回国后（在此期间，整理中国方面史料，所以特别注重图书馆），只教两年书，至多三年，即设法再来欧洲。一方面筹一宗经费搜集史料，一方面同几个学生来欧洲研究和抄写。将来当设一特别图书博物馆，为近代中国史料。我想只要政治略有头绪，是可以办到的。庚子赔款或他项文化事业经费中，亦不无可设法之处。但是等回国后再说。

　　你这次赴美！我以为不必太久。这不是有任何私心的说。专门的学问，全在个人平日用功，教员的演讲，是很泛的，我听讲于各大学，听来听去还是大同小异的几句话，现在真是厌倦了。你这一次去，注重十九世纪西洋近代史和法文两种便够。第一步基本训练还要一点；至于将来若是你要转入中国近代史，则外国大学教授是无能为力的。你可于明年暑假赴华盛顿一行，调查国会图书馆中的中国史料，我想一定有好多。可惜我五、六次去华盛顿，都是因为有紧要的事，不能细细去看。旅费等等，是不难想法子的。我想你对于这件事一定会很有兴趣。至于欧洲为西洋文明渊薮，各国有各国的特性和文化，不像美国那般uniform与monotonous，你也不能不于将来一看！因为有许多可以研究的地方。

　　写到此地，我已经有点倦了。

我的父亲罗家伦

1926年张维桢毕业旅游照（罗家伦放大放在书架上，见本书第1页图）

这封信不希望你有回信到欧洲，因为我是于回信到以前早走了。但是希望你郑重一看，你有什么意见，于我到上海时用笔写下，或是于口头告诉我，我是极喜欢知道的。

寄不了的心，常常念着你

志希
五月二十三日，巴黎

令弟妹处问好。

（39）1926年5月31日

薇贞：

前日忽得一封银行通知信，说是有宗汇款，嘱我去取。当日因系星期六，到银行去，银行因来电中我的名字，拼着Lo kai Lung，与我护照上正式的拼法Lo kia Lung不符，不肯发款，要我赴公使馆去取一证明书，是日下午公使馆不办事，所以不曾取出。今日去使馆，令其将证明书立即办好，再赴银行，将此款取出，计五千五百佛（法）郎。因系电汇，银行不知是谁寄的。但是从名字的拼法上看起来，我想一定是你。你知道我说不出感谢的心思；但是怎般劳你，实在不必；我不安的心思，恐怕更过于感谢。薇贞！你知道吗？

我把几只船的日期，已经告诉过你了。但是目前六月四日的船票已经完了。所以不能不坐十八的。你知道我何等着急？十八的船票已定，是无再迁延或贻误余地的了。到上海为七月二十三日。你的动身延长十天，想去是八月二十二日，所以我们还有一月左右在一起，但是一月之后，我们就要分别，至少恐怕是要一年！薇贞，你想想看！

连日甚忙。昨天遇雨，不很舒服。昨晚独自去："Opera Comique"歌剧园（院）一看"Madame Butterfly"唱得极好，颇有感触。今天还不甚舒服，但是不是大病，所以写完此信以后，还去东方学院的图书馆。

法文文法延至今日方投邮，其中附一照片。同是印刷品，所以不违章程的。迟误是我的罪过，事实上系因太忙所致。我另为你买了两部很好的法文字典，一系由法译英，一系由英译法。卷帙很多，可以够用。但是为日不多，我想也不必邮寄，等到上海时自己交给你好了。

你近来情形如何？身体安适否？毕业时一切试验，不太劳否？很记念。

又此款于我动身时一切费用上大有帮助，我自然是谢谢你的关心。但是这纯粹是你自动给我的借款，我一到上海便当立即奉还的。你的经济情形，我猜想也不是非常的宽裕，所以我决不愿给你任何的困难和不方便。

我再谢谢你，并且你知道，除言语外，还有无法寄你的东西。

志希

五月三十一日

（40）1926年6月2日

薇贞：

前天写信给你之后，可想恐怕非等到十八不能有我的电报，未免发急，而且不能知道汇款收到与否：所以又打了一个电报给你。想你已经收到。

今天本来是有中国信的日子，但是没有接到你的信。恐怕不仅是你以为我动身了，并且是你懒写信罢？寄给你的书和照片收到了没有？这两天人都疲倦。自图书馆归，也是无聊。

明天去定做木书箱。今年Salon de Paris所陈列新画的照片，寄你两张。

想再写下去，又不知何从写起，不写了罢！

你怎样好？此信带着我想念的心思。

志希
六月二日

（41）1926年6月6日

薇贞：

这星期没有接到你一个字，你知道你怎样对不起我？你说罢（吧）！船费已缴，船名General Metzingr，不是Amboise，系法国邮船公司临时改换。于十八日由马赛起碇，七月二十三日抵上海，与A一样。此船系新修葺的，列入一等船，比A较贵，或者好一点。吨数却只九千四百六十七，不大。今天是星期日，我写完此信便去游Salon去了。这张和其他的两张都是Salon，今年是新画，以后还要寄几张给你。我一切都好，但是很忙。你呢？再谈。

志希
六月六日

（42）1926年6月7日

薇贞：

昨天看了Salon de Paris今年的展览，其中真是美不胜收，虽然也有中流以下的。S.D.P.始于一六七三年，每年展览法国及他国美术家的新成绩。现在一年两次，这是春季的。

志希
六月七日

我的父亲罗家伦

（43）1926年6月18日

薇贞：

现已上船，今日下午四时开行，船名"General Metzingr"，电想已收到。

现在郑重要求你一件事：船到时，你无论如何，不可来接，免除一切emotional的境地。你如果wise，一定能听我的话，不然我绝对不高兴。

黄君信一封，望转交。余不能尽。

志希

六月十八日，三时

（44）1926年6月20日、22日

薇贞：

这封信是在船上写的，想在Port Said寄出，由陆路回国，或者比我先到。从Port Said到巴黎约六天，从巴黎到上海约二十天，共二十六七天，而我的海程，自Port Said以后还有三十天，所以此信有先到你的可能。

我临动身前五六天，忙得无一分钟的坐下，所以没有写信给你。到马赛在十八日上午，开船在下午四时，在马赛还有许多事要办，所以除打电给你外，还在咖啡馆胡乱写了几个字给你。

请你不要怨我的简单和唐突，我打电寄信，都是坐汽车做的。我愿你不要在码头上接我，是我再三想过，多少时候想告诉你的话。望你千万听我。我这次回国，虽然没有通知多少朋友，但是恐怕总有人来碰我。我料理一切行李和税关检查事甚忙，望你万不要来，免得给我感情上一种Stirup。你替我请黄警顽君一来好了，他是熟手；令妹与令弟亦请千万勿劳驾。我到上海后的住址，我当于本日打电告你，和你约一个一定的时间请你来看我。（不然你从黄君处也可得着我的住址。）

我现在略略告诉你一点动身前和动身后的情形。

自从我收了我以为是你寄的五千五百佛（法）郎以后，不及十天，又收到经农兄和张菊生先生合寄的一千二百元，所以一切的费用是够了。除还了几笔国外必须还的账外，还买了一些书和零碎东西。巴黎的书两大箱，已随身带回，柏林的已嘱朋友起运，惟伦敦及纽约的尚没有。单是巴黎的已重至六百余镑（磅），尚有一部分留下由何仙槎兄于九月间带回，可谓笨重之极。

临动身前四天，忽接顾梦渔先生由广州发来急电，嘱即赴广州，并谓电汇川资五百元。此款动身前尚未收到，已不能候，亦不必候。猜度此电语气，似请我去主持广大一部分的事（大约是办文科），不然则现届假期，何必如此紧迫。但是我现在于广大情形，一点不知道，而政潮又如此汹涌，所以很拟审慎，不欲即行回答；此款亦不拟受，到国内后，再看情形。我现在认定为中国民族写一部近百年史，是我终身的事业，其余皆系附属。能贯彻我计划的事或能辅助我这计划成功的事则就，不然则不。此事请勿发表；不是我不信任你，怕你对人说，乃是因此事不到发表程度，而你或者以为发表不要紧，所以告诉你一声。请你千万不要误会。正是因为信任你的缘故，所以告诉你，并take you into confidence。

动身前还有一件事，就是英国在巴黎的护照局，不肯为我签发护照（他人的都签），就是不要我在沿途的英国口岸上岸。他们不述理由（当然是去年在英国会演说及宣传的效果），只说如果定要签，则由该局先向英内务部请示，如此则至少非半月以后不能有回信，回信准否尚不可知，而我的船期已误。所以不得已，只有认气上船，预备在船上坐监。英夷的阴险，可恨之极。中国民族不死尽，必有以报之。

临开船前一时方上船。船开时见他人送行的很多，夫妇或情人，都吻得和磁铁相吸一样，惟我则只有几个海鸥，向我摇翅，仿佛有点恋恋而已。

我的父亲罗家伦

　　船开后接到巴黎几个朋友送行的电报，谢谢他们的好意，只是我已起首从假天堂到真地狱里去矣。

　　我虽然想望着见你，能有无限高兴，话话几年来的离衷，但是想起国事如麻，负重于鼎，不禁感触万端，苦痛之至。

　　船上旅客，中国人连我仅四人，只我一人在三等舱，（较当年S.S.China的二等尚较好）余均四等。二人系当年勤工俭学生，一人系美国留学生，因在欧将钱用完，只能坐四等归国。三等舱尚可坐，如长江轮船官舱，饭来亦尚可吃；但同舱之外国人太不行，无一人可谈的。不是赴殖民地或半殖民地（我们的贵国）的兵士，便是无聊的商人。同房两人，一系法国的机械师，赴上海，一系西班牙的贩商（赴香港）。上者人甚好，下者无聊无耻之极。昨天和我吵了一架，他输了，恨极了我。还有一个德国商人，无知识之极，昨晚还要和我来谈康德，这真是表现德国装有kulture的臭神气。

　　我这次带了几件东西送你，还有一件是送你三妹的。另外还有一件很讲究的东西，是一位外国小姐送你的。这人你也送过她东西。这个人究竟是谁，请你少（稍）安毋躁，猜一猜看。但是请你不要胡猜。你如果对我有confidence，便不当胡猜，等我回到上海时告诉你罢。

　　好了，不能再写了。现在一点一点的离开欧洲，向着可怜的祖国。心绪紊乱之极。愿岸上的火车，能赶过这水上的船，先为我交这封信给你。

　　愿你永远安好，不要动着感情，听我的话，不要到船码头接我。离你一天近一天了。再见。

志希

六月二十日，时舟过西西利里。

　　三妹处问好。

因为不愿意你胡猜，还是告诉你一部分罢。此人系我朋友的fiancee，人极好，有charming personality。

天气尚好，惟渐热。晚睡亦不能关窗子。还有三十日夜的炎风烈日，不知人吹成怎样也。一切尚安。

二十二日加注，时仍在地中海。

（45）1926年7月15日

薇贞：

昨天晚上到的西贡（安南），中国旧日属地也。中国人多至六十万，而主权属于法人；见他人经营压迫的情形，能不感触？

昨晚回船时见船中布告，谓船须十八日上午八时方开，为之大烦恼。

此间天气极热，加之上下货品，吵扰不堪。昨夜舱中不但热不可支，而且有许多大蚊子进来；于一时后，复至船头甲板上睡。还有三夜，不知如何过法也。

沿途均平安，惟精神极不痛快。炎风烈日，把人变一状态；幸我身体颇好，故抵抗力极强。经此次旅行，抵抗力必益增，烦恼时，则惟念孟子"天之将降大任于斯人也"一段以自解而已。

哥崙（伦）布（印度锡兰岛）不能上岸，新加坡因过客不须护照，所以上岸，颇承该处商务印书馆招待。

以区区一身，承强国政府以全力相周旋，在个人颇足自豪，但在中国则为耻辱。

此事为个人一时popularity起见，亦颇可号召国人；但我为将来近代史著作，尚须与英发生关系起见，不欲张扬。所谓忍痛一时，图报永久也。故国内报纸，亦不可使其知之。

想念你的时候很多。船久不开，时日虚度于痛苦环境之下，奈何奈何！

因为此一二日内，有赴香港之船，邮件如在香港能得较快之船，尚可先我而到，所以今日发这封信给你。

此船于十八日早开，自西贡到香港须三日夜整，或于二十日晚或二十一日早到香港；香港到上海尚须三日，据我此时推测，或可于二十三日下午到上海（香港船停不久），或竟于二十四日到亦未可知。你万请不必来接。黄警顽君则请其一来，船到的确期，请黄君一问法国邮船公司（Campagnie des Messageries Maritimes）上海办事处便知。船名"General Metzinger"系六月十八日到马赛开的。

我拟住一较舒服的旅馆，多休息几日。此可与黄君临时在船上定。

急于看见你！

志希
七月十五日，西贡

令妹处代问好。

顷偕一白俄少年，及一高丽人同游此间植物园，寄一片以作纪念。

（46）1926年8月13日

薇贞！

顷回接王云五君（商务总编辑）请帖，约明晚七时在大东吃饭，似不好意思不去。去则非九十时不能完。想起和你在一起的快乐，又有减少，不高兴之至。明早我拟约你于七时一刻（至迟七时半），在法园原处一谈，我于九时左右赴张菊生君处，你可自己回家办事，想无不可。盼望之至！

你的——志希。十三日下午三时半

薇贞：

今天我想你去不成沪江。若是你七八时间（稍早或稍迟均可，我当等你。总希望见你一下），能来我处，自然是我的高兴。若是万不能来，则请于明早七时至七时半来我处。你昨天上午回去好吗？

你的——志希

我的父亲罗家伦

1929年至1930年间在清华大学留影

前排左起：叶企孙、潘光旦、罗家伦、梅贻琦、冯友兰、朱自清

后排左起：刘崇鋐、浦薛凤、陈岱孙、顾毓琇、沈履

父亲在清华大学

1928年9月，先父罗家伦到达清华大学就任校长。1930年5月，他在提出辞呈后未待批示便离开了北平。这段时间虽不到两年，却是清华转型、成长过程中很重要的阶段，也是他毕生从事教育工作中独特的经历。1930年以后，他未曾再回北方任职；而又过了四年，我才在南京出生。因此对我来说，当年故都北平和清华园的风情气象，仅是从父母和他们的友朋间言谈中获得的憧憬——遥远、古老，而优美。

半个世纪以后，我为了协助筹备《罗家伦先生文存》的出版工作，彻底整理家中的遗物，才看到许多褪色的照片、剪报、书信和日记，以及各种报告、计划、演讲稿和装订成本的校刊。近年来又读到各地出版的传记、回忆录和专著，使我逐渐突破时间和空间的阻碍，接近到那个永远不会重现的时代，也滋生了深切的向往和感触。

父亲受命北上时，游学回国才两年。在此之前他与清华没有任何渊源，任命发表前也毫不知情。提名的人是大学院（后改称教育部）院长蔡元培——知悉他最深的老校长；交付他的任务是加速推行清华的改制，在一个用美国退还庚子赔款设立的留美预备学校基础上，建立起一个完整的国立大学。刚过而立之年的父亲，在接受这个充满挑战性的任命时，心情的复杂和沉重是可以想见的。

9月18日宣誓就职的典礼中，他正式宣布国立清华大学成立，并发表了由"校务改进委员会"决议的改制方案，包括停止旧制毕业生全部派遣留美，调整院系，加强教授阵容，设立研究所，充实图书等设备，节制行政开支，整顿基金。目的是要"在这优美的'水木清华'环境里面，树立一个学术独立的基础"。

新学年10月12日开学时，校园中除了新校长外，新生中首次出现了十五名女生；原有的五十五名教授中，三十七位（包括外籍人士在内）遭到解聘，却进来了二十多位新的教授；有些系和课程被取消，中国课门数增多；本国和外籍教职员之间待遇及居住条件的差别得到改正；权力大过于教授的职员地位和人数也重新调整。父亲在开学典礼中介绍了各系系主任、新教授，以及其他具体改革计划，希望"自此以后，学校有一新生命……以清华大学来转移全国学风，以尽引导全国青年的使命"。这个已有十七年历史的名校，突然面临这一系列的变更，按理会出现相当强烈的反应。但清华师生却安然跨入了新的纪元，足见这些措施是合乎时代要求的。

父亲的任务是必须要靠一批志同道合的同事协力去推行的。他本人在欧美六年，不仅研究教育哲学，观察各国高等教育制度，也和其他院系的留学生广泛接触，谈论共同的志趣和抱负。因之他首先邀请到在清华担任教务长的杨振声，秘书长（后任文学院长）冯友兰，教授吴之椿、周炳琳等人，都是他在北大与留美时期的同学。许多由他续聘的本科和国学研究院教授，短期邀请来校的外籍客座教授，以及来自燕京、南开、东南等大学的新教授名单，在近代学术文化名人录中，至今闪闪耀目。其中也不乏20世纪世界级的泰斗。

父亲为清华求才的苦心，从毛子水根据何基鸿（清华法学教授）转

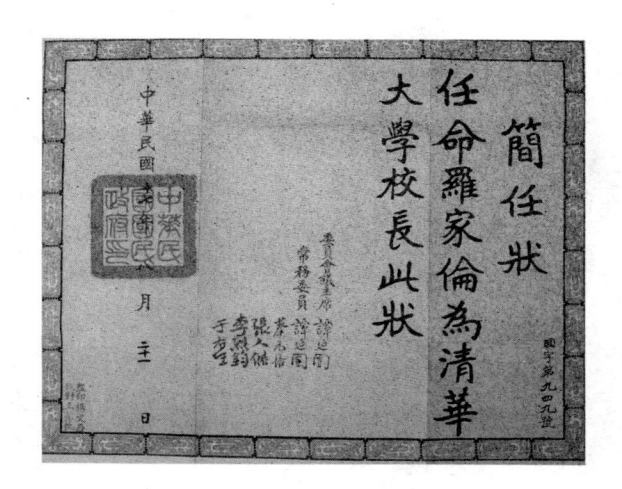

1928年任命罗家伦为清华校长的简任状

述的一个小故事中可见一斑:"志希从北平到南开去请蒋廷黻先生。蒋先生本不愿离开南开的。但蒋先生若不答应去清华,志希便坐着不走,熬了一夜,蒋先生终于答应了。"后来父亲在历史系代了一学期课,以待蒋氏来校就任系主任。(详见本书毛子水文"博通中西广罗人才的大学校长")

父亲本人并不属于任何学派,对学位、分数之类的形式也不拘泥。昆曲大师"红豆馆主"爱新觉罗·溥侗应聘为国乐导师,钱锺书"破格"被录取入学,都显出这种新的作风。多年后他口述回忆往事时说,他当年聘请教授的原则之一是:"不把任何一个教授地位做人情,也决不以我自己的好恶来定去取。"文中举例说:"当时有件有趣的事,就是外文系的吴宓教授,因为在'五四'新旧文学之争的时候,他攻击新文学运动甚力,并且同我打过小小的笔墨官司,现在我来做校长了,他怕我对他有所不利,托赵元任先生来向我打听消息。我大笑道:'哪有此事,我们当年争的是文言和白话,现在他教的是英国文学,这风马牛不相及。若是他真能教中国古典文学,我亦可请他教,我决不是这样偏狭的人。'以

我的父亲罗家伦

1929年与傅斯年等友人参观北平郊外考古挖掘

右起：陈衡哲、任鸿隽、傅斯年、（待查）、罗家伦，左一 李济

后，我不但继续请他，并且对于他的待遇大事增加，并且倒成了很好的朋友"……

关于延聘新教授他还说："我所着眼的，是比较年轻的一辈学者，在学术上打得有很好的基础，有真正从事学术的兴趣，而愿意继续做研究工作的人。"因此这时期清华的新人，年龄都不过三十上下，确是一个年富力强、有理想、有冲劲的班底。他们支持新校长向董事会提出的建议报告书，特别是有关调整薪俸和动用清华基金来添建生物馆、学生宿舍、扩充图书馆，以及设立研究所的要求。不料1928年底父亲到南京出席改组后的第一次董事会议时，遭到了意外的挫折。第二年4月再开会时，父亲和教授会代表冯友兰联袂出席，一致坚持立场，像"不畏虎的初生牛犊"，对抗由外交部高级官员把持的董事会，力争新编预算，并在校中发动废除董事会的舆论。父亲则以壮士断腕的精神，在四五月间三次向教育部提出辞呈，表示不挠的决心。当局终于在6月29日下令取消基金会，改由教育部中华教育文化基金董事会管辖，并采纳了父亲所拟计划大纲中的主要部分，从此奠定了30年代清华大学突飞猛进的基础。

5月12日父亲在南京的奋斗告一段落后，写给在北平的母亲信中有这样一段话："清华事总算圆满解决，此系公理胜利。我去固光荣，我回亦不失面子……但外交部董事会却是恨死我了。将来有机会自亦拼命。但是世上的事，总是斗争的，不过我与彼有公私之别耳。"又说："为个人精神安慰计，我视回校为畏途。但为始终贯彻政策计，我亦可牺牲个人安逸。"由此可以看出他一旦负起自认为有意义的任务，必定全力以赴，不计个人成败。然而他的个性与才能，更比较适宜从事学术研究和思想、文化方面的领导工作。教育行政涉及复杂的人际关系和政治纷争，对他无疑是苦恼的。所以他从未放弃研究近代史的初衷，1930年离开清华后，便接受了武汉大学历史系的聘书。

我的父亲罗家伦

新制的清华大学，不仅提供了优良的求学和研究环境，也增加了与北方其他学府和研究机构的合作与交流。最初校内流传"北大兼并清华"的谣言，不久便已消失。其实父亲罗致人才的努力，从未显示门户之见。他刚到任即聘请地质调查所的翁文灏来校设立地理系。中央研究院历史语言研究所北迁以后，清华国学研究院的陈寅恪和李济（字济之）都先后离职参加了这个研究机构。1929年10月6日史语所所长傅斯年致冯友兰、杨振声和父亲的信，为的便是开展双方合作的构想。信中说：

> 现在寅恪、元任两兄，及李济之，我们的研究所均不免与之发生关系。这不是我们要与清华斗富，也不是要与清华决赛，虽不量力，亦不至此！亦不是要扯清华的台，有诸公在，义士如我何至如此！乃是思欲狼狈为善（狼狈分工合作本善），各得其所！
> 一、清华到底是个学校，此则是一纯粹研究机关。
> 二、清华到底在一处（北平），此则无所不在。
> 三、清华各种关系太多，此则究竟是个小小自己的园地。
> 所以在清华不便派人长期在外时，可由我们任之。我们有应请而请不起，而清华也要请的人时，则由清华请之。有可合作的事时，则合办之。诸如此类，研究的结果是公物，我们决不与任何机关争名。

这种为学术而不计名利的心胸和理想，无论曾实现否，在任何时代都是可贵可敬的。

至于陈寅恪离开清华的理由，可以从他给傅斯年和父亲的一封信（1929年6月21日）中察觉。他说："弟居清华两年之经验，则教书与著书，两者殊难并行。此间功课钟点虽少，然须与学生谈话及阅改文卷等，仍无十分余暇及精神看书及作文。至于所授之课，如自己十分有把握者，则重说一番，如演放留声机器，甚觉无兴趣。如新发现之材料，则多阙疑之处，对人高谈阔论，亦于心不安。且须片断预备功夫，无专治一事一气呵成之乐。况近日之为教授者，复多会议等杂务，尤为费时耗力，此种苦处，想公等必知之甚明，不待详陈也。"这些老友们学术兴趣虽不尽相同，互相体谅关切的情谊，却是非常感人的。

父亲在清华时期仅留下了1930年初两个多月的日记。那时学校预算和基金等问题都已解决，兴建的工程正在绘图招标，一切逐渐步上正轨。他几乎每天都与校内外的教授学人会晤，商谈业务，交换意见，切磋学问。每星期六上午他进城到北京大学教一堂近代史课目，下午去看外交档案，进行自己的研究课题。周末也常去故宫博物院看文物，去琉璃厂看画买书，或作访友郊游等活动。他和母亲新婚才两年，生活显得丰富愉快。可惜5月初中原大战爆发，导致清华同学会（离校毕业生组织）再度掀起风潮，拥护阎锡山派选的人出任校长。父亲以学风不正为由坚请辞职，表示并无恋栈之意，遂于6月初告别了北平。

从日记中还看到校方经常邀请外界专家向学生演讲。两个月中便有裴文中、杨钟健讲发现"北京人"的经过及科学上的意义；陈兰荪讲中国币制金本位的问题；李济、董作宾讲安阳发掘及考据所得之成绩……反映出校园中活跃的学术气氛。父亲对毕业后进入社会的学生自然抱着殷切的期望，在1929年7月6日的毕业典礼中对他们说："中国以往的教育方针是借贷式的，惟一的目的，就在转贩外国已成的学术……但是从民族的观点来看，一个民族要求独立、自由、平等，必须在文化方面、学术方面，先求得独立、自由、平等的地位方可。""……我希望诸位养成一种知识化的人格，将自己所学所研究的知识，融化到自己的人格里去，使自己的人格，受一番科学的洗礼，因此养成一种领导时代的健全的人格。"

另外，父亲对这年最后一届毕业留美学生赠予一番临别勉励，劝告他们：

一、学问事业均须竭毕身之力以赴之，万不可惑于西方浮薄的成功论。

二、在国外时间不多，应当多读书，少活动。

三、学位只能以"缘木求鱼"的方式得之，不能以"揠苗助长"的方式得之。

四、欲求中国民族在世界民族中的独立平等，当求中国学术在世界学术界的独立平等。

五、治学当重工具的学问，勿以他人之成绩自炫，当独立求自己的成绩。

六、对于本国的文化应有自尊心，但万不可炫于东方文化之说，造成自欺的心理。

从这些话里看到父亲办教育的理想和原则，即使在21世纪终结之时，仍然无懈可击并且值得青年学子深思。

1930年父亲南下后，清华校务由校务会主席冯友兰主持，但仍不断受到同学会的攻击，7月8日冯氏写信给父亲告知校中近况，并称"弟现加入漩涡，为我辈支此危局，俾兄对清华之一切计划可照常进行。望兄时加指示，幸甚。"同仁之间的共识和互信，洋溢言中。

父亲在大刀阔斧改革旧制清华时，难免损害到一些人的利益，引起了一些人的反感。对于他的成绩，自然褒贬不一。当年两位与他很熟悉的学者，曾留下他们的评价，值得后人回味。1930年陈寅恪在父亲离校后曾对毛子水说："志希在清华，把清华正式地成为一座国立大学，功德是很高的。即不论这点，像志希这样的校长，在清华可说是前无古人，后无来者的……清华属于外交部时，历任校长都是由外交部所指派的。这些人普通办事能力虽然有很好的，但对中国的学问大都是外行，甚至连国文都不太通，更不要说对整个中国学问的认识了。像罗志希这样对中外学术都知道途径的人，在清华的校长中，实在没有过！以后恐怕也不会有了。"

1948年冯友兰在《清华的回顾与前瞻》文中有这样的评论："清华大学之成立，是中国人要求学术独立的反映。在对日全面战争开始以前，清华的进度真是一日千里，对于融合中西新旧一方面也特别成功。这就成了清华的学术传统。""不管政治及其他方面的变化如何，我们要继续着这个学术传统，向前迈进。对于中国前途有了解底人，不管他的政治见解如何，对于这个传统都应该重视爱护底。"冯氏与父亲共襄校务以后，继续在清华任教多年，他的结语应该是很有根据的。

研究清华校史多年的苏云峰教授曾经指出："现在很多人只知道梅贻琦是清华大学的功臣，而不知道罗家伦的奋斗成果与经验，实为梅氏的成就，铺下了一条康庄大道。"在1996年台北纪念父亲百年诞辰的座谈会中苏氏还说："从罗氏在清华的作为看，我们发现他不仅是一位理想色彩浓厚的人，也是一位有协调和实践能力的人……我觉得他所留下的学者风范，富理想、说真话、敢批评、能改革、肯负责又不恋栈的光明磊落精神，是值得后人效法的。"

多年前为编印《文存》整理父亲文稿时，我看到一句话最能代表他治史的心得与信念，他说："凡是一件历史的事迹，时代隔得愈远，其意义和影响，愈看得清楚。"相信研究和珍惜史实的人，都会与他有同感的。

罗家伦

我和清华大学

民国十七年四月我随国民革命军再度北伐，经过了中途最大的障碍，日本军队借口攻占济南，切断津浦铁路，阻碍北伐军的进展，终究能够克服北京（后改北平），是一件很不容易得到的经历。当时我担任的职务，是战地政务委员，代表大学院兼管收复地区的教育，同时，我亦参与总司令部的重要决策。北京一下，所有各机关的接收工作，包括学校在内都是由战地政务委员会负责办理的。我亲自参与接收的是教育和外交两部，至于对各学校的接收，因为正在暑假，学生已经分别回家，我所持的政策是指定原校的教职员继续负责，暂不更张，以保全各校的元气。在这时期我只到过清华学校一次。那时候的清华还是留美预备学校的性质，分中等科与高等科两级，每级四年，一共八年毕业。学生向例由各省分别考试，学校训练不免偏重英文，而忽视国学和科学，其程度大约等于美国二年制的前期大学（Junior College）。其毕业生学文法的，大都能够插入美国大学三年级，而学理工的，就只能进一年级。凡是高等科毕业生，都全部派赴美国留学，每年至少有五十人以上。校址在西直门外清华园，校舍和环境都很好，学风也好，可是图书仪器等等，至多不过普通美国小型大学一年级的设备。在民国十年左右，因为外面的批评太厉害，于是该校接受胡适之先生的建议，设了一个国学研究所，又在民国十四年招了一班大学本科学生。虽然说是预备改大学，可是留美预备制的中等和高等科，仍然照常办理。当时这个隶属的系统，不是归教育部，而是归外交部。在当时外交部积习甚深，而且不懂得教育的官僚控制之下，改革是困难的，发展也是畸形的。

北京收复，华北大局粗定以后，国民政府自然想到整理北平的高等教育。当时王正廷任外交部长，他以前在北京政府时代，亦曾担任过这个职务，深知道清华是外交部部长的一个财源，也是外交部的禁脔，那（哪）里肯放松，仍旧要清华归外交部主管。政府里面有人不赞成，他不得已，而提出一个由外交部会同大学院共管的办法。他要外交部参加的理由，是因为清华是美国退还庚子赔款办的，似乎外交部不参加，美国就不答应的样子。这种拿洋人来吓中国人的手段，是当年办洋务的人挟外力以自重的惯技。他突如其来的向大学院院长蔡元培先生提出他荷包里的清华大学校长人选，他误以为蔡先生是老好先生，不会持任何异议的。那（哪）知道蔡先生对于大学校长问题看得特别郑重，立刻拒绝，并且说人选问题，他已经决定了，要找我去。这是对王正廷一个晴天霹雳，是他想不到的。其实这件事我事前也毫不知道。那时候王正廷还是新投到国民政府方面来，而蔡先生是党国元老，他不敢违抗，也就忍下去了。于是他又出个花样，说是既由大学院和外交部共同管理，就应该设一个董事会，代表两部行使职权。他就从这个董事会里来做翻案文章，所以我到校以后，第一年许多的障碍就从此而生。一直等到我和董事会奋斗的结果，由国民政府会议决定取消董事会，把清华大学直隶于教育部（此时大学院已改教育部），清华大学才纳入国家大学的正轨。此后清华的校长做事，亦可以不受这畸形组织掣肘了。按国家的教育制度，那（哪）里有国立大学还要设董事会的理由？此地我要补一句话，就是在国民政府发表我做清华校长的命令上，只是任命罗家伦为清华大学校长，而不是国立清华大学校长，因为当时规章未定，而先发表校长人选的。后来才由我草拟清华大学规程，呈请政府核定颁布。我在"清华大学"四个字上面加上"国立"两字，大学院认为是天经地义的。可是外交部用种种借口来反对，一开口就说怕伤美国的感情。我当时严正的驳斥他们道："美国的赔款是退还中国来办学校的，这个钱本来是国库的钱，现在美国退还国库，我们为什么不能用'国立'二字？"这样子才把国立清华大学这个名字称谓定了。我于动身前一天，请当时国民政府主席谭延闿先生写了一张"国立清华大学"的大字带往北平。

　　我到清华就职的那天，自己拟了一个誓词，提出学术独立，为复兴中华民族的基础的主张（当时是军事初定，政府没有规定统一的誓词，所以我这个誓词是自己拟定，电请大学院核准的）。我就职的时候，是由张继（溥泉）先生监督，我郑重地声明，清华要成为真正的大学，首先应该学术化；一个民族要独立，一定要学术能够先独立。我宣布此后清华废除旧制，遣派全部毕业生赴美留学的办法，而着重发展大学本科。不但发展大学本科，而且还要进一步发展研究院。我认为与其派许多很年轻的学生到外国去留学，不如用这个钱请多少外国的名教授到中国来讲学。不但教我们的学生，而且帮助我们有坚强学术基础，与有技术研究兴趣的青年教授们一道研究，才能把近代的学术，尤其是科学，在中国的泥土上，尤其是在清华的校园里生根。我要澄清清华任何的积弊，减除任何的浪费，搜括任何的金钱，来做清华学术的建设。我这一篇演讲，在当时北方的空气中，仿佛像一个炸弹的爆发。可是我毫不在乎，以后我对清华的一切措施，都是按照这个方针进行的。以下我举几件有事实成果的措施，来给大家参考。

　　第一，院系：清华从留美预备学校改为大学，自然院系的设置问题，首先应当确定。我认为大学的重心，应当以文、理两院为主体，因为这是一切社会科学、自然科学的基础。清华的环境远在郊外，对于发展文、理两院格外适当。因为大学的组织法规定要有三院，因此先设立一个法学院，将原有的土木工程系暂归理学院，以后再把工学院建立起来。我对工学院除已有的土木工程系之外，首先预备发展的是水利工程。这项工程的人才，在华北的地区里最为切要，所以我最后的计划，是发展成为四院，并且先从文、理两院打下大学的基础。当时文学院分中国文学与英国文学、哲学、历史学四系；理学院分数学、物理学、化学、生物学、心理学、地理学六系，并将土木工程系附设在内，成为七系。我对添设地理系有浓厚的兴趣，因为中国讲了许多年的地理，所说的都是文、史、地混合的地理，而不是纯粹科学的地理。我的主张是若不赶快提倡科学的地理，把地形学、地图学，各种专门的学科发达起来，则我们无法对我们广大的国土能够有实际科学整理的方法。我并且主张把气象学和地震学一道包括在地理系之内，局部地发展起来（我不办地质学系的原因，是北京大学已经有很好的地质学系，而且城里还有地质调查所，不必重复，不幸我离开清华以后，地理系改为地学系，于是地质一科，竟喧宾夺主，把地理反而挤得几无容身之地），所以理学院较为庞大，共有七系。法学院分政治学、经济学和社会人类学三系，我有意缓办法律系的原因，乃是因为北平各大学里的法律系的数量已经太多，而社会人类部门，确是许多有关社会科学的基础。我以文、理学院为大学教育的核心，这种观念，多少受蔡元培先生的影响；我自己在德国读书的时候，更使我相信这种观念是正确的。不过我的政策比较广泛一点，把工学院放在大学里，能够得到理学院从基本科学方面给它协助和影响，自然有很大的好处。后来我从美国麻省理工大学由工科大学而发展理学院的基本学系，以完成它重要的学术贡献，足以证明我这个看法是对的。在研究院方面，我自然极力扶植国学研究所的继续发展，把它纳入收容大学毕业生的研究系统。此外，我继续预备创办的是数学、物理和生物三个研究所，可是来不及在我任内完成。

第二，教授的选择和提高学术的标准：我认为一个大学要办好，最重要的就是要教授得人。我不愿意把任何一个教授地位做人情，也决不以我自己好恶来定去取。我对于以前若干不学无术而借外力来干涉校政的洋教员，更觉有彻底甄别的必要。我到校的时候，西籍教员留下的还有十几个人，其中称职的如詹姆生（Jameson）、温特（Winter）等，成绩优良的，我不特续聘，而且加薪，其不称职的，我一口气去了六个。我的理由是清华学校，既然改为清华大学，是一个彻底的改组，自然不必受以前的拘束，何况这六个人的聘约已满，我现在只是不续聘而已。他们去运动美国使馆来说情，我提醒美国公使马慕瑞注意一点，就是若是留这些人在清华，决不是美国的光荣，因为他们绝对不能代表美国的学术水准。马慕瑞究竟是一个有学问的人（以后他担任美国约翰哈普金大学国际问题研究所所长）。我这个话是能打动他的，所以他也就并不坚持，只说他是转达他们的意见而已。其中最难应付的有一个人，此人名叫史密斯（Smith），以前清华的校长送了他一张终身的合同，而他是全校出名的"老饭桶"（全校的学生都是这样称呼他），他教的是英文和拉丁文；在教室里丝毫不讲，一进来就叫甲生读一段，乙生读另一段，如此接连读下去，等到打下课铃了，他挟着书本就走。他对英文的教法尚且如此，拉丁文的高明可想而知！当时外文系主任王文显对我说：这个人在美国教初中都没有人要的，怎么样可以教大学。这是确切不移的评语。他在清华有十几年了，我对于这张终身聘约，怎么办呢？我最后决定送他一张一年的聘约，并且注明，如果续聘或不续聘在六个月以后通知。更明白告诉他这是我对他最大限度的礼貌,因为清华学校已经改为国立清华大学了,教育的水准也不同了,所以我无法请你一世。他没有办法,也只有把这一年的聘约接受下来,到第六个月,我正式通知他不能续聘。以后他还给我许多小的麻烦和不近情理的要求,例如他写一封信给我,说是他在清华添了几个小孩子,所以每个小孩回国的旅费都要学校负担。这不但我给他的契约没有这条件,就是以前的终身契约里也没有这条件的,所以我断然拒绝。他再来信说他在中国买了不少器具,要学校替他搬运,这无理取闹的要求,我也拒绝。如此不近情理的要求有六七个之多,我没有答应他一个。最后他并不曾回国,在燕京大学找了一个事,薪水自然比清华要少。我赶走这"老饭桶"的事,不但在校的学生,就是许多毕业生也感到痛快的。对于中国教授,自然在改组的时候也有去留,像陈寅恪、赵元任、金岳霖、陈达诸位硕学之士,我不但亲自去留他们,而且我认为待遇不公的,立即设法改进。当时有件有趣的事,就是外文系的吴宓教授,因为在"五四"新旧文学之争的时候,他攻击新文学运动甚力,并且同我打过小小的笔墨官司,现在我来做校长了,他怕我对他有所不利,托赵元任先生来向我打听消息。我大笑道:"那(哪)有此事,我们当年争的是文言和白话,现在他教的是英国文学,这风马牛不相及。若是他真能教中国古典文学,我亦可请他教,我决不是这样偏狭的人。"以后,我不但继续请他,并且对于他的待遇大事增加,并且倒成了很好的朋友,这位吴宓先生的趣事甚多,给我麻烦亦复不少,但不在这范围之列。

　　至于聘请新教授,我倒有一个坚定的原则,就是我决不请有虚名而停止了上进的时下所称的名教授;我所着眼的,是比较年轻的一辈学者,在学术上打得有很好的基础,有真正从事学术的兴趣,而愿意继续做研究工作的人。我认为只有在这个类型里求人才,才可以得到将来最有希望最有成就的学者。当时我做校长时不过三十岁,自己年纪很轻,所以请的教授们，也都不过和我上下的年龄。在这批人里面，以后产生了很多对学术很有贡献的学者，也产生了许多颇有事功的人物。把他们请来以后，供给他们一个安定的生活，良好的设备，让他们专心致志的去研究、去教育，所以早则三五年，迟则十年都能够各自表现他们的专长。在自然科学方面所出的人才最多，如萨本栋、萨本铁、周培元（源）、杨武之、李继侗等，都是很有贡献的人。在中国文学方面，我很注意培养新文学建设的人才，而扬弃腐朽的传统。如杨树达、朱自清、俞平伯等诸位，都是我那时候请进去的。在社会科学方面，如蒋廷黻、叶公超、浦薛凤、陈总、萧迈诸位，都是特出的人才。并且我为了请蒋廷黻担任历史学系主任，得罪了我的老师朱希祖先生。这原因很简单，因为当时历史学系朱先生资格最老，若是要请系里原有教授担任系主任，这不但朱先生感觉不安，而且其他的教授也不肯；若是我让朱先生担任系主任的话，那朱先生因为是中国史学的专家，对于世界史学的潮流没有接触，自然无法使这个系走到现代化的路上。这是我要请蒋廷黻的理由。不巧那时廷黻在南开大学任教，要歇一年才来，所以这一年之内，我只有以校长的地位来兼史学系的主任。纵然得罪了我的老师，但是我为了历史系的前途，也不能不为公义而牺牲私情了。

讲到外国教授方面，我既然去掉了若干位不学无术的外国人，我当然应该按照我开学时所宣告的主张，请几位第一流的外国学者，到清华来任教，所以我陆续请到的有英国剑桥大学的正教授I.A.Richards，美国芝加哥大学国际私法教授Quincy Wright，哥伦比亚大学史学系教授James T. Shotwell诸位。他们不但是外国正式的教授，而且是国际间著名的第一流学者。其余短期来演讲的人还有许多，这不但使清华增加了学术空气，而且可以给外国朋友们看看我们请教授的方针，是注重他本人的学术造诣，决不是排斥客卿。

第三，学生：清华既然改为大学，其重心自然落到大学本科。我认为大学招收学生，应该重质不重量，做大学校长对于教授的职位和学生的学籍两项，是绝对不做人情的。入学考试一定要严格而公平。我对清华大学只希望他能够成为与美国普林斯顿大学一般的大学，学生人数不过二三千人，可是这种精而不多的队伍，却产生了许多学术的贡献。至于美国许多二三万学生的大学，虽然规模宏大，却非我所希望的。清华从来没招收过女生，我到校以后，就把清华的大门为女生而开放。这件事我在招生时并没有事先呈请大学院批准，因为男女享受同等教育的权利，是政府应当赋予的。至于留学政策，既然废止全班资送留美的办法，却亦有采取补充措施之必要。因为在这个时期，我们还有许多种学科需要派学生到国外去深造的，但是这种出国深造的机会，不必成为清华毕业生的专利品，应当给各个大学优秀的毕业生，用考试的方法来公开争取这种权利。所以我宣布，每年设置留美学额十名，每名期限三年，经费比以前所给的要多一些，以便他们在外国研究院里能充分地利用时间继续研究。这个办法在第一年实行的时候，虽然以清华大学毕业生录取的为数较多，可是学术界都承认这是一种公开合理的制度。原有最后一班的清华旧制高等科的毕业班，以前招进来的时候，是答应他们全班及格的学生，一律可以派赴美留学的，既然是最后一班，当然继续派遣，从此结束。我想不到我把清华改制以后，立刻收了两个外国留学生，一个是德国公使Von Bosch的儿子，一个是瑞典女生叫Schmid，这是清华有外国留学生的开始。

第四，建筑：大学整个校舍的分布和设计，是与大学学术的理想和发展的计划有密切关系的。我到校的时候，清华只有大礼堂、科学馆、图书馆、体育馆四个建筑，除大礼堂比较堂皇而外，其余的规模都很狭小，其他的零星建筑，都东添一所，西造一幢，毫无整个的安排。清华园的地点是很宽大的。我到校以前，大约有十年的时间不曾添过一个像样的建筑，也可以说是停顿了将近十年。现在既然改了大学，就不能不有新的建置，于是我把整个的校址从（重）新设计，另画蓝图。这个计划不限于清华园内，而且打算把英法联军烧毁的圆明园亦准备圈到大学范围以内来（这个归并圆明园的计划，在我任内未曾实现，但在我离校三年以后，终究在中央政治会议里帮助清华达到这个目的，也就是完成我的预定计划，这片广大的圆明园面积不下一万余亩）。清华校址的重新设计，应当考虑到以下几点：第一，是整个将来发展的计划；第二，是学术上使用的便利；第三，是教职员研究和生活的便利；第四，是学生德、智、体、群四项发展上的便利。我把这各点考虑清楚重订蓝图以后，就开始作必要的兴建。那时候经济困难极了，在一般人想来，清华是有钱的学校，可是那时候清华的基金在风雨飘摇之中，日益减缩，按月的经费，因为由外交部经手发给，财政权由他们的员司操纵，学校当局毫无通盘筹划的自由。我不愿意看他们的脸色，而且知道向他们谈教育建设大计是毫无用处的。在另谋基本解决的办法以前，我实在不能长久等待。于是先向中南、金城两个银行借款四十万，动工四个建筑。这四个建筑就化（花）费了一百万以上，自然四十万是不够的，可是我做了再说。这四个建筑：一个是图书馆，一个是生物馆，一个是男生宿舍，一个是气象台。还有三个：一个是化学馆，一个是水利工程实验室，一个是体育馆的扩充部分，也都设计完毕，预备继续兴建。这些建筑之中，我最得意的是图书馆。本来清华有一个图书馆，相当华丽，可是规模狭小，藏不了十万册书，坐不下二百个人，这是不够一个相当规模大学里图书馆的条件的。而许多人士建议，以为把原来一个"丁"字形的图书馆接成一个"工"字形的便好了。我认为不对，我觉得一个近代大学的图书馆，应当留最宽大的余地，做书库的扩充（书库的扩充，是一件最该注意的事。我知道在一九二二年的时候，芝加哥大学造一个新图书馆，其中书库可容三百万本书，以为在很长的时期内尽可够用了,那(哪)料到不及十年,该校藏书已经超过三百万本,无地可容)。所以我自己画一个图样,把原来的图书馆仅作为侧面的一翼,另外建一中心,在另一翼造一很大的阅览室,其中可容一千人读书的座位。这一个大阅览室,不但可以引起大家读书的兴趣,而且可以使一个学生进去之后,可以发生一种庄严伟大的印像(象),不禁油然而生好学之心。在阅览室底下一层,增辟几十间各系教授所用的小房间,让他们一人或二人利用一间房间,准备一切看书研究的便利,养成以图书馆为家的习惯。至于为书库所留的面积,至少有六七十亩的地方可以延长。这个扩大的图书馆,我原计划是用四十二万余元,等到完成,用到七十万以上,可说是当时我国国立大学中最伟大适用而有发展前途的一个图书馆。说到我任内已建的生物馆和待兴工的化学馆,也有相当大的规模,学生上课的实验室之外,还有教授研究的实验室,内部的设置也相当讲究。气象台建筑在一个小山上,其实不是在小山上,而是把小山挖空建筑在平地上,有点像个雷峰塔,上层为气象之用,下层我原定装置地震仪。体育馆本来的建筑很好,我又定下扩大计划,但是不及实行,是由后任完成的。学生宿舍的区域,我所选择的是在校园的北面,左边靠近体育馆,右边靠近图书馆,前后左右都是操场和球场。我的想法是大学里对图书馆、实验室不厌其讲究舒服;体育馆不厌其大,球场不厌其多;而宿舍则断乎不可讲究,这样才能使学生乐意到图书馆、实验室去工作,到体育馆或操场球场去运动,免得老是留恋在卧室里高卧隆中!

第五,整理学校内部行政:清华因为以前经济情形较为宽裕,所以浪费的情形在所不免。而且因为在老的外交部统治之下,有许多积弊是由外交部传染来的,甚至于有外交部不能报的账,发给清华来报。其中有些骇人听闻的项目,是被我在就职以后发现的。至于行政松懈,更是无可讳言。我认为办学校,只有尽量节省行政费用,来从事学术建设,才是办学校的正轨。因此，我决定从整顿学校的积弊着手，可是有时候我感觉到除弊比兴利还要困难。我就职以后，外交部对于在学校支配范围以内的经费，已经有所顾忌，不加干涉。又因为我约去的几位事务人员，都是清华的毕业生，愿意任劳任怨的，所以节省下来的经费不在少数。改革教职员原有割据的习惯，倡立新的风气，并非易易。举一个有趣的例来说吧！清华改为正式大学以后，教授人数增加，尤其是单身教授宿舍不够分配，于是定一个办法，请单身的教授每人只占用一间房间（清华教授的房间相当爽朗宽大的）。吴宓教授一人住了三个房间，并且请梁任公先生题了一块匾名谓"藤影荷香之馆"，现在要他让出二间事，自然他不高兴极了。但是我想不到他会写封正式的信给我，说是若是我要他让出这两间房间来，他要跳后面的荷花池自杀。我自然站在行政立场上，为解决其他没有宿舍住的教授的困难，一定要使这项行政的规定行得通；可是我也不愿意一个教授因此而自杀。好在办理事务的人是一位老清华毕业生，吴宓的旧同学，经他再三设法，居然办通了，我因此也免除了迫死人命的罪嫌。清华远在城外，教职员、学生的生活在一个区域以内，这区域宛然是一个小的都市，因此，大学校长亦无形中添了许多小市长的麻烦。

第六，基金：清华的经费，我上面已说过，是由美国退还的庚子赔款拨充的。这宗款项，可分为二（两）部分使用：一部分为清华学校和清华毕业生派送美国留学生的经费；另一部分就是用不完的部分，存作清华基金，设有三人委员会管理，一个是外交总长，一个是外交次长，一个是美国公使。三个人之中外交部占了二个，自然有多数决定之权。底下设二个执行秘书，都是外交部的职员，所以这项基金完全在外交部操纵处理之下。其如何存放与运用，除美国公使外，外界全不得而知。美国公使为对于外交部的客气起见，亦不认真的过问。很巧的是，在民国十七年国民革命军收复北京，我因为担任战地政务委员，在接收外交部的时候，发现到一个文件,就是一个英国会计事务所Thomson and Co.审查清华基金账目的报告。原件是英文的,我翻阅之后,甚为惊异。这报告上所列的清华基金总额已达五百多万国币,但是实数只有二百三四十万,一半以上都损失了。损失的原因何在呢?有以下几点:1.清华基金所购的公债,都以票面价当实价,而且从来不曾中过签。因为凡是中签的,管理人就买不中的换下去了;2.清华基金里有许多开私人抬头的股票证券,其中有龙烟铁矿的股票二十万元,上面是陈箓的抬头,陈箓是前外交次长,他从前投资在龙烟铁矿,后来该矿失败,股票跌价,陈箓就把这份股票在清华基金里提走了二十万现款。这份股票据汤姆公司的估价只值一元,他为什么要估一元呢?据该公司的理由是这样的,假定不给它一元的价格,这股票的款子,就没有着落了。其余还有平绥铁路的股票几十万元也是如此。还有一笔大有银行的存款,头天送进去,第二天这银行就倒了。诸如此类,看了令人发指。我那时候带了一个副本到南京来向大学院报告,当时虽然没有结果,可是这个基金内容的秘密被我发现了。王正廷以前是做过北京军政府的外交总长的,现在摇身一变做了国民政府的外交部长了,他是在上海办交易所投机的专家,那(哪)里肯放过这一笔利之所在的大宗款项?所以他要和大学院共管清华,并且想出共管的董事会制度,不是为了清华的教育,乃是为了清华的基金。他知道我是要清理这笔款子的,所以他一定要指挥董事会里面他的奴才来攻击我,使我不安于位。那(哪)知道我虽然不一定要做清华校长,可是却下决心,要做到清查清华的基金和争取清华脱离外交部的掌握,纳诸大学系统。这两件事,我知道要达到这二项目的是不容易的,是要经过一场苦斗,所以我决定以去留来力争。同时,王正廷派管理清华基金的蒋履福和关菁麟二个秘书来向我讲好话,这二个人是为管清华基金而发财的,我难道会理他们吗?这时候大学院已经改了教育部,由蒋梦麟先生担任部长。梦麟先生看穿了王正廷要管清华为了要染指基金，若是把基金脱离外交部，王正廷对于清华的兴趣亦就减低了。可是这两件事要做起来，是不能完全分开的。于是同时采取了两个步骤，第一个步骤是由我要求教育部长请求外交部长和美国公使召开清华基金董事会，商量基金处置事项。为了这件事，我亲自到北京去找美国公使马慕瑞，明白告诉他里面的积弊，劝他报告美国政府，既然退还了中国赔款，应该完全交由中国自己管理，以专责任，他犯不着也不必要参与管理。马慕瑞究竟是与学术有关系的人，居然答应我了。这个董事会是在南京召开的，他在北平不能来参加，于是派了驻南京的总领事Price做代表，恰巧，当民国十七年北伐军在济南受着日军攻击的时候，蒋总司令派我和曾养甫两人代表他去访问英、美总领事，答应保护他们的安全，Price就是那时候的济南总领事，因此，他不但认识我，并且对我还有相当的好感。我同他坦白的谈了二点钟，他完全同意我的主张，并且他对他的公使去电报告，也作这个主张，马慕瑞的态度也因此更加坚定。我还怕王正廷临时玩别的花样，而蒋梦麟先生同王正廷是行政院的同僚，恐怕不愿意发生正面的冲突。所以我再在基金董事会开会之前，请戴季陶、陈果夫两先生在国民政府会议提出一个议案，将清华直隶教育部，自然董事会也就跟着取消了。我在开会之前分别拜访谭延闿、孙科两位先生，请求他们为教育保存元气。这个国民政府会议，是国民政府的最高会议，由国民政府委员组织的，所以行政院部长都不在内，里面自然可以避免教育、外交两部间的正面接触。第二天，这个议案通过了。我在基金会开会的前夕，在上海《申报》《时报》《新闻报》《民国日报》这四个大报里，发表一篇几千字长的谈话，把清华基金的内幕完全揭布。这一下，王正廷受不住了，所以基金董事会也就跟着取消，该项基金交由清华大学保管。这时候我辞职呈文跟着发表，我实在不愿意在这场恶斗之后，再回清华，于是到杭州去省亲，在西湖边上盘桓了二（两）个星期。因为政府的敦促，和清华

我的父亲

1929年任清华大学校长时的罗家伦

南下代表的挽留，我不久也就回校。可是我对基金第一个措施就是主张该款不应由清华校长保管，而委托中华文化教育基金（China Foundation）代为保管，如何投资生息，委托该会办理。至于该款本息如何运用，则清华秉承教育部自有支配之权。到现在美庚款虽早已结束，但是清华基金在今年据梅贻琦校长的报告，已经积到六百万元美金左右。这也可以说是我当时一场苦斗的结果，我心里感觉到很大的安慰。在此地附带说一件事，当我辞职到杭州省亲的时候，无意中遇到一位同学叫周仲舟，他告诉我他的岳父是杨文滢，那是一位老翰林，也是一位藏书家，他丰华堂的藏书，在江浙一带是很有名的，现在要想出让。我当时存了一个心，心里想，我这次离开清华，愿意替清华图书馆留个纪念，清华图书馆的中国书太少了，我愿意在交卸以前，买下这一大批书，以补清华图书馆这个缺陷。于是我打电报给清华图书馆主任洪有丰（范吾）请他来杭议价，结果以三万四千元最廉的代价，购得将近四万册精选的藏书。其中元明的刻本有二千八百多册，经（精）抄本和批校本有二千五百多册，更有浙江的志书两百八十几部，从元朝起每府县修刻一次之志书，丰华堂都搜集到一部，这是最重要的浙江文献。最伤心的是当抗战的时候，许多丰华堂善本的书和浙江志书全套，清华大学当事人把他（它们）寄放在重庆附近的北碚工业实验所内，被日本一次的大轰炸完全毁了，这是我觉得最可惋惜的事。

我是民国十九年离开清华的。我离开的主要原因，是因为阎锡山和冯玉祥联合叛变，勾结汪精卫在北京设立扩大会议，另组政府，当时物理系教授萨本栋先生开始在物理系装置了一架收音机，被阎锡山知道了，以为我们与南京通消息，派人前来搜查，前后在清华搜查过两次，并且预备一个山西人，是以前清华的毕业生，来做校长。这个时候，人心自然浮动起来，我在这种环境之下，更不能留在北京了，所以由天津坐海轮南下。

等到冯、阎叛变平定以后，政府一再命令我回清华，这时候，我坚决不去了。我在清华校长辞职未准以前，为了表示决心，而且要回到学术界做一点教育的工作，遂至武汉大学担任了短期的教授，这是我的本心，也是我的初愿。我虽然主持清华不过两年，可是我相信我这二年中坚苦的奋斗，为清华打下了一个学术的基础。我希望将来清华还能继续发扬它过去的光荣。

（于1956年）

我的父亲罗家伦

1932年任中央大学校长时的罗家伦

父亲在中央大学

父亲1932年8月就任中央大学校长,1941年7月辞职照准,总共任职九个学年,十个年头。当初中央大学因"九一八"事变后学潮澎湃,面临解散危机。于是政府在1932年6月请蔡元培先生召集并主持中央大学整理委员会,父亲便是委员之一。同年8月行政院会议决定派他出任校长时,他不仅深知其中种种困难,对教育行政工作也已有厌弃之感,因此力辞任命。可是他的北大老师、时任教育部长的朱家骅先生亲自到家,"一再以国家及民族学术文化前途的大义相责",使他深感"不忍在国难期间,漠视艰危而不顾"。于是抱着"个人牺牲非所当惜"的心情,接受了这个任务,从此为了在中央大学实现他的教育理想,奉献了他宝贵的壮年。

回顾那段时期,正是中国面临生死存亡的年头。父亲是研究历史的人,自然有深刻的忧患意识,使命感也就格外强烈。他在中大所做出的努力及获得的成就,不仅自己留下了丰富的记录,许多同事和校友们也都写过详细的回忆,为校史的编撰人提供充足的资料,作出了公允的论述。但想起父亲曾经说过的一句话:"凡是一件历史的事迹,时代隔得愈远,其意义和影响,愈看得清楚。"从现今的眼光来看他主持中大的岁月,最突出的两件事,是他对大学使命的理念,以及对大学校长职责的定位。

1932年开学后他第一次对中大师生的演讲，题目便是"中央大学之使命"。他认为"今日中国的危机，不仅是政治社会的腐败，而最重要者却在于没有一种整个的民族文化，足以振起整个的民族精神"。所以英国近代的哲学家荷尔丹（Lord Haldane）曾说："在大学里一个民族的灵魂，才反照出自己的真相。"可见创立一个民族文化的使命，大学若不能负起来，便根本失掉大学存在的意义；更无法可以领导一个民族在文化上的活动。一个民族要是不能在文化上努力创造，一定要趋于灭亡，被人取而代之的。他例举拿破仑战争以后，普法战争以前德意志民族复兴的过程中，除了政治和军事的改革外，柏林大学的学者对于德国民族精神再造的贡献和影响最为关键。为此他希望中央大学能向柏林大学看齐，并提出了"诚朴雄伟"四个字，详为阐释，以期与全体师生互相勉励。

至于大学校长的职责，他认为办理大学不仅是办理普通的行政事务而已，"若是专讲事务，那最好请洋行买办来办大学，何必需要我们？"他主张先要把一个大学的使命认清，从而创造一个新的精神，养成一个新的风气，才能达到一个大学对民族的使命。并且说，"无论校长教职员学生都要努力于移转风气。由一校的风气，转移到全国的风气。"他对自己的任务，无疑锁定在精神领导的地位上。

父亲原先计划把他治校的方针分成"安定""充实""发展"三个阶段来实行，每段约略三年。一开始他便利用每星期一举行的"总理纪念周"集会，就学校的进展情形、国内现状和国际局势，详细报告和分析，使学生对国家、世界的处境有所认识。1935年4月，他首次在中大提出了"中国与近代化"这个主题，指出"一个国家，要能够独立存在于现在的世界上，就非经过近代化不可"。而近代化（后来改用"现代化"）三方面的意义是：用科学的方法，以改造物质的环境；用科学的方法，以支配社会的组织；用科学的方法，以支配人的思想与生活。1936年9月至11

月,他又为全校做了一系列的演讲,题目是"近代文化概论",分七次讲完,综合起来是一长篇有系统的论说。目的是希望对全校各院系的学生发生启迪性的作用。当时父亲应邀对社会各界的演讲一年比一年增多,"现代意识"和"科学方法"这个主题,无论在校内或是校外,在战前、战时或是战后,都经常出现在他的讲词内。

正当中央大学进入"发展"的阶段时,"七七事变"迫使它长途迁校到后方。父亲除了应付战火下繁忙、紧急的事务外,纪念周和其他校内集会上的演讲,成了他固定与学生接触的渠道,连柏溪分校的一年级学生,也经常能听到他的演说。1938年初,父亲在一次演讲中提出了"新人生观"的三点内涵:(一)动的人生观,(二)创造的人生观,(三)大我的人生观。后来又作了十五次系列的演讲,修订成集,取名《新人生观》,1942年由重庆商务印书馆出版,是他"献给有肩膊,有脊骨,有心胸,有眼光而又热忱的中华儿女,尤其是青年"的礼物。这本书出版后五年之中,一共再版了二十七次,成为全国青年热爱的畅销书。半个多世纪后的今天,它仍然在各地再版、发行。其中父亲所提倡的"理想""智慧"和"人格"三个力量,以及"道德的勇气""知识的责任""运动家的风度""文化的修养"等观念,至今仍是中国人迫切需要培养的。

这个期间留下记录的演讲,仅在中大的便有一百多篇。父亲又从中选出一部分,加上以前在清华、政校的一些言论,编印成一本《文化教育与青年》,于1943年出版,主体仍然凝聚在"中国的出路在现代化"的信念上。他虽然离开了教育工作,但仍念念不忘"中国的前途系于青年,青年的蓓蕾,要靠教育来培养,文化来涵煦,才能为民族创造独立有机的文化"。

1935年父亲为中大作的校歌词中,有"励学敦行,期副举世所属望。诚朴雄伟见学风,雍容肃穆在修养。器识为先,真理是尚;完成民族复兴大业，增加人类知识总量"几句话。1941年他在离职惜别会上，向中大师生表示未能达到这个理想而惭愧。但是"百年树人"的工作，本来是长期的奋斗。60年代初中央大学在台湾复校，"诚"和"朴"仍然是该校的校训。2002年南京大学庆祝百年校庆时，有人提议将当年父亲选用的"诚朴雄伟"和校歌里的"励学敦行"八个字作为校训。可见他所号召的精神，并未随时光而消失。

在贫困匮乏的抗战时期，父亲一方面在校内力图激发学生的对振兴民族的责任感，另一方面也不忘设法引导后方知识界的舆论。1938年，他采用了当年北大师长创办《每周评论》的模式，与一批中大同事编印《新民族》周刊，目的是要讨论"现实的政治、社会、国际、教育等问题"。发刊词指出："《新民族》不但应当讨论战时有用的问题，并且应当讨论战后建设的问题。"他本人除担任主编外，一年多中撰写了二百六十多篇短评。这个杂志一共出版了64期，直到1939年5月4日重庆遭到日本大轰炸，才因印刷发生困难而停刊。父亲从中大卸任后，选出他为《新民族》撰写的19篇时论与短评，于1943年印成一本取名《黑云暴雨到明霞》的小书，来代表他"对国是一贯的主张"。1945年，父亲综合他在中大所作部分演讲记录，以及在《新民族》中发表过的一些文章，重新编写成一本"广泛式的民族哲学"，取名为《新民族观》。他在9月9日"受降日"那天写的自序中说："当这转败为胜，转弱为强的关键，也就是我们民族返老还童、起死回生的时机，时机是稍纵即逝的，我们千万不可错过！所以我们对于我们民族表现的各方面，应当重新认识，重新反省，重新估价。我们要认识过去，把握现在，创造将来。"他的热诚与期望，仍然是北大时代新文化运动精神的延续。

1941年父亲离开中大的时候，可以说已经心力交瘁。但是他在惜别会中，还是苦口婆心地劝告学生不要太看重现实而失去了理想；学校不要太注重学生的专门知识而忽视了其整个人生的修养；不要把青年的知识造就好了，而身体却弄坏了；青年不应为时尚所趋，过分倾向于应用科学而忽视了基本的理论科学；大学不应太注重物的组织的科学，而不注重人的组织的科学；大家要为科学的真理而奋斗，要走到现代化的路上去。

  父亲为了人才的培养，贡献了他精力旺盛的年华。后来即使远离了教育行政的岗位，他仍然念念不忘对青年的关注与希望。

（2005年10月）

罗家伦

中央大学之回顾与前瞻

——民国三十年七月在国立中央大学全体师生初次惜别会中讲话

催人的岁月，使我在中央大学已届十年，现在向我患难相共的教职员先生们和同学们告别了！于临别的时候，承全体教授先生们殷殷惜别，已不敢当；而全体同学们于惜别之余，复举行献旗典礼，使我内心愈增惭愧。我到中大来的时候，是抱着理想来的，现在到临别的时候，理想并未达到，这是我惭愧的第一点；我原来也想挣扎到抗战胜利结束的时候，再与诸位话别，现在因才力不胜，不能不毅然求去，以至（致）在这段余下来不多的患难时间，不能与诸位相共，这是我惭愧的第二点。在我任内如果有何成就，都是诸位先生指教协助的功劳，在我不过是尽分内应尽的职责，不敢当诸位称道。即就被炸迁校一事而论，当时我请许多位教职员同人担负有困难、富危险的任务，大家均抛妻别子，欣然应诺，从未推诿。这种感激，岂是言语可以形容？后来又有遇些困难，大家都是和我一致的主张，卒能克服，为公为私，也是我应该深深感谢的。至于我有什么不周到的地方，还得请诸位原谅才是。

我来中大时所抱的理想，见于我就职时发表的那篇中央大学之使命演讲之中。我也知道这使命不是可一蹴而跻的,但是在我这比较长期的任内,未能切实实现这个阶段的任务,固然也因外患侵凌,和各种环境不能顺手的关系,但是也是我德薄能鲜之所致。然承诸位教职员同仁帮忙,竟得于紊乱之余,丧乱之后,经过七次的轰炸,长途的迁移,仍然以比较有轨道而完整的大学,贡献国家,却也是惭疚之身的一点良心上的小小安慰。

人是有感情的动物。我十年和中大的关系,不能使我对他没有感情。承诸位师生的盛意,且使我于临别之时,感情泉涌。我不但有感情,而且有感想;不但有感想,而且应该有反想。

回想我到中大之时,正值一个大紊乱以后。所以我当时宣布治校方针,计分"安定""充实""发展"三个时期。我心里打算,每个时期约略三年。我是学历史的人,知道时期是不可以严格划分的。在安定时期,应当有所充实;充实时期应当亟谋发展。我现在还要补充一句,就是到了发展时期,也还应当安定。在最初二年,安定的目的达到了;以后二年更加注意充实。不但充实图书仪器各项设备,而且充实课程内容和教学人才。我在中大十周年纪念册上,发表一些统计数字,计约略四年多的时间共费在图书仪器及教学设备等项,为二百二十三万元。为数过于全部预算四分之一。西文专门杂志定到七百余种;重要的全套杂志自出版以至当时的增购计六十种。中文书籍也有大量的增加。所以现在中大应用的图书仪器的基础,大都是那时候打下来的。充实的不仅是图书仪器,而且还有教学人才,聘人是我最留心最慎重的一件事。我抚躬自问,不曾把教学地位做过一个人情。纵然因此得罪人也是不管的。我对于老年的教授十分尊重,对于青年学者十分热望。在中国各方面人才缺少的时候,我们应该不断有新血轮[1]来补充。我认为新从国外做过研究的青年学者,一回国的时

---

1. 血轮即血球,生理学名词,旧谓之血轮。

候，不要让他的工作中断；只要能够给他预备下一个较好而安定的教育环境，若是他能尽心继续研究的话，则五六年或七八年之后，必定能有很好的造诣与贡献。我在清华大学时是如此主张，在中央大学也还是如此主张。我们主持教育行政的人，乃是牺牲了自己做学问的机会，来为大家准备下一个环境做学问。这是大学校长的定义，这也可以说是大学校长的悲哀！

到了第五年头，我认为中大发展的时机到了。我认为首都大学当国家积极发展一般教育而且迫切需要人才的时候，决不该是一个只能容纳学生一两千人的大学。我又认为首都城市中心之地，车马喧嚣，市气逼人，不适宜于研讨学问，培养心身。于是我打定主意，要为国家在南京郊外，不是僻在山林，却又较离城市的地方，建造一个能容纳五千至一万学生的首都大学，不但环境优美，格局轩昂，而且其间有安置一切近代式的实习工厂和农场之余地。当时中央付托我们一部分航空工程的教育，其所需种种教学实习的地方，照规定计划，断非大石桥校址所能容。因为这种新的要求，更加强了我本来的信念。当时教育部长王雪艇先生非常赞成此举。他的热诚，是自动的，而且非常之高。我们于是得了当局的同意，在某届中央全会提了一个建立中大新校址的提案，当承通过，建筑费先定为二百四十万元，按月拨付。建校之案已定，我于是派人费了几个月工夫，在南京四郊遍觅适宜地点。最后选得南门外约七公里石子冈一片地方，气象非常宏大，而且山林起伏，布置起来，又可以非常曲折。有丘陵不但可以依地势而布局，且更宜于防空。此地离秦淮河上游不远，本来有一条支流经过，现已淤塞，若是加以浚导，则将来校内可有青碧的秦淮，岂止增加校景，还有工程和农业上的用处。北面是国父陵墓所在的紫金山，南面是树木葱茏的牛首山，西面是天印式的方山，若是在高处一望，还可望见滔滔的大江。我于首都沦陷后，做有一首长诗，名曰《忆南京》，其中有一节，就是描写这新校址的风景。诗曰：

> 我又想到雨花台南，
> 　冈名石子，
> 　桥唤铁心。
> 南望牛首，
> 　东望方山，
> 　北望紫金。
> 山头放眼啊，
> 　大江雄浑，
> 　秦淮澄清。
> 这二水三山的中间，
> 　正是理想的学术都城！
> 有的是很老的森林，
> 　更加上手种的榆柏，
> 　也快成荫。
> 牧场的花背牛羊，
> 　历落的沿着山冈西下。
> 　夕阳里，
> 　映出来如雪如金！

这地址承王雪艇先生亲自和我去看过两次，我们并邀一位德国人为苏联五年计划设计学校建筑的工程师来京看过，他也认为地点相宜，于是经部核定。计圈地八千余亩。我费了很多的工夫亲自开了一片中大所需要于建置和设备的清单，交给工程师按此设计。除去医学院后期及其附属的大规模教学医院，仍拟设在大石桥原址以外（因为医院应当在城市中心），其余各部分都在新址。为求完善起见，并悬赏五千元，请全国工程师竞争设计绘图；计应征者十余，经公开评定后，遂请兴业建筑公司负设计绘图之责。在二十六年五月间投标开工者，计有工学院的本院，航空工程系的教室实验室，和农学院的本院三大栋房屋；正在动手设计的为理学院、图书馆，与伟大的运动场。预计三十个月全部完成。完成以后，站在小山顶一望，于美丽而有（又）含蓄的校景之中，一面工厂的马达齐转，一面机械化农场的火犁出动，图书馆里人头攒拥，运动场上几千百的男女活泼地跳跃，悠扬的歌声，相和相答，怎能不教人心旷神怡！

　　我也知道即以当时的物价而论，二百四十万元的建筑费还是不够的。幸而当时为实现中央通过的一个四年计划，教我扩充中大的工程人才训练，由他另拨巨款；我们做了一个很科学的计划，要达到他交付的使命，需款共五百七十余万元。我于七月一日带这计划上庐山去，蒙他赞成，并允拨二百万元。我以为这全部计划的实现，是更有把握了。那（哪）知道不数日就发生了"七七"事变，敌人的侵略，把这件伟大的学府建设事业，当时竟陷于功败垂成。这是我在中大最伤心的一件事！

　　我决定这个建设计划的时候，也曾遇着许多阻力，有人以为我好大喜功。但是我自信我是知道近代式大学规模和需要的人。我是赞美英国牛津和剑桥大学城的人。我知道伦敦大学和纽约的哥伦比亚大学的师生生活之痛苦。我在柏林大学两年的经验，使我知道柏林大学校址的缺陷，如电磁实验受门外的电车影响，就是其中的一端。所以在上次大战以前，他们就有全部迁往郊外达伦和绿林一带的计划，后因1914年的大战爆发而停止。所以我毫不怀疑；我并且感谢当时的教育部长王雪艇先生和我有同样的见解，极力支持我的主张。我现在告诉大家这一段经过，或者可以说是在描写这一幅未完成的美丽画图；但是我并非要来温这玫瑰色的甜梦，乃是要把这件事当着我离开中大时的一个"文化遗嘱"！我想于抗战胜利以后，每个爱护中大的人，是一定要把他实现的！

　　造化的安排，真是富于讽刺性。我在南京没有能造成大规模的新校址，但这点领到局部而未用完的余款，竟使我在兵荒马乱的年头，免除了许多困难的手续，在重庆沙坪坝和柏溪两处，造成两个小规模的新校舍，使数千青年，没有耽误学业。若是没有这宗现成的款子，沙坪坝校舍在四十二天，柏溪校舍在二个月之内，也是造不起来的。我在南京预定的发展没有得到，但在重庆不曾预定的发展却得到了。"失之东隅，收之桑榆。"难道就是这个意义吗？在重庆四年之中，学生增加到三千余人，较南京多三倍；课程数目，将上下两学期合算，较南京多一倍；新增的科系，较南京多二十余个；年级的增加，只医学院就添四个年级，师范学院中八个新系科就添三个年级；教职员人数，自然也大有增加。但是大学的经常费呢？在南京每年倒有一百七十二万，本年度全年业经奉到公文可领的，不过一百六十六万四千七百元，其余虽然还有三四十万元是专款，但是都已经指定用途。本年从一月结算到七月底，挪垫于经常费项下者，共计约八十余万元，但是没有欠过薪，学校照常进行，没有停顿过。我自己几乎不能置信。我为这件事就已精（筋）疲力尽，不敢再继续下去了。中大经常费不够的原因，除上述的人数、课程数等项而外，还有物价增加到十倍以上这件事实，是一个原因；学生学理、工、农、医等实验学科的占到总数百分之七十，和我初到时仅占百分之三十左右的情形，迥然不同，这又是一个原因；图书仪器都搬出来了，仪器要用就有消耗，即以消耗较少的显微镜而论，仅有一两架显微镜的学校和有二百四十余架显微镜的中大相比，其维持费自有不同，这更是一个入不敷出的原因。这都是大家亲见亲历的事实。这不是不同情的主管机关打官话可以解决的问题。

　　在最近一年以内，还有许多柴、米、油、盐的杂事，要来发生麻烦。在经常时期，担任大学校长的人何必过问这些琐事；但在非常时期，不问竟过不去。我和叶楚伧先生诗中有"官家筹箸关盐铁，学府平章到米煤"两句，也是写实的。但是这些事现在也不必多提了。我们对于教育还是要重在理想，所以我于临别之际，对于在本大学的青年，还有几句话要说。这是我贡献给诸位和一般知识青年的意见，也可以说是我对于大学教育的感想。

第一，青年要有理想，有抱负。这一层我对于本年的毕业生临别赠言的时候，已经详细说过。我所以不厌重复的说明，是因为我感觉到这问题本身的重要性和理想，在现在一般知识青年中的贫乏。要有理想才有抱负，有抱负将来才有作为。现在的青年对于"现实"太看重了，尤其是对于物质的现实。我们不能不认识现实。但我们决不能陷死在现实的泥淖之中；若是陷落下去，必至志气消沉，正义感与是非心一道埋灭。我们应当做什么一种人，将来为国家民族做什么一些事，这主意在大学求学时代，就应该打定的。打定之后，在这时代的立身处事、为学、为人，就应该立刻开始按照这标准做起。正当生活习惯的养成，是实现这高尚理想的阶梯。我们唱高调责备流俗，是没有用的。若是我们没有抱负而只以个人的实利主义为前提，则我们于未问世之前，已经坠入流俗的涸潴之中而不自觉。在这彷徨的人生幽径里面，只有坚定而高尚的理想，是我们前途的明灯。

第二，形成和实现这种理想，固然要靠确切的知识，更要靠广泛而深湛的修养。现在大学教育的缺陷，就是太注重学生的专门知识，而太忽视其整个人生的修养。所以大学往往只能造就专才而不能造就通才。往往只能造就一技之长的有用人才，而不能造就通达事理气度雍容的领袖人才。我不是说专门人才不要紧，我只是说一个专门人才能通达事理，气度雍容，蔚为全部或局部的领袖人才，则其将来对于国家民族的用处更大。文学哲学和艺术的修养，是很重要的。这种修养，可以为你开拓意境，变化气质，调剂性灵，使你人生更加丰富，更感觉得有意义。"质胜""文胜"之说，中国古来的教育家已经注意到了。我们今日仍不可忽视。人生是要经过千磨万折的；若是平素没有修养，一经磨折，便要流入偏激、烦闷、横溃或是悲观的路上去。我们要知道中国俗语所谓"老和尚成佛要经千修百炼"这句话，何况我们还不到老和尚的境地呢？

第三，要贯彻理想，完成修养，我们不能不注重体魄。本来体魄的修养，也是人生修养之一。现在大学的教育，往往把一个青年知识造好了，身体却弄坏了。现在的大学课程，加在不用功的学生身上固无所谓，加在真用功的学生身上，却是忙不过来。这原因是因为现在的中学程度太低，所以大学一年级的课程，有三分之二是为中学补习的课程，而四年级的课程，却有三分之二或二分之一左右是外国大学研究院初年级所开的课程，真正大学本科的课程，挤在两年半至三年期间，要学生学完。要减轻大学学生的负担，一部分要中学认真办好，一部分要多设研究所，把一部分课程匀了出去。而且希望定课程的专家，不要太存"医生的割股之心"，巴不得把自己所知道的要在短短的期间以内，一齐交给学生。（其中也有一部分是学生为将来就业计，而自己要求多学的，这可不能怪专家。）务必留下一点时间，充分的强迫学生锻炼体魄。这种的通盘打算，是教育当局的责任，不能责之于青年；但即在现状之下，青年也并没有利用他的时间到体魄锻炼上去。如整洁方面，即其一端。我们应该知道一个人体魄不健全，精神决不能健全。中国现在有许多社会不健康的心理，就是其中分子体魄不健全的表现。因为体魄不健全，所以自己的行为把握不住。不是偏狭多疑，愤恨嫉妒，便是丧失自信，飘（漂）泊彷徨。这种的民族病态，我们非纠正不可。我认为做复兴民族的青年，必须有最野蛮人的身体，最文明人的头脑。

第四，现在的青年，为时尚所趋，多倾向于应用科学，而忽视基本的理论科学。这也是不对的。在大学里基本的理论科学，尤当注重。须知应用科学是从基本的科学原理中产生出来的。应用科学将来的发展，还要靠新的原理的产生，前途才有希望。即就航空工程而论，飞机能发展到现在的地步，不专是飞机制造厂里技术改进的功劳。须知飞机应用的气体力学，就属于纯粹物理学的范围。将来材料性能等项的改进，更有赖于物理的化学和其他有关的纯粹科学。不然徒学到他国的某项飞机样式，如法炮制，终究是无源之水。若是截头去尾的片断提倡应用科学，是很危险的。科学的精神在求真理；当求真理的时候，并没有计较到他的功用。但是真理真是奇怪的东西。在追求他的时候，虽然并没有看见他的功用，但求得之后，不定在什么时间，会发生极大的功用。当牛顿发现他三条定律的时候，他难道预料得到以后全部的机械学，全部的机械文明，都离不了应用他的定律吗？又如孟特（德）尔在寺院配豆种，发现了遗传定律，当时他那（哪）里想到后来植物、动物的品种改良，甚至于人种改良，都应用到他的定律。若是为了优生学来研究遗传，恐怕他当年也不做和尚了！"正其谊不谋其利，明其道不计其功。"正是科学的精神。等到谊正道明以后，自有无穷的"利"，无穷的"功"产生，这也正是科学的妙用。

第五，现在的大学太重物的组织的科学，而不曾注重人的组织的科学。近代全部物质文明，是由于研究物的组织的科学产生的。近代各大学的实验室和工厂的研究室里，那（哪）一个不是忙于这种研究。物的共性多，所以这种研究，易于有国际的合作和国际的承认。人事的共性较少而成分更复杂，所以有许多人事的研究，因特性甚多，而难于找到多方适用的通则。但是物终究是供人用的；人事研究的进步若是不能与物质研究的进步，互相配合，并驾齐驱，那人将有被物控制的危险。现代国际间许多惨剧，大部分也是由此而产生的。在中国几千年以"无为而治"相尚的国家，人的组织，顺其自然，有意识、有计划的支配甚少，所以日趋散漫，要在现代有精密组织的国际社会里求生存，是很困难的。近二十年来，美国为注重研究人事组织最积极的国家，无论国际组织或国内人事组织，均为大学里或专门创立的研究所里研究的对象，并已成为一个重要的潮流。我认为这趋势是正当的，我们不能等待人家的结果来应用，我们要开始向这方面去探讨。

第六，要对科学的真理，有坚定的信念，而且要能为这信念而奋斗。中国要生存，必须走到现代化的路上去。要中国走上现代化的路，必须受过现代教育的青年，能把握住对于科学真理的信念坚决奋斗，不为似科学而非科学的流俗意见所摇动。这当然要我们这班青年，自己先受过彻底科学的洗礼，不要自己先得了些半生不熟的意见。必须自己首先虚心以求，经过科学探讨历程中许多甘苦，然后能树立深信。有深信才能发生内燃的力量，而为这种深信来奋斗。现在中国社会上喜欢牵强附会的人太多。牵强附会是由于一知半解来的。于是科学的精神，就在这种浑（混）沌的空气之中牺牲了。"恶紫之夺朱也，恶郑声之乱雅乐也。"这是孔子的教训。何况国内许多迷信和愚妄还当攻破呢？所以我们青年们对于非科学、反科学的现象，必须尽力排除。

我对大学青年说的话，至此暂告结束。其余我在"七七"与中大青年那篇演讲里说过的，希望大家可以参考。但是我还有三点关于大学任务的意见，不妨在此简单一提，并就教于我所敬佩的同仁们。

我认为大学在现在的中国，应该有三种任务：

第一，要为国家民族培养继起人才。教育本来是要把已往人类宝贵的经验，提取优越的部分，熔铸过交给后代，指示他们去发扬光大的。这种青年，不但要知识好，而且要体魄好，人格好，才能担负得起民族复兴的责任。我常对青年说，大学决不是贩卖知识的商店，如某地所谓"大学商场"一样。若是大学仅是教室里的工作，则当今广播电台发达的时候，只要请些有学问的人，天天播音；学生也不必入学，只要睡在床上，一切的知识，便可送来。但是这种"空中大学"，决不能完成大学的任务。大学里必须有良好的学风，人格的感化。这就要靠人与人的接触。大学造就出来的青年，不是为他个人谋发展的，而是要为国家民族谋生存的。必须造成一种堂堂正正的知识公民，一方面是顶天立地的人物，一方面是继往开来的中坚。这就要靠各位师长能以身作则，潜移默化。全榭山先生有两句诗："道以躬行重，人从述作论。"这实在是大学师道的标准。

第二，要为人类增加知识总量。我们不但要为自己的民族开发知识的宝藏，而且要为人类的社会，增加学术的遗产。从近代进化论的眼光来讲，进化并不等于进步。进化只是变；变的过程中，有进步的变，也有退步的变。近代人能飞能潜，乃是靠知识运用物质来帮助，而不是身体有改进。史学家和生物学家可以告诉我们，在古希腊裴雷（佩里）克利斯前后的一个短短时期，出了若干的大哲学家、大文学家、大雕刻家、大政治家等等，都是绝代的天才；人数之多，为以后历史上任何时期所不及。我们敢说我们现代人的脑筋，进步到能超过那个时期的希腊贤哲吗？但是我们不必灰心。英国名戏剧家萧伯纳说过："无疑的莎士比亚比我伟大，但是我站在他的肩膀上。"萧伯纳的脑筋不能优于莎翁；他的凭借却是优于莎翁。多靠天才的文艺创造尚且如此，何况其他。若是自古来一切的事事物物，不见得都有进步，却有一件是绝对有进步的，这就是知识。知识好像地质学上的冲积层一样，披沙拣金，寸积铢累，才建筑起现代的崇楼杰阁。我们传受（授）已（以）往的知识给后代要紧——因此我们对于教学的水准必须提高——我们发扬探讨新的知识也是非常要紧——因此我们必须提倡研究工作。没有研究工作的大学，在教学上不但不能进步，而且一定会退步。这话以世界教育史上的前例来证明，可以决无差池。我却希望将来的史家，写到这时代世界文化史的时候，说是这个阶段里的文化光芒,是由中国大学里放射出来的!

　　第三,要能把握住时代的精神和需要。我们既不能脱离时代而生存,我们的教育文化工作也不能脱离时代而独立。何况我们当前的时代,真是一个中国历史上,也可以说是世界历史上,空前未有的大时代。"时不可失"和"得其时哉"两句成语,正是我们自勉自惕的话。因为现代的大学,已经不是从前山林式的书院和修道式的经院了。我们和我们的学术机关,应当自省:在这抗战建国,甚至重造世界新秩序的时代,我们能够尽什么一部分力,占什么一个地位,不致使将来的历史上这样一个堂堂大学被人撇开,以为他的生存,似有若无的。这就要靠我们能否认识这时代的精神,把他的需要和我们的工作配合起来。在现代有机体的社会之中,配合是重要的。个人应该有远见,大学也应该有远见。在目前物质困难,生活压迫的时候,这种目光,是更应该有的,因为他不但能促进我们的工作,而且还能给我们以精神上的安慰。

　　现在抗战到第五年,中大迁徙后的工作也到第五年了!自然我们的生活,因战事的关系一天困难一天。但是我们还没有到最困难的时候;我们在这国家民族生死存亡的关头,什么痛苦总得忍受过去。上次世界大战的时候,德国的民族,忍痛茹苦了四年,到第五年开始忍不下去了,所以先由内部崩溃,结果是凡尔赛条约,使德国人民受了不堪的痛苦,将近十年。我是上次大战三四年后到德国去的,看见柏林大学教授穿着鹑衣百结的旧礼服,来往于教室和实验室;礼服的大尾巴里,装了几块黑面包,于饥火中烧的时候,在图书馆前以清水吞咽。著名的正教授,每天为人补习两点钟的初级德文,每月报酬只黄油两磅。女生走路的时候,忽然大跳,因为鞋袜已通,不留心踏在日光晒热的水门汀上。从军回来的男生,被毒气弄瞎了双目,还牵了一只身绑红十字的狗引路,到哲学研究所的教室里来听讲。一切的一切都表示柏林大学在极端困苦之下,不但照常的,而且加紧的进行。当时我兴奋的长叹道：德意志民族是有前途的。虽然现在希特勒领导他们走了一条错误的路，但是德国民族的知识欲、教育热和刻苦奋斗的精神，自有其可以令人佩服之处。所以一位朋友有次对我说："希特勒有什么厉害？希特勒所以厉害的原因，还是德国的科学和德国人民的组织。"这是实话。其实岂但德国如此，英国何独不然？如英国喷火式、暴风式的飞机，都是慕尼黑以后才大规模制造的。英国有一位教授说："德国费了八年发明磁性水雷，我们费了八个星期发明破磁性水雷的武器。"若是没有英国的科学，丘吉尔那（哪）里能够支持这长期而暴烈的战争？综括一句话说罢，没有学术的基础，没有教育的功效，一个民族就不能生存于现代的世界。

我们不是傻子，我们却要有傻干的精神；我们不要仗学术教育来侵略，我们却不能不仗学术教育来自卫。以中大学术部门之多，和全国优秀青年希望考入中大的志愿之切，我们若能配合得好，努力得猛，中大对于国家民族的前途，一定能有很大的贡献。抗战前两年我为中大做了一个校歌，业经制定乐谱，是我对于中大教育的一种理想，现在让我写下来和大家欢唱作别罢！

　　　　国学堂堂；
　　　　　多士跄跄；
　　　　　励学敦行，
　　　　　期副举世所属望。
　　　　诚朴雄伟见学风，
　　　　　雍容肃穆在修养。
　　　　器识为先，
　　　　　真理是尚；

完成民族复兴大业，

　　增加人类知识总量。

进取，

　　发扬，

担负这责任在双肩上！

　　此文系根据对全体教授和全体学生两次惜别会中演讲的大意而写成，脱稿于中华民国三十年八一三纪念日警报声中。

家伦附志

罗家伦

抗战时期中央大学的迁校（节选）

　　我（从庐山）回到南京，一方面很镇定的举行（中央、浙江、武汉）三大学联合招生考试，考完之后，催促教授们赶快看卷子，一方面限定大家在二星期之内把重要的图书、仪器一齐装箱，八月十三日，上海的战争爆发了，八·一四南京遭受日本大队重轰炸机的空袭，这队飞机是日本著名的木根井航空大队，由台北松山机场起飞的，那天倒很好，一口气打下他六架，以后南京天天有空袭，但敌人的目标还是在光华门外的机场和若干军事据点。以中央大学为主体并且参加了若干浙大、武大教授的阅卷委员会，在十五日已经把全部卷子阅完（那年投考的有一万一千人左右，评阅的卷子有六万多本），到八月十九日下午所有的分数一律算好了，有三所大学合组的考试委员会在大石桥中央大学校本部图书馆阅览室开会，大致到了六点钟吃饭的时候，大体的决定已经有了，不过还有若干附带问题尚待继续商讨，六点钟，我们在图书馆楼上开始用晚餐，刚刚大家放下筷子的时候，天空的敌机不断的盘旋，我们起初以为他所找的仍是军事目标，不至于会炸到大学，所以不曾十分注意，那时中大的警卫队长李治华君跑上楼来对我说:"敌机在上面盘旋,不怀好意,请赶快到图书馆最下一层半截在地下的书库里坐一下。"于是我约集其他两校的代表和本校的教职员,一共一百多人到地下书库,我为了要结束这个会起见,约集其他两校的代表坐成一个圈子,我自己拿了一把扶手椅,手放在扶手上正要坐下去的时候,忽而听见一声剧烈的爆炸,像天崩地坍一样,屋顶上的水泥纷纷像暴雨般的掉下来,这种强烈的爆炸声音,继续不断有十余分钟,飞机声音稍小,李治华君又赶下来向我报告道:"后面化学室起火,女生宿舍全部被炸。"于是乎我立刻出来,站在图书馆前的一个大日晷前面,督促本校员工救火,正在救火的时候,又听见一连串不断的爆炸声,天空红色的碎片横飞,响了十分钟之久,我们还是不问,把化学馆的火救熄,女生宿舍被炸变为平地,围墙以外承贤街农场的男生宿舍二、三层楼的门窗,几乎全部被震碎,可是男女宿舍两处均未伤人,只有正在建筑牙医专科学校大楼的工人炸死了五个,校工炸死二人,是最不幸的牺牲者。说到女生和男生宿舍受到这种损毁而不曾伤人,几乎可以说是一个奇迹;但是其中有一段经过,是当时在场的人都知道的,我不妨补说一下。南京从八月十四被空袭起,来找我的客人大大的减少了,我的办公室在大礼堂的二层楼上,这个礼堂是为当年开国民会议建筑的,相当坚固,我的办公室就正对大门,女生宿舍靠近大礼堂的左边,是中国式的平房,因为客人稀少,我一个人在办公室里走来走去,忽而注意到邻近的女生宿舍,感觉到不妥当,于是坐下来下了一个条子,请女生指导员陈美瑜女士(她原是金女大教授,当时在中大卫生教育科任教),要她把住在宿舍里的女生限定在十九日上午一律搬出去,家在南京的回家,家不在南京的搬到三牌楼中大农学院女生宿舍里暂住。这个条子写好以后,我又在办公室走了若干个圈子,又想到男生宿舍二、三层楼不妥,因为男生当时没有空袭的经验,常常喜欢跑到屋顶上去看敌机,所以我又写了一个条子给男生宿

我的父亲罗家伦

抗战时期迁往重庆沙坪坝的中央大学校景

舍管理员吴茂聪和汪瑞年二位，要他们把二、三层楼的男生，一起搬到一层楼居住。这二个条子送出以后，他们三位负管理责任的人，前后都来对我说，这个命令很难得执行。女生指导员说：女生因为暑假之后，宿舍人少，洗澡又便利，觉到凉爽舒服。男生管理员说：因为这是热天，二、三楼房屋比较风大，男生也不肯搬。我很严厉地坚持非要他们做到不可。到了下午二点钟，吴、汪两君来报告我说：他们费了很大的气力把二、三层楼男生搬到一楼。在四点钟的时候，陈美瑜女士到图书馆会场里同我说：费了很大的唇舌，把女生搬出校本部的宿舍，方才搬完，她要请假二星期回浙江省亲，我自然答应了的。可是在三小时之内，女生宿舍被炸，他们报告我说炸的时候，陈女士正在宿舍里，于是我下令叫他们赶快去挖，不想正预备了器具去发掘宿舍废墟的时候，这位女教授从倒坍了的宿舍旁边

当年的中央大学大门，现为东南大学，后面的中央大礼堂现已修复

爬了出来，狂奔到图书馆门口来找我，只见她一身都是灰，后头跟着一个女工，原来陈女士从图书馆出来，正准备收拾行李明天回家的时候，忽而炸弹落下来了，女工王妈正帮她在理东西，立刻上前把陈女士抱住往地下一滚，她说："陈小姐，我们死在一道吧！"那知这一滚，正滚在水门汀的洗脸台之下，这幢房屋倒坍下来的时候，虽然是石瓦横飞，可是他们在洗脸架之下却得到了庇护，等到轰炸停止，这一排架子底下成了一条小的弄堂，他们就从这弄堂内爬了出来，这是女生宿舍的情形。至于男生宿舍，为什么二、三楼炸得门窗无余，而一层楼学生所居之地没有一人受伤呢？这些炸男生宿舍的炸片却与日本飞机所投的炸弹无关，因为北极阁上有若干门高射炮，有一辆装满高射炮弹的卡车，正准备开上北极阁去时，正值敌机当头，于是就在承贤街中央大学宿舍的墙外停下来，想不到这车

炮弹受到了敌机炸弹的破片起火爆炸起来了，因为高射炮弹是挥发性向上的，它穿透的力量不大，又在墙外，所以它爆炸的弹片向上飞，把围墙里的树木炸了许多，碎片再飞上去，破坏了男生宿舍二、三层楼的门窗，底下一层反而无恙；那一天单是在围墙里敌机投下的炸弹二百五十公斤的一共有七枚，计四分之三公吨，来炸毁一个不成为军事目标的大学，其中离我最近的一个，就在图书馆书库的外面，炸弹坑距外墙只有三公尺，若是不是一个钢骨水泥的墙隔着，那不只是我，在里面的一百多人，恐怕大部分毁灭了。第二天早上，我站在大门里马路旁的法国梧桐树下，拿了一支铅笔一本拍字簿，正在发号施令督促大家工作的时候，有四个女生跑来谢我，我说："你们真是小孩子！昨天你们还不搬，以为是我的虐政，今天倒谢起我来了。"也有许多男生来对我作同样的表示，这是一件很巧的事。许多迷信的人，或者以为我有什么神灵帮助，说不好听一点的话，或者是有什么巫术，其实我以为灵感都说不上，只是一个有责任心的人，他在危险的时期，把他责任以内的事，多用了一点心思罢了。那一天还有一件可庆幸的事，就是在被炸毁的牙科临时房屋之内，有几十箱贵重的仪器，就在那天早上搬到下关，上了轮船向上游起运。

我虽然把一部分图书仪器开始搬运，可是这种措置，并未奉到命令，对于校址设在何处，虽然我自己胸有成竹，可是并没有呈奉政府决定。说到把中央大学迁移这个问题，当时正是议论纷纭，主张不一：卫戍司令部为了怕动摇人心，是绝对不希望中央大学搬的；教育部当时仍然希望中央大学在郊外选择比较安全的地点开学；胡适之先生主张我搬到安徽的九华山去；张岳军先生主张我搬到牯岭新造的图书馆和训练团里去，学校里许多教职员受了"蜀道难"的影响，都不主张远迁，有的主张至多迁到武汉，暂借武汉大学上课，说得顶远的，也只是到宜昌为止，到重庆几乎是一件不可想像的事。我研究一切军事、地理和经济上的条件，有迁到重庆的决心。可是在中央大学没有轰炸以前，这个问题是在任何方面都难于得到赞同的，现在受了这种严重的轰炸以后，自然我说话容易一点。

自从南京第一次大轰炸以后，中央大学又受到过三次轰炸，第一次被炸以后，大礼堂已相当残破，于是我搬到图书馆办公，总务处在附近的文学院办公，如斯者有一个多礼拜，忽然我发现文学院办公的单位，搬到农学院去了，我很不高兴，对总务长说："我尚在此，为什么同人们要搬到那边去呢？"我要他们搬回来，经总务长婉劝以后，我放弃了我的主张，可是我自己还不搬，不想第二天文学院果然被炸，若是当时我固执一点的话，可能有若干位同人会受到灾害。在这个时期，无论是总务方面的人员也好，各系的教授、助教也好，都是一有工夫就到学校来为图书仪器装箱，在九月底以前，凡是可以装运的，都已经运出，其中有件很笨重的仪器，就是航空工程系的一个风筒，这个风筒是试验飞机模型所必须的设备，大约要值二十几万美金，其中最大的一件机器无法分拆的有七吨多重，要运上轮船，是件极不容易的事，因为没载这么重的汽车。我和航空工程系主任罗荣安先生说，请你负责把这个风筒运到重庆，他下了决心，风筒不运走，他决不走，居然以愚公移山的办法，把这庞然大物搬上了轮船，载往重庆，像这种的精神，实在是值得赞扬。在这段期间，中央大学每次轰炸，我都在场，我自己家里的物件器具全部放弃，什么事先尽公家，亦只有这种作法，才可以对得住中央大学这些同事，若是我做校长的先顾自己的东西，我能责备谁应当先为公家着想？到九月底，学校的图书仪器搬完以后，我于十月初离开南京，到安徽屯溪为中央大学实验学校主持开学典礼，我是坐小汽车去的，我动身以前，安徽中学校长姚文采先生想搭我的车，要我到夫子庙莲花池去接他，我临出家门的时候，只带了两个小手提箱，不过装些换洗的衣服，就是书桌上的陈设，也一点没有带走，临走的时候，把各个房间巡视一番，心里觉得：第一，要带也带不了这许多；第二，在这伟大的抗战揭幕以后，生死都置之度外，还管什么东西？所以看过以后，只拿了一瓶香槟酒，是我在清华大学做校长的时候请客没有用完，带到南京的，我拿了这瓶酒上汽车的时候，指着这瓶酒发誓道："不回南京，我不开这瓶香槟"，不料正上车的时候，空袭警报又响了，我仍然在紧急警报下到达莲花池，接了姚先生一同出小南门，转向芜湖的国道。在路上遇着一队日本飞机，共二十一架去炸芜湖的机场，我们汽车在中途照常开行，因为我想它决不会因为我一部汽车，来变更他原定的目标，等到我到芜湖的时候，这一队日本飞机，又在我上面回航了。

（选自《罗家伦先生文存》）

第二辑

我的母亲

我的父亲罗家伦

1932年张维桢全家合影，

前排：坐者为父亲张锡和，左一张维桢、右一幼妹张蓉珍、右二二妹张凤珍

后排左起：五弟张沅昌、三弟张沅欣、大弟张沅长、二弟张沅恒、四弟张沅吉

怀念我的母亲

父亲的诗集《心影游踪集》中的《蓼莪集》是纪念他父母的诗。集首引的是《诗经·小雅》的名句"蓼蓼者莪，匪莪伊蒿。哀哀父母，生我劬劳。"并解释说："每默诵此诗，辄潸然泪下。藐躬命蹇，九岁丧母。"他在亡母六十岁冥忌日写的一首新诗《孩子的哭声》中，倾诉了无尽的哀思。可怜他对母亲的记忆，仅限于三岁到八足岁之间的幼年时光。难怪每年他的生日，总因为是"母难日"而不愿庆祝，更因他是酉年出生而坚持那天不吃鸡。

我的母亲同样不幸，不到八岁便失恃，幼时的记忆也就更有限。她曾告诉我她最深刻的印象，是继母入门的那天，家中喜气洋洋，她也跟着热闹。直到听见亲戚说闲话，她才突然想起了自己已经失去了的母亲，幼小的心灵长期感到无比的伤痛。

比起我的双亲来，我何其幸运。母亲36岁生我，离世时她已99岁了。我直到大学毕业，从没有远离过她。老年时她又在我的家住了将近二十五年。总共加起来，我和她共度的日子有整整半个世纪。母亲走后，她起居的卧室，惯用的衣物、用具，喜爱的花木，散步的人行道，伫候我们下班回家的窗口，都令我睹物思人，徒生幻觉，好像她随时会出现在我的面前。

无情的时光，带走了我们未能为她庆祝的百龄大寿，也把她的后人带入了新的千禧年。站在21世纪的前端回顾母亲的一生，我终于渐能解开感情的束缚，配合远近去认识她的时代和经历，寻找到中国近代大历史中的一小部分缩影。

记得小时候母亲告诉我，她出生在戊戌政变那年（1898）的禁烟纪念日（6月3日），幼年正值中国内乱外患交迫、晚清政权在作最后挣扎的时代。她生长在上海县城内一个三代同堂的小康之家，有一位关心时事、热心公益的祖父，是位仁慈、公正的知识分子，待家中的女性不存偏见。祖母来自浦东，辛劳俭朴，与祖父共同治家。在大家庭同辈中，乖巧伶俐的母亲特别获得祖父母的钟爱。她是父母的第一个孩子，大排行第四，上面三个都是女孩。成长在这个环境中，她没有受到强烈男女不平等的待遇，却产生了对家庭以外事务的兴趣。

母亲正式的启蒙，是和比她小一岁的大堂弟同在家塾中开始的。记得听她说起聘请的男先生（即老师）长期吃住在家中，过年过节才回自己的家。当时他还留有辫子，每天早上梳头时，总需要学生帮忙。这种私塾里教材的刻板、教学方式的乏味，就不用说了。当时的上海，是东西文化冲突的中心地带，也是中国对外的门户。不久堂弟们进了新式小学，母亲也要求出外读书。但少数西方人办的教会女校都设在租界内，对母亲来说交通不便，学费也很昂贵，没有入门的机会。她进过几个中国人办的初级女子学校，读的是《女孝经》之类的古书，既无好的师资和新的教材，更没法让她升入新式的中学，白浪费了宝贵的光阴。当她的堂姐们一个个订婚、"出阁"时，她追求知识的欲望似乎愈更迫切。

幸运的机会终于来到。辛亥革命成功后的第二年，蔡元培和一些朋友们先在上海设立了"爱国学社"，随即便办理"爱国女学"，供社员与外界家庭中的妇女就读。这是一个中等师范学校，母亲不久便考入了国文科。可是不巧她听不懂国文老师的扬州口音，无奈只好转入体育科。当年要学这门新式科目的女子，起码要有一双未曾遭受过残害的"天足"。母亲丧母后由外婆和祖母照顾她和两个幼小弟妹，两位老人辛劳之外，没有余力坚持为她缠脚，竟让她逃过了世世代代女同胞的劫数。她有了正常健康的体格，在爱国女学能锻炼四肢，学到各种体操、球类、田径等知识和技能。两年后她毕业离校，立刻找到了一个担任体育老师的工作，初次尝到了独立的滋味，并继续为投考大学做准备。

1919年是母亲生命中的关键年。当时新文化的思潮弥漫各大都市，她在上海担任两个女子师范的体育教师工作，开始接触到文化界的各种活动。"五四"学生运动在北京发生后，上海的学生也组织起来响应。母亲曾以教师身份带着学生上街游行，也目击了罢工和罢市的社会力量。上海学生会成立后，发行了一份日报，与北方的报刊遥相呼应。编辑与撰稿的工作由四人负责，母亲便是其中两位女性之一。这些经历，显然增强了她对女性解放和平等机会的信念。

同年她在明智女校任教时，世界女童军运动发展到了中国。这个学校被选为第一个女童军团所在地，母亲是体育教员，自然就成了中国女童军总会的创始人之一。该会的宗旨是"尽量给予女童与自然界及社会实际接触之机会，以培养其生活技能，及待人接物之正常态度"，"并以'准备''日行一善''人生以服务为目的'三语为铭言"。这个组织在全国中等学校推广了多年，对女学生的课外身心锻炼，产生了很大的影响。在今天在台湾、香港等地，仍然是中等教育重要的一环。

1920年是母亲生命中第二个转折点。年初，全国学生联合会集会在上海召开，当地的会员与许多北方来的活动分子见面会谈，母亲因此认识了父亲，双方留下了良好的印象。他们从此开始通信，但那年父亲从北大

我的父亲罗家伦

张维桢1926年沪江大学毕业照

毕业后，直接前往美国和欧洲留学，六年多以后，他们才再次见面。这年母亲考上了浙江吴兴的湖郡女校，一所美国教会办的新式学堂。这时她已经是二十二岁的成人，同班有些十五六岁的女孩，英文、数学等课程的基础却比她强。但是她并不气馁，何况很快地交到了几位年龄相近的好友，互相切磋、勉励。她们的共同目标，便是要进入当时少数招收女生的大学。

1922年母亲从湖郡女校毕业，考上了上海私立沪江大学，主修政治学。这时国内军阀割据，政治混乱，"五四"运动学生的诉求，几乎完全无望。而她对于西方的民主制度的兴趣，却似乎更加浓厚。母亲是沪江第二届招收的四名女生之一，以后每年女生渐多。她具有教体育的资格，不久便被校方聘任为女生体育教员，得到四年免交学费的优待，也更增加了她独立的自信。校中男同学多半比她小了四五岁，对她很敬爱。低班的女生多半也很年轻，又没有缠过脚；母亲曾带领她训练的软式棒球队到校外比赛，与上海美国中学校队角逐锦标。

大学期间母亲做了一个决定，把她的名字从"薇贞"改成"维桢"，表示她对传统女子贞节观念的反抗。她先用"薇贞"作她的号，后来几乎不用它了。沪江大学使用英文教学，母亲在课内和课外的阅历大增，先后在校刊《天籁》上发表了关于"教会学校立案的问题""选举与民治""联邦制与中国"等评论。1924年又翻译过一本新书 *Early Civilization* 中的一章，题目是"白种人不是天生比别种人优秀论"，连载于上海时事新报的"学灯"副刊上。在课外，她也有机会听到中外名人、学者的演说和言论，包括来华访问的美国节育提倡人山格夫人（Margaret Sanger）。四年级时，母亲的一篇英文论文 *Some Family Problems of Modern Chinese Students*（《现代中国学生的一些家庭问题》），获得了本校基督家庭俱乐部论文竞赛首奖。文中她列举新文化运动所衍生的新女性思想，包括提倡小家

留美船上的沪江大学同学留影，左二张维桢

庭、离婚与解约的合理化、婚姻自主、反对纳妾、再婚再嫁的平等、已婚妇女就业和男女共同理家等迫切的社会问题。她的主张在当时可能是激进的，但她的语言却理性而温和。这很能代表她的个性与她毕生处世的原则和态度。

1926年5月，上海《东方杂志》刊载了母亲写的《英国军事专家的意阿战争观》，是分析半年前意大利攻打阿比西尼亚后的国际反应问题，由此可以看出她对国际关系的兴趣。大学毕业前，她得到教授的推荐，申请到美国密歇根大学的巴波尔东方女子奖学金（Barbour Scholarshiip for Oriental Women）。这年她和父亲的通信关系已进入了成熟阶段，父亲在六月从法国赶回上海，两人相聚数周后，终于定下了婚约。九月她与大弟

部分中国留学生于美国密歇根大学留影，前排右二吴贻芳、右三张维桢

沅长同船赴美，开始了她梦寐以求的留学生涯。

当时密大是中国留学生最多的学府之一，母亲在政治系攻读硕士学位，两学期便可结业。繁忙的功课外，也有机会认识美国的社会，并结识了不少中外朋友，其中不乏攻读博士，包括吴贻芳在内的女生。一学年很快地过去，母亲顺利地拿到了学位。由于教授的鼓励和奖学金的赞助，她很愿意留校继续深造。父亲当初虽很鼓励她出国深造，但此时已经不胜等待的煎熬，一个月间接连写了九封信要求她放弃攻读博士学位。母亲结束了暑期课程以后，于1927年9月返抵上海，11月13日由蔡元培校长福证，与父亲结成了夫妻。

婚后父母亲定居南京，母亲担任新政府国际宣传处主任，主管向外

我的父亲罗家伦

张维桢1941年访问缅甸时做英文广播

1941年张维桢与女参政议员在会场外
前左一吴贻芳、左三张维桢

国通讯社及外人在国内办的英文报刊提供咨询。这项工作对她很顺手，可是不到一年，便因为父亲就任清华大学校长而离职。在北京的两年和武昌的半年（1928—1931），母亲虽没有任职，却用功阅读英、美两国出版的新书，完成了十余篇书评，发表在《现代评论》《图书评论》《东方杂志》《武汉大学社会科学季刊》等杂志上。另外着手翻译的《世界文明简史》，则因故没有完成。她的兴趣所在，包括了政治思想发展、近代政治理论、国际外交形势等题目。

1931年父母亲一同回到南京后，母亲曾在金陵女子文理学院政治系兼任教课一年。结婚以来，她曾三次流产；1933—1934、1936—1937年怀孕期间，必须长期卧床，才得以保住胎儿，体力自然不免受损。1934年母亲生我产后不久，却离家与三位妇女代表乘船赴美国檀香山，参加为期两周的第三届泛太平洋妇女会议。会中她宣读了一篇三千字的论文，题目是"1927年来中国的经济重建"。她用数据介绍了中国在铁路、公路、民航、电信、水利、农业、社会福利、农村建设等方面的努力与成就。特别提出日本占领东北三省带来的伤害，以及中国自强不息的决心。记得母亲曾告诉我说，一位与会的日本代表小泉女士，当面流泪表示对日本军国主义的深切痛恶，会后还有一段时间与母亲保持联系。

1937年卢沟桥事变时，妹妹久华才生了不到四个月。八月母亲便投入了首都成立的"全国妇女抗战后援会"的捐款工作，在各大都市获得了热烈的响应，不久募到一百多万元的现金，及无数的衣物、医药等实用品和金银珠宝，其中包括了父母亲的结婚戒指和零星金质首饰。日军逼近南京时，父亲留下主持中央大学西迁的事务，母亲带着一家数人先往汉口。十月她参加"汉口妇女抗敌后援会"的工作中，除了捐款，还有劳军、缝军衣和救济孤儿与流亡儿童。1938年三月"中国战时儿童保育会"成立，由宋美龄担任理事长，母亲是理事之一；政府撤退到重庆后，她担任的是

我的父亲罗家伦

我的母亲

1934年8月，张维桢等中国代表团四人参加在夏威夷檀香山举办的第三届泛太平洋妇女大会合影

前排右四张维桢、右六高君珊（商务印书馆元老高梦旦长女）

歌乐山保育院的工作。后方的六十多所保育院，抚育、教养了数万名战争孤儿和难童，让他们走出浩劫，得到教育和就业的机会而成为有用的人才。记得一次很多保育院的儿童害了夜盲症，母亲急忙去请教她的好友营养专家陈女士。回来她让厨房管事人购买价钱比较低廉的猪肠，同黄豆一起煮了给孩子们吃，几天以后便见生效，所以我们家有时也吃猪肠烧黄豆。还有一个姓徐的保育院男童，对母亲发生了深厚的感情，大小事总要当面或写信和她商量，特别是他立志从军而年龄不够标准的问题。母亲力劝他先安心读书，过了几年他终于正式获准入伍，上火线前还特地来向她辞行。

1938年母亲撰写的一篇《爱护民族生命的萌芽》（见本书234页）和英文稿《战争中的妇女》，都是为了唤起国内和国外对中国全民抗战的同情与支持。1941年母亲被选为国民参政会参政员，加入的是外交委员会。当时滇缅公路是中国的重要生命线，而日本向东南亚诸国宣扬所谓"东亚共荣圈"，来阻挡中国对侵略的抵抗。为此国民参政会组织了亲善访缅团，由蒋梦麟带领，母亲是八位团员之一。在英属缅甸的首都仰光和其他城市作九天访问时，母亲代表中国妇女对当地团体作过三次英语演说。最正式的一次讲题是"中国民主体制下的女权"，介绍了中国妇女地位的演变，以及近年来她们的努力和成就。临行前她又在无线电台向缅甸人民广播，特别强调抗日战争中，中国妇女的牺牲也是为了打败日本帝国主义在亚洲奴化女性的阴谋。母亲从缅甸回家时，给我和妹妹带了两个皮球。这是当时难得的玩具，令我们兴奋了很久。

这年我们家从歌乐山搬到小龙坎，为的仍然是避免日本轰炸的直接威胁。除了国民参政会定时开会外，母亲还主持后方女青年的训练、辅导工作。抗战初期，父亲任中央大学校长时责任重大、事务繁忙，经常住在校内。卸任后他前往西南和西北考察，接着在新疆任职两年，也很少长期在家。因此母亲一人，担起了大部分治家、照顾我的学业和妹妹的病痛，与担任公职的担子。当时重庆郊外没有水电设备，进城上下班交通不便，更谈不上电话联系。尽管家中总有亲戚或友人合住、照应，但每逢晚上母亲在城内有事或开会不能回家时，我在黑夜中的不安全感，多年后还有回忆。对母亲来说，那种心悬数地、早晚奔波的生活，自然是备尽辛苦的。幸好她人在中年，能有足够的精力和毅力，平安度过了这些困难的日子。

这时期母亲的妇女工作，范围虽然有限，目标一方面是促进男女平等的立法和设施，另一方面是宣扬抗日战争中国妇女的贡献和重要性。每年国际妇女节，她总会用撰文和演讲的机会，唤起国内和国际社会的注意。1944年3月8日她在对国外的英文广播中，列举了中国妇女团体在战争爆发以来对救护战士、辅导伤兵、保育难童与孤儿的成绩；特别指出在大批青年男子抗敌伤亡，或长期在前线服役时，劳动妇女对建造公路、机场，从事耕种收割的辛劳与贡献。她告诉听众说，在缅甸沦陷前，建筑滇缅公路的工人中，有五分之一是女性。

抗日胜利后我们全家回到南京，母亲除了修整残破的家园外，仍然继续参政会和女青年处的工作。1946年的制宪国民大会中，她是妇女界代表之一。1948年她在原籍江苏省当选立法委员，对实施宪政后女性公民权益的巩固与推广，抱着新的希望。可是那时父亲已出任驻印度大使，母亲延期到达新德里后，给父亲的外交工作带来很多帮助。这也是她胜任愉快的工作，可是只延续了一年多便告结束。在台湾母亲曾在淡江文理学院教授政治学和中国近代史，直到父亲的健康状况的减退而终止。

退休后的母亲生活俭朴而有规律，除了阅读书报外没有特别的嗜好。一本字典永远在她手边，看过的书内时常留有画线，国际新闻也永远是她的注意力的焦点。来美国以后，每四年的总统选举对她最有吸引力，总共看过六次白宫更换主人；特别是能在电视上看到大量的节目，像是活

1993年95岁生日的张维桢接受远地亲人送花

的政治演义。1991年波斯湾战争时,首次出现了战场实况电视直播,大家都看得瞠目入神。年过九十的母亲,对世事大概已看得比较透彻,仅淡淡地说,"看样子世界大战不会打起来的。"经历过兵荒马乱的老人,此时已不再担心了。

母亲是一个从旧社会走出来的新女性,她的前半生,可以说是一个有志竟成的见证。她所遭遇到的机会、挑战、压力和困境,直到现代还是女性面对的现实。她早年坚信女子独立的原则,在适婚的年龄,她不理会外界的压力,也似乎没有寻找"归宿"的念头。在那个时代,无论在中国或是欧美,不少女性在面临婚姻和职业的矛盾时,往往会选择独身。母亲的好友中,多数终生未婚或无子无女,才能全心全力地从事她们的事业。当年母亲如果没有父亲苦苦追求的话,很可能是不打算结婚的。但是她并不是一个激烈的女性主义者,也从不对人说教,只是执着男女平等,终生不渝。她的性情比较内向,不随便流露感情;对家人、朋友关心、爱护;克己而待人以宽,处世讲求原则。因此无论在什么环境中她都能安然适应。她从不讲究穿着和饮食，不留心时尚，生活力求简单、实际。一般认识她的人，不分中外，都称颂她和蔼、温文的仪表和谦逊、典雅的风度。

我和母亲共同生活数十寒暑，后一半更能晨昏定省，是多么难得的恩遇。回想那些年我们三代同堂的生活，平淡、融洽而温馨。她关注国际新闻，每天早餐桌上总会与女婿讨论时事。她看着两个外孙女长大，从谈笑中表现她亲切的爱护和关心，隔代产生了深厚的感情，连她们的同学、朋友，也统统称她为"婆婆"。1991年小外孙女张一娜第一次出书，书名是《美国南北战争中的女性》（*Women in the Civil War*），得了那年华盛顿州州长颁发的"最佳青年读物奖"。那本书的首页写的是："献给我的外祖母"。母亲把我们的朋友当作自己的忘年交，乐意参加我们的各种活动；每年她的生日，总有友人发起为她举办聚餐庆贺。1987年她九十寿庆时，朋友们特别准备了精彩的余兴，包括相声、唱歌、贺诗朗诵、京剧清唱，说笑话等节目。直到晚年她仍然每天独自出门散步，除了尽情欣赏路边的花草外，还能和邻居老小闲话家常，这样多年来维持了无病无痛的健康。她经常利用自家园中的素材，包括女婿种的"樱桃番茄"，插入大小的花瓶放置在每间房内，为我们的生活增添了许多情趣和美感。她节俭成习，缝补自己的旧衣外，还找机会为家人服务，平日起居也大半能够自理。

几十年下来，我对母亲的了解增多，向她学到的地方仍少；然而耳濡目染，总受到一些感召。我学到她的俭省，也不喜欢与人较量。我不轻易在人前流泪，因为她的祖母曾教她要"硬气"，不用眼泪当作女人的武器。她对我的学业、交友、婚姻、职业、治家、教养孩子，从未表示过反对、予以批评或干涉，所以我对待自己的女儿，也努力学她的榜样，并尽力去了解新的事物和观念，以避免代沟的形成。我更希望永远能像她一样，以坦诚的平常心对待一切，无怨无憾地走完人生的道路。

张维桢 著　罗久芳 译

现代中国学生的一些家庭问题[1]

（私立沪江大学基督家庭俱乐部英文论文竞赛首奖
刊于沪江大学学生月刊1926.1.1）

1．新思想的影响

女子教育是十年以前才在中国起步的。在那以前，女子教育主要着重的是家政学。后来社会舆论逐渐地认识到，只有受了教育的女子才能提高做母亲的能力与资格。新文化运动开始后，男女平等的原则得以建立。作者清楚地记得，十二年前当她在高小读书的时候，时常唱的一首歌里有这么一句：

　　　　自由平等不要谈，家庭改革唯我责。

我们课堂里听到的经常是"三从四德"的古训，却很少听到有关它的讨论。终于，新文化运动提出了"妇女解放"的口号。

---

[1]　此论文获奖后，母亲给在欧洲留学的父亲寄去，父亲读后大为赞赏。（见留欧情书第23信）　——久芳注

2．"小家庭"与"大家庭"之争

"小家庭"指的是西方式的两代家庭,其成员只有父母和子女。"大家庭"指的则是中国式的,包括两代以上多个婚姻单位。在争论中双方都举出了有力的立论。1922年华东高等院校英语辩论会中,主张"小家庭"的结论说:"独立的家庭可以将新婚女子从婆母的奴役下解放出来;保证新夫妇的财产权益、养育子女的自主权和对子女关爱的专注;赢得子女的感恩与感情。当子女成长进入社会时,他们可以不必听从没有实际现代经验的父母,而自由地寻找自己的路途。"

"大家庭"制度的长处有以下几点:第一,它能培养合作与分工的精神。第二,它重视孝道、礼貌、敬老等传统伦理。第三,它能对年老和贫困者有所照应。最后,家族的源流得以延续,对后代有所启示。

诚然,双方的立论都有缺点。但无论如何,中国的学生已经觉悟到改革的必要,至少"大家庭"制度必须要修改。"五代同堂"在蜕变后的经济生活中已不能存在。不久的未来,大量的学生和其他的社会成员必定会采取"小家庭"的制度。但是,开明人士也主张尽量不放弃旧制度中的优点。正如胡适博士所说:"新夫妻应该有自己的家,可是为了照顾父母与公婆,应该住在附近。"

3．离婚与解约

这个问题的范围,在此仅限于由父母的安排,而未获得子女同意的婚约。新文化运动开始后,这个问题已经引起了广泛的讨论与争辩。一般的结论是,一个有教育的女子与一个无知,而特别是无德男子的婚姻,只要一方面提出,便应该离异。这个男子不会因此地位受损而失去再婚机会。但是当一个受过教育的男子有一个没有受过教育的妻子,多半论者都反对处于优越地位的一方要求离婚。理由是在现今双重道德标准的情况下，离婚的女人是没有希望再寻得快乐的。所以有受教育机会的男方若提出离婚，使不幸的妻子永远不能快乐，是违反伦理的。何况问题还有可能解决，因为年轻的已婚女子要受教育并不迟，而且已有很多成功的例子。这方面在中国传教工作者的贡献是不可忽视的。浙江省湖州和宁波的两个"母亲学校"便有不平常的成绩。沪江大学的基督家庭俱乐部也特别关注这个问题，协助解决了不少男同学的困境。

至于解除旧式的指定婚约，必须从另一角度来讨论。最好的方法当然是，由父母帮助少男少女互相认识，减除隔阂，而避免解除婚约。如果此法不能实行，而双方之一不愿意结婚的话，遵守婚约是冒险的。去年秋天我校一个二十岁男同学的不幸自杀便是一个警告。他的日记告诉我们，他的不快乐的婚姻是他轻生的主要原因。

4．自主的婚姻

自主的婚姻是现代教育及其他自由思潮的共同目标。无可疑问的，处于这样剧烈转变下的青年，在观念和行为上，也最需要指导。当今我们中华民族在这方面没有经验；我们的风俗和传统上没有婚前男女交往的楷模可循。青年男女经常遭遇到尴尬的处境，滥用自由也常出弊端。那么"男女授受不亲"应该继续吗？当然不应该。我们需要的是适当的调整及合理的解决。以下是一些可行的建议：

（1）学校教育应该着重正确的男女关系。

（2）崇高的道德理想应该在年轻人心目中推广。

（3）自由选择，加上父母或长辈的指导非常重要。

（4）必须让青年男女有适当的途径互相往来。

（5）不要作出轻率的决定。

（6）发展明智的舆论来发挥社会的约束。

5．纳妾的陋习

在中国历史发展中，现今确是一个独特的时代。在我们的社会里，既有非常开明、进步的，也有落后、不文明的成分。

现代的学生强烈地摈弃"三妻四妾"的制度，通常只听说腐败的"督军"、官员、有钱的商人和守旧分子才会纳妾。可是"一夫一妻"的新观念并没有在知识阶级生根。许多受过教育的人纳妾的理由是，他们一向不满意他们的妻子，而又没法离婚。现在自主婚姻逐渐实行，将来这个陋习一定会自然地消灭。

此外还有另一种现象，就是大学毕业生及归国留学生，虽然有了自由选择的婚姻对象，后来成了富商或高官后，也会去纳妾。更奇怪的是，这些人的妻子，当年在校时曾经公开抗议这种社会恶习，现在竟然对此异常的容忍。

6．寡妇和离婚女子的再婚

虽然古人说"寡妇再醮不毖礼"，但除了在社会最低阶层外，再婚在中国是禁忌的。我们的圣贤学者一向着重"贞操"观念，甚至于死去了未婚夫的女子，也必须终生不嫁。世世代代不幸的女性，受到各种枷锁的压制，到今天共和时代，鼓励这种风俗的荒谬的法律仍然存在。这些直接违反了民主原则的双重道德标准，是应该受到攻击的。

"贞操"这个理论，如果要保留的话，必须对男女一视同仁。不然，寡妇和离婚女子再婚，应该与鳏夫和离婚男子再婚同样合法而正大光明。要实现这项及其他许多改革的方案，学生阶级应该负起开拓者的任务。

1928年送别张维桢北上（前为张维桢）

7．已婚妇女与经济问题

妇女经济独立这个理论，是要减少妇女"性"的属性，而加强她们作为社会服务者的使命，使她们能对人类的事业，与男子并肩担负起责任。这里没法多阐扬这个学说，只能涉及到目前最重要的实际问题。

最近十年以来生活水准大幅提高，而教育界和其他学术界的薪给并未同步上升。没有产业的家庭，生活都比较艰苦。一般来说，在校的女学生的生活水准往往比家庭主妇的高。在这种经济需求下，受过教育的已婚妇女应该在家庭以外寻找合宜的工作。这样的妇女，为什么不放弃悠闲的生活，用她们赚钱的能力来增加自己和家人的快乐？整天在家抱怨诉苦又有什么用呢？

有人说，就业后妇女将会忽视了做母亲和主妇的责任。的确，每天八小时的工厂工作或其他辛苦的劳动可能会产生这样的情况。如果担任半日教职，或是文书工作，不至于有此后果。何况在中国，大半中产阶级家庭均有一个以上的佣工，或是有婆母在家可以主持家务。上海和北京的年轻妇女，生活往往比她们的女性长辈轻松，因为她们能在市场上购买一切用品，价廉而物美。结果赌牌和看戏愈更成了她们消遣的方式，看电影也很风行。

最后要说的是，中国将有大批在婚前能思想、工作，经济独立，自力更生的女性出现。这些人之中，自然有人不愿被家庭所束缚。即使她们不需负起养家的职责，也并不想要经济独立，他们也可能希望在兴趣和专业的领域中，在社会上得以发挥自己。

8．家庭中的男人

这里作者必须谈一谈男性作为丈夫与父亲的观念。在过去的思维里，他是一家之主，参与日常家务，或照管子女有损他的男性尊严。在西方，这种观念也很平常。W.Goodsell夫人在她的《家庭：一个社会与教育机制的历史》书中说："毫无疑问的，以往男人和女人过分着重他们之间的性别，因而造成了有害的后果。"在中国，这个观念的不良后果之一，便是父亲和子女（特别是女儿）之间不易产生正常的感情。

现代年轻男子为了孩子、妻子和自己，应该积极关心、参与家庭事务。有人时常抱怨家庭生活不理想，因此出外寻找乐趣。他们为什么不与妻子合作，一同创造一个美好、富于乐趣的家，一同来享受？只要他们愿意对家庭付出适当的时间，他们的生活一定会更加均衡，更加幸福。

张维桢

爱护民族生命的萌芽

我们神圣的民族抗战发动以来，已经十个月了。目前作战的区域，已经扩大到九个省份。我们前线二百万以上的忠勇将士，在这十个月之中；浴血抗战，壮烈牺牲；其精神之伟大，真是历史上所罕见。近两月来，鲁南的大胜，以及山西和江南的屡挫凶锋，已经为我们最后的胜利奠下基础。但是凶猛的日寇，此时决不会悔悟，他们正倾着全力，变本加厉的继续其侵略战争，还在为达到征服我们整个民族国家的迷梦，作最后的挣扎。在这生死存亡的关头，我们前线将士固（姑）且不知道要牺牲多少， 我们战区的同胞，更不知道流离颠沛到什么程度。其中最痛苦而又最经不起摧残的，就是儿童。

自从去秋抗战以来，我们的儿童直接间接为暴敌所杀害的，不计其数。在这样广大的战区之中，那些幸而免死于炮火和刺刀之下的，也是饥寒交迫，困苦不堪。最悲惨的是许多儿童在这种离乱之中，还失却了父母。在战线附近的逃亡途中，有许多父母为炮火所牺牲，或是被敌人掳去，而留下孤苦无依的儿童，在荒山旷野之中，寻草皮来充饥饿的，到处都是。有的是因炮火迫近，情形危急，在慌乱之中，把孩子遗失的。有的是因渡江登车时的拥挤，而把小孩和所有的东西一起失掉的。更有惨绝人间的事，有些父母无力顾及所有的孩子，在万分悲痛之中，只有忍心丢去几个的；又有在危急存亡的时候，大人看到暴敌的残酷，不愿自己的子女，落在敌寇手上，而把子女投江弄死的。有一对夫妇在津浦路上，带着两个弱小的孩子和一只留着活命的箱子，妻子怀着孕，在颠沛流离的逃亡途中，眼见离安全区域还是很远，而大人小孩都已筋疲力尽，遂万分忍痛的决定由丈夫设法，把一个孩子丢下，以保全其余四条生命。丈夫硬着心把孩子一丢，孩子哭起来了，他不忍又回去。这样几次三番的丢了又回去看，他到底受不住这可怜孩子的悲号痛叫，毅然决然把孩子抱回，而把所有的东西丢下了再走。在武汉的难民收容所中，发现许多男女难童，不是由父母或亲属带来的，乃是由同路逃难之中的不忍心的人，看见这些失了依恃的儿童，在路旁饥寒交迫，呼爷叫娘的哭泣，起了恻隐的念头，情愿牺牲自己的行李，而把他们带出来的。

这些不幸的孩子们，若不赶快设法救济，即会饿死病死。孩子们无罪无辜，遭此惨绝人世的苦难，从人道主义的立场讲，即便不是同胞，也当相救。大战时英美的人士何等热心的援救法比的儿童。西班牙内战发生后，英国的慈善团体，把许多可怜的西班牙儿童，从战区救出，送到英国去收养教育。何况目前各战区中，成千成万的遭难儿童，都是我们同胞的子女，这其中说不定更有我们亲戚和朋友的儿子女儿，我们安忍坐视不救。

自从淞沪首都失陷以后，万恶的敌人，在其占领区域之内，奸淫烧杀，充分发挥其兽性，还不满足，更把我们的儿童掳掠到日本，去当他们的奴婢，或是施以奴化教育使其忘却这不共戴天之仇，认贼作父，于长大以后来攻打自己的祖国，屠杀自己的父母骨肉，暴敌这种手段是何等的毒辣，何等的可怕。所以在国家民族的立场上讲，我们更应当尽力救护这些不幸的儿童，因为他们是国家未来的一部分的主人，民族复兴的后备劲旅。我们为抗战建国，对这班遭难的儿童，不但是要救护收养他们，使其强健长大，更要教育他们，锻炼他们，使其成为有能力而有志气的健全国民，以继续担负开拓我们国运的艰巨工作。

　　这项保育战时被难儿童的组织已于三月十日由宋美龄女士主持，在汉口正式成立，其名称为中国妇女慰劳自卫抗战将士会战时儿童保育会。各地分会正在次第成立。暂定收容儿童二万名。总会成立后即派人分赴各战区，收罗被难儿童。第一批儿童五百名，已于四月初由郑州带到汉口同仁医院原址临时保育院收养。自从此项消息传出后，许多救护机关自动的把所收的难童，送到汉口保育总会，以致汉口的临时收容所，早已人满之患。四川分会于总会成立时即开始筹备。已于四月二十四日在重庆正式成立。最感困难的重庆第一院院址，亦已觅得，正从事布（部）署中。第一批儿童不日即由汉口送来重庆，作长期收养。

　　经费问题，除中国妇女慰劳自卫抗战将士总会所拨二万元作为开办费外，其余均赖捐募而得。目前最大部分费用，尚无着落，据总会规定，每一儿童每年费用为六十元，则二万儿童每年经费，即需一百二十万元，开办费及院址建筑尚不计。战争延长，战区扩大，则名额自须增加，经费更须扩充。国家在抗战期间，军用浩繁，此等事业全赖后方稍有余力的人士，本其爱国家，爱同胞，爱孩子的热忱，设法捐助。

　　在后方中产阶级以上的家庭，以及逃难到后方而还有一些余力可以帮助被难同胞的家庭，都应当节衣缩食，多多捐助，有子女的人们，看到自己孩子们的可爱而有（又）幸福，应当想到那些不幸的孩子，何等可怜。再想一想去年此日，那些不幸的孩子们，也有父母的疼爱，也有家庭的保护。安知明年此日，我们自己亲爱的子女，绝对不会遭逢此人间浩劫。我们此刻有一分力量，能救助人家的子女，便当用去（起）来。万一我们自己的子女骨肉，以后也不幸而遭此苦难，我们自然希望人家能加以援救。至于自己没有孩子的人们，因为他们的负担较轻，更当多出力捐助。我们更奉劝后方优裕的家庭和没有孩子的家庭，能普遍的各自收养这些被敌人所害的难童，作为自己的儿女。这种想法，是值得提倡的。

中国社会固然贫乏，捐款箱这种事业，固然不容易。但是在我们贫乏的社会之中，冤枉糟塌的金钱，也实在不少。把全国一年迷信所费的钱——造庙的钱，大出丧的钱——来救养十万二十万难童，是轻而易举的事。中国旧社会重孝，所以注重养老，而慈幼事业，并不发达。以国民政府建都的南京市，有一个时期，市政府所属的育婴所，是一所破烂不堪的旧屋子，而养老院却是一所新建的钢骨水泥的洋楼，老人住了洋楼，不能随处吐痰抽烟，颇感不便。婴孩住在破屋之中，阳光空气不足，健康发育，俱受影响。后来对调居住了，我们实在觉得各得其所。我们并不反对敬老养老，但是老人的日子是有限的，儿童的前途是无穷的。何况这次收养战区儿童，不只是慈善事业，是为国家的前途，是培养爱护我民族新的萌芽。

载自《新民族》二十七年五月九日第一卷第十一期（发表于1938年）

张维桢

中国妇女在战时和战后的地位

在这次神圣抗战的过程中，除了执干戈以卫社稷的将士而外，牺牲最痛苦最深的恐怕就要算妇女们了。说到我国被牺牲和受痛苦的妇女们，我们不能不想到沦陷区的女同胞和为抗战伤亡将士的家属。在每一处庄严国土沦陷的时候所牺牲的生命以妇女为最多，事属惨痛，不必细说。至于抗属的妇女，或因父兄战死，或因丈夫和儿子阵亡，遂致家庭的责任，尤其是抚养幼弟弱侄，孤儿稚孩的责任，都一齐落在妇女的身上。或者当从军的父兄丈夫或儿子带伤归来或是成了残废，则妇女们不只为家，而且为国，也还要负起看护或是谋生的责任。

除此而外，还有值得我们钦佩和同情的，就是劳动妇女。这不仅是职业劳动妇女，并且有许多应征和应命从事战时工作的妇女，为都市里的人所不曾注意到的。我们试到各省农村或公路旁看，便知道从事于农村增产工作的，妇女实占多数。重要公路旁边，更有许多妇女在做修路或养路工作。如当年国际输血管的滇缅路上，不少缠足女子，天天走到二千多公尺高的天子庙坡高峰，打碎石子铺路，就是最大的证明。

更有知识妇女在战时因为义务的感觉和生活的压迫，都出来工作了。她们在外工作不算，回到家来，还有料理家事和抚养子女的重累，往往因操劳过度或营养不足的关系，弄到憔悴不堪。

所以现在谈妇女问题的，千万不可以小数点零零以下的豪华妇女做对象，并且藏着战前"花瓶"观念在内心，来以讥讽的口吻，妄概一切。我们要认识最大多数的劳苦妇女，在这次神圣抗战中的地位和贡献。

当今胜利虽已在望，我们妇女同胞自应更再接再厉，为国家民族，把最后的胜利夺来，因此本身的知识和训练必须积极的加强和充实。我们要为抗战工作而努力，并且要为建国工作而奋斗。宪政实施的时候，我们必须密切注意，不可忽略了我们应有参与问政的义务和权利，以解除我们二万万二千五百万女同胞的痛苦，并谋增进全民族的幸福。

同时我们要请国家对于女子的教育和训练从速推广和提高，对于女子的参政义务和权利，也应当扶植和重视。我们大家都要赶上时代，万不可开反时代的倒车。

半身不遂的民族，是不会进步的。男女在同一国家中，当为车之双轮，鸟之两翼，扶着整个的民族和国家，以达到富强康乐的理想境界。

（发表于1944年3月8日）

我的父亲罗家伦

罗家伦与张维桢1966年于台北

百年父母与千年文物

　　我的父亲喜爱字画、文物，与他早期的家庭环境和教育很有关系。我的祖父生长在文风很盛的绍兴，除了作诗、练字外，也爱画梅花。父亲虽不作画，但读诗、写诗和写字都是他终生的嗜好。他在少年时代，就曾经把自己的一首诗写在扇子上，送给同住南昌的小朋友尹仲容先生。几十年以后他们又同在台北，尹先生还能把这首诗背诵出来。中年以后，父亲在书法与新、旧诗创作上的功力和信心大增，有人向他求字时，他总毫不犹豫地挥毫写他自己的诗；经常每次要写许多条，直到手腕酸痛为止。

　　父亲在欧洲游学的时期，是他对收藏文物发生兴趣的第二个阶段。他在许多博物院和图书馆里看到大批19世纪从中国掠夺得来的文物和档案，感到非常痛心，产生了对文物的珍惜之心。他自己还从旧书店买到一件太平天国十一年李秀成的公文，以及"道咸之际外交公牍"多种。从那时候起，他便决心从事收集史料、研究中国近代史的工作。

　　第三个阶段，是他到北平担任清华大学校长的两年。那时故宫博物院成立不久，他受聘为文献审查委员，看到不少宫中惊世的收藏，眼界大开，也开始了他和故宫四十年的关系。他结识了一些故都的艺术家，如陈衡恪和齐白石等人士。琉璃厂的旧书铺、古玩店常使他流连忘返，但他鉴赏的经验和经济能力都还不够。

第四个阶段是父亲于中央大学的十年。这时期他除了关注中大艺术系的发展外，并与校内和校外的画家，如徐悲鸿、张善子、张大千、高剑父、谢稚柳、傅抱石等人，结下了很好的私人交谊。1935到1936年间，他还参与了故宫文物首次出国到伦敦的展览，以及故宫在南京建造保存仓库的决策工作。

在这个时期，父亲对石涛的作品发生了十分浓厚的兴趣。"七七"事变发生后，他到安徽屯溪去查看中大实验学校的新址时，第一次看到黄山，想起他收藏的一幅石涛画的黄山山水，当即写下了一首诗以志纪念。他在离开中大不久，曾经为傅抱石教授编著的《石涛上人年谱》写了一篇一万多字的序，题目叫"伟大艺术天才石涛"，代表了他多年欣赏、研究的心得。他不但钦佩石涛在诗、书、画三方面的成就，更推崇他在中国艺术理论和哲学领域的贡献。

第五个阶段是抗战末期。父亲先奉命到西北各省考察建设，然后继续在新疆任职共两年多，因此有机会游历沿途的古迹，观赏西域的文物。收藏中的佛经和佛教人物画，都是在这个时期历经辛苦收集到的。

最后的一个，也是最重要的时期，是从抗战胜利起，直到在台湾初期的十年左右。战后从东北和江南一带流散出来的字画很多。父亲在印度担任大使时，每次回国开会或述职经过香港和上海，总有机会看到一些精品。后来从日本、香港和大陆流到台湾市面的文物也不少。他收藏的五件清宫旧藏，包括有"赏溥杰"标注的"元人合笔陶九成竹居诗画"卷，大概都是这段时期得到的。

父亲曾经把一些珍爱的字画送到日本由专家重新裱装，对几件特别欣赏的作品也作过仔细的考证和研究，并撰写题跋，裱在画卷后端。除了"竹居诗画"后面的长跋外，还有赵孟頫的"兰亭修禊图"和石涛的"自

我的母亲

1998年罗久芳为父母扫墓

写种松图小照"后,各有两篇跋与志,足见他在这方面所下的工夫。

从1929年起,父亲历任国立故宫博物院和中央博物院理事。到了台湾以后,他更是关注文物保藏的工作,经常去查看库藏,与多位故宫的同仁建立了长期的交谊。为了1961年故宫古艺术品赴美展览,以及出版《故宫名画三百种》的甄选工作,父亲都曾积极参与,并且为英文版的《故宫名画三百种》写了一篇介绍中国艺术欣赏的序文。

父亲暮年最感到兴奋的有两件事：一件是参加了王世杰、那志良、张万里三位先生编辑《艺苑遗珍》书画集的筹备工作。这七大册精装的书画集,搜罗了大批台、港及海外私人收藏的精粹。这样规模宏大、印刷精美、而由私人发起的出版,在当时确是一项创举。第二件是他从头参与故宫外双溪新馆的兴建,能亲眼看见它完工开幕,并继续担任管理委员会常务委员,直到他生命的终点。

最后特别要提到的,是母亲几十年来协助先父保护文物不懈的努力。无论是装箱、搬迁、防潮、去霉，她总是任劳任怨，尽心尽力，数十年如一日。我们全家各个成员，也都能秉承爱护文物的家训，负起了应尽的责任。

　　1978年，母亲曾经与王世杰、张群二位先生联合捐赠给台北故宫博物院一批"明清之际书画"，以补足清宫收藏之阙。二十三件书画中，五件是父亲喜爱的石涛、石谿与八大山人的卷轴。1996年，台湾为纪念先父百年诞辰举办活动，98岁高龄的母亲，毅然决定将家中保存的45件书画，再次捐赠给台北故宫博物院。12月21日冥诞当天，我们姊妹、我的长女和当地亲友们，参加了在该院大礼堂举行的隆重纪念会，听到几篇精辟的学术演说，更参观了全部45件赠品的特展。为此该院书画处编印了精美的《罗家伦夫人张维桢女士捐赠书画目录》，包括了全部图版与详尽的说明。

　　这次捐赠字画的同时，母亲也嘱我们将父亲早年在欧洲购得的全部原始史料两包，捐赠给故宫博物院图书文献处。这些一百多年前的文书，早已破损不堪，必须经过裱背、修补和鉴定，才能成为历史研究的材料。经过故宫专家们两年多的辛苦，这批文件终于得到了再生，并收藏在有空气和湿度调节的文献典藏库房内。1999年12月台北为澳门回归举办的"沧海桑田——澳门史料特展"中，便有从这批档案中选出的几份文件。2000年7月《故宫文物月刊》首篇刊载冯明珠女士的《千仞之冈，始于培堘"道咸之际外交公牍"入藏记》，是一篇文图并茂的介绍，题目便是引用父亲勉励史料寻访者所说过的话。

第三辑

父亲与师友

父亲与钱锺书

多年前,夏志清先生发表了一篇文情并茂的文章《追悼钱锺书先生》,由此我才认识到钱先生的才华学识,同时更惋惜他所遭到的"厄运"。1978年起中国大陆渐渐对外开放,文艺界的真确讯息也逐渐传来,例如老舍、袁昌英的死、俞大纲以及傅雷夫妇的自杀,沈从文和钱锺书的幸存,都引起了海外华人的关注。随后我又读了钱夫人杨绛女士所著的《干校六记》,使我更感觉到,能够度过"文革"这样岁月的知识分子,确实是劫后余生。

1979年春,中国社会科学院首次派代表团访问美国,知名度较高的两三位成员中便有钱锺书先生。他们在各地的访问活动,美国几家中文报纸都竞相报道。五月十六日的纽约《华侨日报》,便刊载了署名汤晏的一篇《钱锺书访哥大侧记》,其中有两段因为涉及先父与钱先生的师生关系,特别引起了我的兴趣:……中学毕业后他考取清华大学,据邹文海《忆钱锺书》(传记文学创刊号)一文中说,他之进清华有着不很寻常的经过。"因为他算学零分,按例不得录取,而罗志希校长因他英文特优,所以力争破格准其入学。"

在座谈会上也谈了一些他早年的掌故,有人问他当年考清华时,他数学零分,但英文特佳而破格录取,确否?他回答说确有其事,不过他说:"我数学考得不及格,但国文及英文还可以,为此事当时校长罗家伦还特地召我至校长室谈话,蒙他特准而入学。我并向罗家伦弯腰鞠躬申谢。"最后钱氏补说了一句他是一个反动者(Reactionary),此语一出引起哄堂大笑。

父亲出任清华大学校长时(1928—1930),我尚未出生,以后也未曾听到他谈起这位有名的学生。但是几年前我在整理父亲的遗稿时,偶然找出写在荣宝斋仿古信笺上的两封信和十多首旧诗。细读之下,发现这位自称"门人""受业""诗徒"和"诗弟子"的作者,便是钱锺书先生。

第一封信的日期是1934年1月8日。当时钱先生已从清华大学毕业,在上海光华大学任教;父亲则已离开了清华,在南京任中央大学校长。钱先生因为收到了父亲寄赠的一首新诗,专诚回信表示谢意和欣赏,并以"喷珠漱玉"和"脱兔惊鸿"来赞誉父亲的诗和书法。此外钱先生又写了一首七绝作为回赠:

快睹兰鲸一手并　英雄余事以诗鸣
著花老树枝无丑　食叶春蚕笔有声

这首28个字的七绝诗,包括了至少三个典故,钱先生特别加了一页注释,阐明"兰鲸""老树"和"春蚕"的出处。另外他又抄了早两年间所作的十首旧诗,一并寄给父亲,谦逊地附了一笔:"庶生小巫滥竽知耻辄复写呈数首覆瓿投厕唯师所命。"足见钱先生对父亲的景仰和渴望师生间交流之切。

钱先生的第二封信当在同年2月23日,是为了把他的新作《论师友诗》绝句八首寄给父亲看,又客气地说"录奉一笑不足为外人道",并且说明第一首是论陈衍(石遗)先生,第三首指的是吴宓(雨僧)教授,第二首则是上次赠送父亲的《快睹兰鲸》。这八首诗多半都加小字注疏，可见引用典故的丰富，以及"非注莫明"的困难。钱先生的深厚国学基础和诗词书法方面的造诣，更是跃然纸上。

　　至于父亲当初寄给钱先生的是哪一首新诗，这两封信中并没有正面提到，但也不难找出一些线索。父亲自从"五四"时代投身新文化运动之后，一向用白话文写作，在"文学的国语"方面建立了他独特的风格；在新诗的领域内，也作过不少尝试。他从大学时代到游学欧美六年中，以至抗战初期国破人亡的局面下，写过不少新诗和歌词，收集成一本《疾风》集，于1939年在重庆出版，以后父亲则渐渐改写短诗，"以绝句遣兴"。1956年选出旧作总共分成八集，手抄影印出版，题名为《心影游踪集》。其中收入的少数新诗中，《玉门出塞歌》后有这样一段叙述：

　　　　此歌作于民国二十三年。自九一八后，国难愈迫，悲愤难言，常谱笳声，而励士气。同时复感西域危机，不让东北，爰借出塞之歌，以报天山之警。是时也，余不特未曾至新疆，即陕甘亦非吾履痕之所及。塞外风光，不过童年想象中之遗痕耳。

这首诗于同年由李惟宁教授谱曲，从此广传全国。

　　据我的推测，《玉门出塞歌》可能在1933年底便已成稿，父亲随即寄予钱锺书先生切磋。钱先生的第一封信表示激赏，第二封信又重申"夫子见其不少假借便知快睹一首绝非过谀足以取信于天下也"，可见所指的不是一首纯粹抒情诗。1月8日的信尾"诸祈为国为道珍卫"几个字，似乎也反映出父亲这首诗中的忧国情操。相形之下，初出校门的钱先生住在上海，亦承认自己新近发表的诗"皆絮絮昵昵儿女之私"。

　　钱锺书先生考入清华大学时只有十八九岁，那时父亲也刚三十出头。校长和学生只有一年同在北平，但在校园里便发现了对文学的共同爱好。几年以后，一个陆续写自由式的新诗，一个常作典雅的绝句，但是他们仍能互认知音而互相勉励。这两封信和十数首诗，逃过了半个多世纪战火和迁徙的劫数，完整地保存到今天，岂不是一件耐人寻味的佳话？

我的父亲罗家伦

快观兰鲸一手挈英雄
馀事以诗鸣着花老
树枝无醜食叶春蠶
笔有声

二十三年一月廿
门人 钱锺书拜稿

父亲与师友

钱锺书墨迹

父亲与他的恩人张元济

父亲罗家伦生长在20世纪初年新旧交替的时代，从小受祖父的启蒙和督导，打下了扎实的传统国学根基。少年时他在南昌读到上海出版的新式书刊，也开始学习英文，十七岁时进入上海复旦公学。三年后（1917）考上北京大学文科二年级，毕业后出国留学六年，回国时刚好进入"而立之年"。从初进北大到留学归国是他一生的关键时期。在这九年中他曾经得到三个人的提携、鼓励和帮助，对他一生的思想、志趣、为人和事业，影响至深。这三位师长和前辈，依次第一位是北大蔡元培校长，第二位是实业家、奖学金捐助人穆藕初先生，第三位是出版家张元济先生。

蔡校长不但为北大学生创造了一个自由开放的学术环境，同时还鼓励他们组织社团，办杂志，参加当时的许多学术和社会活动。"五四"运动时父亲担负起了领导的角色，与校长的接触更多，结下了亦师亦父的终生关系。父亲在北大是一个半工半读的学生，他文思丰富，下笔流畅，稿费便成为他的主要经济来源。除了为《新潮》撰文、担任编辑外，校内的《新青年》北京的《晨报》《国民杂志》上海的《每周评论》《东方杂志》天津的《南开日报》，都是他投稿的对象。父亲在校时曾在校长设立的"国史编纂处"担任助理，毕业前又通过校长的介绍，与上海商务印书馆取得联系，商定翻译两本英文名著。这些经验对父亲日后的事业方向，都成为重要的因素。

1920年5月，就在父亲即将从北大毕业的前一个月，上海纺织业巨子穆藕初先生为了感佩蔡元培治理北大的成绩，慨然捐出五万银元奖学基金，请蔡校长选派学生，前往美国留学。两三年后，再分赴欧洲各国研究。按照穆先生的规定，入选人"不拘年岁、籍贯"，但必须是"除学术、体格之外，能力与道德兼全者"，而且"年限无定，以学者研究之志愿为转移，回国后并无他项拘束，仅为学术之发展，谋社会之改良。"蔡校长与胡适、陶孟和、蒋梦麟三位教授考核商议后，选定了第一批五名应届毕业生，父亲便是其中之一。他得此优厚的资助，于同年九月启程经上海出国，先后进入他向往的美国普林斯顿和哥伦比亚大学，而后计划再去欧洲。这个难得的机会，使他对现代的欧美思潮和文明，获得了直接的了解。父亲不忘恩情，1937年与多位受惠者集议共筹国币一万元，作为"穆藕初先生奖学基金"，帮助国内清寒学生，以纪念当年穆先生"提倡学术奖掖后进"的创举。抗日战争中，这项助学金曾延续数年。据说物理学家杨振宁曾是受惠者之一。

父亲在美国第三年，得知穆先生的企业已面临破产，奖学金不能继续。同学中有人决定返国就业，他却带着省下的奖学金，加上为国内及北美华文报刊写稿和一本译书的稿费，决定省吃俭用，不改初衷前往欧洲游学。当时德币马克贬值，留学费用较低。1923至1925年父亲在柏林大学攻读哲学期间，蔡元培校长和许多北大同窗也在德国各地研究。不少人又都处于经济来源断绝的困境，所以同学间互相借贷也就成了常事。1925年春父亲打算赴英，继续收集流落在海外的近代中国史料，准备回国后致力于研究工作。在此期间他已完成了《科学与玄学》书稿和翻译柏雷的《思想自由史》，正寄交商务印书馆出版，但此时青黄不接支度困窘，只好请求在汉堡的蔡校长设法解决他计划中断的危机。

蔡元培和他的老友张元济（菊生，1867—1959）是晚清同科进士，一并选入翰林院。张先生后来任职于刑部和总理衙门时，眼见国运衰落，清廷腐败，与一批京中志同道合的好友研讨国是，策划改革，并决心学习英文，创建"通艺学堂"以推广新学。戊戌维新期间，他曾积极参与体制改革、推广新式教育等活动。不久发生政变，他被"革职永不叙用"，于是决定走向实际行动，南下开展他毕生的教育文化事业。1901年他任职并投资上海商务印书馆，数十年来不断地赞助翻译、编纂和出版各种性能的新式教科书、参考书、工具书；同时又大量整理、出版近人文集，及校订影印善本古籍和丛书。他很早便认清大众传播媒体的潜力，先后曾创办并负责整顿十多种报纸和期刊，包括《东方杂志》《法政杂志》《外交报》《小说月报》《妇女杂志》《实业杂志》，等等。对于启发民智，培养舆论，都产生了显著的效应。

1919年4月，父亲在《新潮》杂志上发表了一篇"今日中国之杂志界"长文，针对商务出版的几种杂志，作了强烈的批评，指责它们的内容贫乏，观点落伍，违反了时代潮流与读者的要求。张元济在此以前已经察觉这些杂志销路趋减，承认"时势变迁，吾辈脑筋陈腐，亦应归于淘汰"。这个青年学子的挑战，似乎加强了他改革的决心。次年父亲出国前，因已与商务有所约定，临行专程拜见担任监理的张先生，足见长者对他毫无芥蒂，且十分赏识，有意约他回国后来商务担任编辑。

1925年春蔡校长在德国为父亲向国内寻求经济援助，首先得到的是张元济先生的慨然允诺。这时张先生正在为女儿择婿，回信中同时拜托老友在海外留学生中代为物色，并表示愿资助未婚女婿的留学旅费。为此蔡校长向父亲直接探询，但并未说明答应借款的是张先生，也没有说是为张家的小姐"说媒"。父亲得知经济问题有所解决，立刻报告校长他归国前的研究计划，并且声言"不愿无故累人而受人之惠"，当以两本译书作为抵押。又说"此款虽系借款，但希望无政治或任何他种关系"。关于婚姻的事，父亲在北大时便深信婚姻自主的原则，并主张双方应该先建立友谊和相当的爱情后，再考虑婚嫁。当时他虽与身在国内的母亲张维桢通了五年信，但毕竟相隔了半个地球，各自又都在忙着学业，没法认真地谈到终身大事，心中不免苦闷。所以他给蔡校长的回信上并未拒绝前辈的好意，仅坦白地说，"无论与何人订婚，皆愿于订婚前有半年以上之友谊……最好于友谊发生时不必定有婚姻观念当先，以免反而拘束。" 蔡先生意味到这件事的困难，便将原信中有关部分剪下转给张先生说，"罗君已有复函，其家世似无问题，惟所称'愿意于订婚前有半年以上之友谊'云云，于尊府方面是否相宜，尚希斟酌。" 此后借贷的事依旧进行，"说媒"的事却未再见提及。三方面心照不宣，维持了终生的亲密关系，实为一段佳话。

父亲在收到张元济先生的第一笔汇款后，从伦敦写了一封五千字的长信给这位"素承知遇之前辈"，详述他数年来求学的心得，以及回国后从事学术工作计划。不料发信才一周，便传来上海发生"五卅"惨案。父亲义不容辞地参加了在英华人组织的活动，编印咨询小册，将事件真相供给媒体，以引发舆论的支持。又走访英国议员及罗素等名流，在反对党（工党）抗议大会上演说，并协助工党议员起草在议院提出的质询案。父亲比喻这项国民外交工作是"以穷人而做阔人的事"，且导致了英国政府拒绝签证延期，迫使他不到半年便转赴法国。1925年9月他从巴黎致张先生的信中，报告了他在伦敦的经历和观察，并附去他在英国的两篇演说原文，希望能在商务的英文杂志上登载。

父亲在法国继续收集鸦片战争、英法联军等重要原始文牍，写信向张元济报告说，除自己尽力阅读手抄外，并动员了好友许地山在英国、俞大维在德国帮忙抄录，目的想在"回国后悉心研究之余，略尽训练后进之责，为中国史学辟一蹊径，而至之于科学的基础之上，于愿足矣"。 为了购买抄印各项资料开支，起初拜托新回国任职清华国学研究院的陈寅恪先生向该院申请资助。不巧因1926年春清华内部风潮，研究院主任辞职而告落空，父亲连回国川资也没有着落。他向胡适及其他友朋求援无果，不得已又写信恳请张元济以私人身份贷借六百元。6月18日父亲从马赛启程前，收到电汇法郎后函谢说："得此竟能成行，感激之诚意，非文字所能达。"

去国六年后回到上海，父亲立刻前往拜见张先生，道谢之外并商谈带回史料的编目和出版事宜，前后数次会晤。1926年秋父亲应南京东南大学聘请教授历史，不久学校因军阀战乱停止发薪，而在南昌的老家更是生活无着，无奈再次写信请张元济救急。长者立即通过南京、南昌两地商务印书馆汇去五百元，并在复信中说，"朋友有通财之义，况当患难之时。来书过于谦抑，能令人踌躇难安也。" 由于张元济先生对学术和教育的关注，父亲在东大计划约集同仁讲授近代西洋学术概观、在清华进行改制措施，均曾专函向他请教。1929年在清华获得初步成功后对他报告说，"如能将清华办成一有研究性之大学而加之以平民化，或亦先生所默许也，一切尚望常予指导。"

1932年父亲接任中央大学校长，赴上海时常有机会拜谒恩人。那年"一·二八"日本侵袭上海，商务印书馆、东方图书馆与张先生个人均损失惨重。父亲立即驰函慰问，表示愿意尽力回报。长者回信详告情况并说："辱荷垂询，允铭心版，然断不敢累及友朋。高谊云天，只当心领。" 此时张先生早已退休，但义不容辞地担任起"东方图书馆复兴委员会"主席职务，并筹备在美、英、德、法四国及国内七大城市成立赞助委员会。首都南京分会的会务，便由父亲负责。

父亲受到张元济先生三次的资助，多年耿耿于怀，直到经济有所改善后，才于1935年汇款归还国币一千元，并称"其余之款拟于一年至一年半还清。受前辈扶植之人绝非有心负义者"。张起初不收，复函中说，

"异日设或困穷，再祈见惠可也。"经过父亲执意坚持，这笔钱才被收下。1936年6月，父亲以预祝菊老（从此时起父亲对他的称呼）七十寿辰为名，又汇一千元"以补入先生当年之垫项"。经过几次的通信推诿，直到1937年4月二人在南京见面后，老人终于同意收下，但说明这是最后一次。

张元济先生和父亲的忘年交，在共同关注的文化事业的基础上日益加深。30年代国难当头，二人忧心民族的危亡，各自为提高青年自强精神而努力。"七七"前夕张先生出版了《中华民族的人格》一书，用文言和白话对照的方式，叙述十余位具代表性的古代人物事迹，目的是鼓励青年，"只要谨守着我们先民的榜样，保全我们固有的精神，我中华民族不怕没有复兴的一日"。父亲在后方主持中央大学，在对学生的一系列演说中，特别强调把中华民族思想和生命中缺少或贫乏的部分，提出来探讨、发挥，使青年能"把握住时代的巨轮，有意识地推动它进向我们的光辉的理想"。这些讲词集成的《新人生观》一书，1942年由重庆商务印书馆出版，四年内在国内再版二十七次，直到现在还在各地重排发行。张著《中华民族的人格》是前辈多年研究中国文化的心得，《新人生观》是后学继往开来的思想结晶，异曲同工，宗旨一致，意义尤为深长。

抗战期间，张元济先生留守上海，与后方的父亲鱼雁断绝。1947年初父亲发表首任驻印度大使，菊老的贺信中引《诗经·小雅》中"皇皇者华，于彼原隰"八个字来勉励他不辱使命，为中印两国友好做出贡献。此后见面与通信中，每次都谈及印度国情与两国之间文化交流、外交关系等问题。1948年初印度独立运动领袖甘地遇刺，张先生协助《东方杂志》编印《追悼甘地专号》，向父亲搜集资料，他写的《圣雄证果记》也在专号中刊出。1948年父亲代表中国参加锡兰开国庆典后，专函报告观礼及游历经过，特别述及走访法显遗迹观感，并抄录两首途中的即兴诗，"供长者解颐"。这年二人除书信往返外，菊老还以商务新译出版的《丘吉尔二战回忆录》寄赠。此后这份笃交厚谊，就在不得已的情况下遽然告止了。50年代中，年高的张元济先生不忘赞助文化与公益事业，鞠躬尽瘁。彼岸的父亲则致力于编印近代史文献工作，实践了早年的宿愿；年老体弱之年在言行中仍然坚持"思想现代化才是中国的出路"这个始自"五四"的概念。

另一件值得称道的事，是张元济先生和父亲对于公、私档案和友人手迹的珍惜和保护。二人的往来书信，经过了大半个世纪的动乱和迁徙，双方家族竟然完好地留存了四十五通。1993年，侨居太平洋彼岸的笔者，由于一个偶然的机会，得与张先生的哲嗣树年先生（1907—2004）取得联系，互换了书信印本。这些珍贵的函札，差不多全是一往一来。二人相差30岁，前辈却称父亲为"志希先生"或"志希仁兄"，自己称"弟"；后辈则称"菊生先生"，最后几封称"菊老长者"，自己一贯署名"后学"。相互的尊敬和知己，活生生地跃然在泛黄的信上。1995年菊老之孙张人凤先生编著的《张菊生先生年谱》由台湾商务印书馆出版前，树年先生嘱笔者作序；1997年北京商务印书馆出版的《张元济书札》（增订本）中册，便印出了菊老的手迹六通（原稿及释文）；1999年出版的《罗家伦先生文存》附编"师友函札"中，则收入了他致菊老的21件（1915年年初长信早已刊于年谱第七册）。

由于双方前辈的特殊因缘，笔者与张树年先生也建立了十多年的通信关系，不断交换讯息，互赠照片、书籍，并得知树年先生晚年为编辑、出版其先尊的诗文、日记、年谱、书札、全集，以及为故乡创办学校、图书馆等事业，付出了无限心力。张府热心学术、文化、公益的优良传统，三代中跨越了三个世纪，令人能不高山仰止！

（2005年8月）

第四辑

学者眼中的父亲

博通中西广罗人才的大学校长

毛子水[1]

认识志希最早

今天在座的，恐怕要以我认识罗志希先生为最早。我和志希在北大同学时，到现在已有六十年了。他进北大比我晚（我在民国二年春天便考进北大预科了）；但我们同于民国九年在北大毕业。他是从上海复旦大学出来考进北大文科英文系。我是由北大理预科毕业升入理科数学系的。他进北大不久，我们便认识了。因为那时中国的北方，全在北洋军阀控制之下；对有点知识的青年讲，可以说是一个黑暗的世界。因为这种情形，同学中许多喜欢高谈阔论、崇尚自由思想的人便常常聚集在一起发牢骚。因为那时我和傅孟真（斯年）很熟，志希先认识同在文科的傅孟真，自然不久便会和我认识。

---

[1] 毛子水（1893—1988）北京大学数学系毕业，德国柏林大学研究，曾任北京大学教授兼图书馆主任。西南联大、台湾大学中文系教授，辅仁大学讲座教授。　——久芳注

蔡先生在北大

北大从民国六年起,也就是蔡先生接任北大校长(蔡先生是在民国五年被任命为北京大学校长的,不过他到北大就任是在民国六年)之后,的确显现出一种新气象。所谓新气象,最重要的就是聘请一些当时最好的人才。蔡先生的罗致人才,非特能着眼到北京以外(如请吴稚晖先生来北大任训导长),且能着眼到国外(如聘胡适之先生来北大任哲学教授。蔡先生非特国学的根底好,且对个人治学的途径和国家学术的进步,都有极正确的见解。我记得小学读经,是蔡先生任教育总长时废止的),他自己德行纯粹,但对于教学人才则新旧兼容。他请刘申叔(师培)先生到北大来任课,是值得一提的。刘申叔原来也是革命党分子;但是他的意志不坚强,中途变节。蔡先生知道他的确是我们国家的一个"读书种子",所以毅然把他请到北大来。至于大家都知道的辜汤生(鸿铭)先生,则在蔡先生未到北大之前已经在北大教书了。蔡先生对辜汤生,跟对刘申叔一样。他知道这两人都有可议的地方,然而却有很好的学问,对他们仍然极为尊重。志希那时常上过辜先生的课;我记得辜先生在他的"英文诗"课堂上叫学生把"千字文"翻成英文诗的事情好像是志希对我讲的。

穆藕初奖学金与汪缉斋

民国九年,志希在北大毕业;因为"五四"运动发生于民国八年,所以在民国九年全国好像都有一种新气象。那时上海有一位实业家穆藕初先生,捐了五名留美的奖学金给北大。得这个奖学金的人是段锡朋(书诒)、周炳琳(枚荪)、汪敬熙(缉斋)和志希。还有一人,我忘记了。(大概就是因为这个人后来没有去美,所以康白情得顶替他的名额。)段、周二位,我想大家都熟知的。他们的行谊节概,将永留在认识他们者的心中。在这里我只想说几句关于汪缉斋的话。缉斋是北大一位杰出的人才。他原是法科的学生，但他另有两种天才。一是数学，另一是语言。他是在北方生长的浙江人。他从美国学成回国后在广州中山大学任教，不久即用广东话在讲堂讲书。他在北大学的外国语是德文，但二次世界大战后他在巴黎任驻联合国教科文组织（UNESCO）的代表时，在许多会议上，他都讲法文。在数学上，缉斋的天分很高；我知道他好读比较高深的数学书。他在巴黎时和Emile Borel有来往，也就是因为他是一位业余的数学家的缘故。当然，缉斋先后在美国约翰霍布金司大学（John's Hopkins University）所做的实验心理学的工作，是他一生在学术上的巨大贡献。在民国九年，当段、周、罗、汪等五人用穆藕初的奖学金赴美留学时，北大学生中有戏称为"五大臣出洋"的。现在想起来，北大当局当时选送段、周、罗、汪四位用穆藕初先生这个奖学金，非特对得起穆藕初先生，并且对得起国家和学术！

翻译《思想自由史》

志希留美之后，他的情形我不太清楚。我在德国时，有一位从美来德的朋友，谈到志希，多说他因翻译柏雷（Bury）的《思想自由史》忙得整天在图书馆查书。这种消息，自然会使老同学十分高兴。民国十二年后他到德国来，我们才又常在普鲁士国家图书馆里见面。他在柏林大学曾听了一个时期的课。一两年后，他从德回国，我和他便失去联系。

我从民国十一年冬离北大赴德，留在德国七年到十九年春才回到北大。时值阎、冯谋叛中央，时局极为紧张。我抵达上海之后，不能乘火车北上；必须乘船到天津，再从天津搭火车到北平。路上行李检查得极严。初到平时，我即住在傅孟真家中；旬日后才移住欧美同学会。那时志希为清华大学校长，住在清华园。我初任教，他因校务忙碌，所以我们并不常见面。

陈寅恪对志希的评价

就在那年快要到暑假时，清华发生风潮。学生罢课，要求政府更换校长。我那时虽住在欧美同学会，常在陈寅恪家中吃饭。寅恪在清华教书，是国学研究院的导师，不过他是住在北平城里姚家胡同的。有一天我和他谈起志希（那时志希已离平赴南京了），他说："志希在清华，把清华正式的成为一座国立大学，功德是很高的。即不论这点，像志希这样的校长，在清华可说是前无古人，后无来者的。"我听了这话，心里颇不服。我虽然是罗志希多年的朋友，但是"前无古人"犹可说也，怎么能肯定的说"后无来者"呢？而寅恪在一班朋友中，说话是最有分寸的。我当然要问到底。寅恪对我解释说："清华属于外交部时，历任校长都是由外交部所指派的。这些人普通办事能力虽然有很好的，但对中国的学问大都是外行，甚至连国文都不太通，更不要说对整个中国学问的认识了。像罗志希这样对中外学术都知道途径的人，在清华的校长之中，实在是没有过！以后恐怕也不会有了。"寅恪以为"以后也不会有"，并不是说后人没有志希那份天资，或缺少像他的学历，而是时代的不可能。学问上的分工，一天比一天细。有些学问上的问题，在十九世纪末年只是一个新的假设，到现在则关于这个问题的著作已有汗牛充栋的气势了。事实上，在十九世纪末年到二十世纪初年，在西方先进的国家里，如英、德、法等国，每一个国家都有一两个可以说"博、精、通"的人，但在第一次世界大战以后，这样的人便一天少一天了。这就是时代的关系。在今天，无论那（哪）个大学或专科学校的校长，实在找不到博通中西学术的人。不要说兼通中西，就是中西两方能精通一方的也没有了。所以我到现在还常常记起陈寅恪先生称赞志希的话。我今天所以特别提出来，因为我跟寅恪相处二十多年，知道他向来是不轻易称赞别人的。我平常跟他谈话时如有什么错误，他就当面指正。因为我对他的话印象很深，所以到今天还记得。

为学校罗致人才的校长

志希做过清华大学和中央大学的校长。数年前，我偶然在一杂志上看到一篇文章，谈到志希做中大校长的事情，作者我并不认识，也不知道他跟志希有什么关系。这篇文章上说，罗先生做中央大学校长的时候，极力罗致最好的教师。我当时看了很是感动，为什么感动呢？志希做中大校长的时候，称赞他的人固然有，诽谤他的人也有。诽谤他的人，我不能说他诽谤得不对；称赞他的人，我也不能说他称赞得对。如今有一人在志希离开校长地位好多年以后，还说他能够替中大罗致优良的教师，这亦可说是身后是非了。这种评论，是比较可靠的。我一向认为一个做大学校长的人，为学校多盖几所房子或增开几个科系，都没有多大关系，但是他若是能设法去罗致第一流的人才来任教，这才是最正当的事。能够做这件事的，才算是好校长。能够这样，则一切毁誉就可以不计了。

强聘蒋廷黻的故事

我自己亲听见的一件事情可以在这里一谈。当我刚从德国回到北大的时候，曾听见北大当时的教务长（何基鸿）谈到志希在清华大学时到南开大学强聘蒋延黻先生的事情。在讲到这事以前，我不能不对南开讲几句话。我们知道南开大学所以办得好，是因为他的校长张伯苓先生注意罗致人才，张伯苓几乎每隔一两年总到美国去，访查学生中成绩较好的人才，想法子把他们请到南开。例如姜立夫先生，便是其中一个。姜先生的本名为"姜蒋佐"，知道的人很少，他是我们中国最近四五十年中最著名的数学教师。半世纪来我们中国出了几位很有成绩的数学家，我们不能不想到姜先生教育的功劳。而我们又不能不想到张伯苓先生当年罗致良好教师的功劳。据何基鸿先生说，志希亲自从北平到南开去请蒋廷黻先生。蒋先生本不愿离南开的。但蒋先生若不答应去清华，志希便坐着不走，熬了一夜。蒋先生终于答应了。当年我跟志希同学时，实在看不出来他能够有这个劲道。我记起何基鸿先生的话，知道志希为中央大学罗致人才，一定亦很出力的。这一点我觉得很值得纪念。

不生气的修养

刚才有几位先生谈到志希能够不生气。关于这一点，我也可讲到一件事。记得大约二十年前，有一回中国语文学会开会，胡适之先生出席演讲，志希亦在场。胡先生演讲过后，有人提出简体字的问题。当时在场有几位教授，因为志希一向对简体字的研究是有兴趣的，便对志希破口大骂。有些话颇为无礼。我对简体字的问题，也以为我们应该研究。有许多几百年甚至上千年传下来的简体字，我们不必因为大陆使用而我们便不用了。譬如，民国二十八年教育部公布的简体字，我们是应利用的。所以当时听了这些骂志希的人，心里十分有气，颇想起来说话。但志希却没有说什么，我也就没有说。后来有人告诉我，这班骂志希的人，都是对志希有宿怨的。我想，如果这样，那是假公事报私仇。这种品格的人，是不应向之计较的！我不知道志希平常的"不生气"是不是由于这个缘故。

最后谈谈我个人对志希的感想。像刚才希圣先生讲的志希写了一些关于国家大事的文章。这些，我一向不知道。不过我觉得志希做学生时写了好多篇很好的杂志文字。他留学美国时翻译美国柏雷的《思想自由史》，对青年学生极为有用。这书现在恐怕已经买不到了。抗战期间，志希又写了几本小书，最著名的为《新人生观》。他这种书是对青年人很有益的读物。我以为社会中青年人需要这种读物很殷切。志希这本书的销行很广。可能他这本书对社会的贡献比他别的工作要大！

（发表于1977年）

志希先生在中大十年

杨希震 ①

吾师罗家伦先生,号志希,在去年十二月逝世。他的声华盖世,文笔纵横,振铎学府,桃李菁菁。他有崇高的人格,高尚的理想及笃实力行的精神。他对人在其谦光中而流露至诚之意。对事有择善固执及锲而不舍之忱。对领袖、国家及民族,鞠躬尽瘁,忠心耿耿。对文化学术,择取中国之精华,采撷西方之优美,融会贯通,新潮勃兴。他是伟大的教育思想家。

民国二十一年九月,政府发表他为国立中央大学校长。当时我在日本东京帝国大学研究院研究教育,接着他的信,其中说我如愿意归国服务,望即回国。我们夫妇都是他在中央党务学校任教时的学生,所以他很关心我们,我是东南大学四年级的学生考入中央党校,在党校毕业后,又回中央大学完成学业。中大是我的母校,很愿回中大服务,我就回国追随志希先生。先后在中大担任过教授兼校长室主任秘书、出版组主任、注

---

① 杨希震,中央大学毕业,日本东京帝国大学研究教育学。曾任南京中央大学教授,兼教务长、附属实验中学主任,"国立"政治大学教授、代理校长,台湾政治大学教授等职。 ——久芳注

册组主任、实验学校主任等职。他任中大校长，整整十年。当他离开中大时，我是教授兼实验学校主任，奉教育部令实验学校改为国立第十四中学，直属教育部，我为该校校长，则与志希先生同时离开中大。在这十年中都是追随志希先生，所以我对志希先生在中大的情形很清楚。

（一）

他长中大之初，正是国难严重，已临生死关头。他认为当时的中国国情，正和昔日的德意志在普法战争之后的情形相似。然而德国在法军压境之下，内部极为散乱之时，柏林大学的学者居然能在危城之中讲学，如哲学系教授菲希特（Fichte）在此讲学中，所发表的"告德意志国民书"，重整了德意志民族文化。以后德意志民族的统一就是由于这种重整民族文化先打下了一个基础。中央大学应与柏林大学看齐。所以他提出中央大学应当负起建立有机体的民族文化的使命，其意义与现在推行复兴中华文化运动的意义相同，为完成此使命，全校师生必须具有建立有机体的民族文化的共同意识。努力奋斗，死里求生，复兴我们的民族文化。更要在此共同意识之下，互相协调，精神一贯，步伐整齐，向着建立有机体的民族文化的共同目的迈进。后来他为使全校学生了解其意义，在沙坪坝时每周向学生演讲一次，由我及韩德培先生笔记，经他审阅修改后在《新民族》杂志上发表。不久，汇集成书，名为《新人生观》。他的演讲含有如菲希特演讲以唤醒国人的用意。他的《新人生观》一书，含有铸成青年共同意识以建立有机体的民族文化的意义。此书在当时极为流行，现在已印行三十余版，对青年思想有正确之指示与莫大之启发。

中央大学要建立有机体的民族文化，他认为必须先要养成新的学风，由一校的风气转移到全国的风气。为养成中央大学的新学风，他提出

"诚朴雄伟"四字，以勉励全校学生。所谓"诚"，即是对求学问要有诚意，不要以求学问为升官发财的途径。对于中央大学所负的使命，更要有诚意，坚定地向目标迈进，不作无目的的散漫动作。所谓"朴"，即是朴实的意思，不尚纤巧，不重浮华，崇实而用苦功。著一书，须尽心血，不偶有所得，便著书，唯恐他人不知。举一理，应多参证，不即无所得，而强词夺理以饰为知。所谓"雄"，就是"大雄无畏"的意义，有浩然之气。男子有"袒裼暴虎，献于公所"的雄壮之气概。女子要有"硕人其颀"的健康美。有了雄壮的人民，才有雄壮的民族；有了雄壮的民族，才可挽救国家的衰亡。所谓"伟"，即是伟大崇高的意思。集中精力，放开眼光，不故步自封，无门户之见。总之，"诚"是心理与态度的表现而趋于真实；"朴"是气质的发扬而表其本性；"雄"是身心健康，文武合一，术德兼修；"伟"是崇高思想的建立与伟大人格的发展。每个学生都具有这四种美德，才是"泱泱大风"的气度，以为建立中大新校风的基础。

中大在课程、设备及学术环境等方面都要与建立新学风相配合。在课程方面他主张注重基本课程，使学生集中精力，贯注在几门基本课程，务求十分透彻，多看参考书籍。所以当他任校长第四年时，大量增加图书，以备学生参考。计西方专门杂志定要七百余种，重要的全套杂志自出版以至当时的增购计六十种。中文书籍也有大量的增加。并多开课程，由学生选读。在南京最后一学年全年共为五百二十四种课程，在重庆时已增至八百二十九种。又准备良好的学术环境，使一般著名的教授都愿意来此讲学，学生也能安心在此学习和研究。

（二）

在抗战以前中大校址原在南京城内，车马喧嚣，市气逼人，不适宜于研究学问，培养身心。而且地址狭小，只能容纳一两千人。志希先生在长中大第五年时，为建造优良学术环境及中大航空工程教育之扩张，乃在南京郊外建筑新校舍，将原有大石桥的校舍作为医学院及医院之用，三牌楼的校舍作为实验学校之用，其余学院皆迁至郊外新校舍。

新校舍是南门外七公里石子冈一片地方，第一期所购之地为八千余亩，全部建筑工程分为四期完成。第一期为工学院、农学院、研究室、实验室、工场、农场、教职员工单身宿舍、学生宿舍、饭厅、图书馆、操场及办公厅等。第二期为文学院、理学院、研究室、实验室、大礼堂、教职员眷属宿舍及体育馆等。第三期为法学院、教育学院、研究室、实验室、学生俱乐部、教职员俱乐部。第四期为滑冰场、游泳池、卫生室及其他等。第一次工程费为二百四十万银元，另由中大订了一个四年计划共需款五百七十余万银元。志希先生在"七七"事变以前亲自带计划去江西庐山见当局，蒙他赞成，并允拨二百万银元，不久，抗战发生，此事随之停顿。

新校舍的地址，风景优美。国父陵墓所在地的紫金山在其北，树木葱葱的牛首山位其南，西面是方山，东面是长江，离秦淮河的上游也不远。志希先生在忆南京诗中，有一节描写新校址的风景。诗曰：

> 我又想到雨花台南，
> 　　冈名石子，
> 　　桥唤铁心。
> 南望牛首，
> 　　东望方山，
> 　　北望紫金。
> 山头放眼啊，

大江雄浑，
　　秦淮澄清。
这二水三山的中间，
　　正是理想的学府都城！
有的是很老的森林，
　　更加上手种的榆柏；
　　也快成荫。
牧场的花背牛羊，
　　历落的沿着山冈西下。
夕阳里，
　　映出来如雪如金！

（三）

"七七"抗战开始，中大先后被炸四次。第一次是在二十六年八月十五日下午，炸图书馆，未中。第二次是在十九日上午八时，炸男生宿舍。第三次是在二十六日晚上，炸实验学校。第四次是九月二十五日下午四时，炸文学院。志希先生对于迁校事，早有准备，在"七七"抗战前一年，冀东事变时，他嘱总务处，造木箱五百余只，箱子里面钉有铅皮，预备将重要的图书仪器装箱，以为迁移之用。不久，中日之间缓和下来，这些箱子放在那里未用。后来迁渝时在短期内图书仪器都能运出，有了这些预存的箱子，使用一部分，方便了不少。由此可见志希先生的远见。

中大在第一次被炸之后，即作迁校的准备。开校务会议多次，意见不能一致。有的主张迁南京郊外，有的主张迁上海租界，有的主张迁牯岭，有的主张迁武昌珞珈山，有的主张迁安徽的九华山，有的主张迁宜昌，有的主张迁沙市。提出主张的人，都坚持己见。志希先生颇有民主的风度，以说服的方式，使他们放弃己见。其实，志希先生早有迁移的打算，他的打算是在民国二十四年到成都和重庆。他认为中日战争是不可免的，中大不迁校则已，如迁校以重庆为最好。因为抗战是长期的，中大范围太大，师生众多，只能一搬，不能再迁。迁校的运输水路要比陆路方便，重庆由长江可以直达，四川山陵起伏，容易防空。这是他决定将中大迁渝的主要原因，并得最高当局的许可。故全体动员，迁往重庆。中大竟做了国府为主持长期抗战而迁渝作为陪都的前驱。

中大迁渝是有计划的、有组织的迁移。学生在汉口集中注册，当时我兼注册组主任，将学生送上轮船后，我乘飞机到宜昌准备换船的工作。在宜昌的工作完了之后，再乘飞机至重庆，比学生先到两天，准备开学。全校的图书仪器都搬出来了，还有航空工程系为教学之用的飞机三架，医学院为解剖之用泡制好的死尸二十四具，农学院为研究之用的外国的牛、羊、猪、鸡、鸭等都搬出运渝。中大在抗战时期的大后方是最完整、最充实、最安定的大学。

（四）

志希先生在民国三十一年秋，辞职离开中大。当时中大的校址及其所包括的部门是：

甲、校址分为四处：

一、大学二、三、四年级及研究院在沙坪坝；

二、大学一年级、机械工程系附设的低级技工训练班、农学院附设的畜牧兽医专修科等，设在柏溪；

三、医学院及牙医专科学校设在成都（与华西大学合作）；

四、实验学校设在贵阳。

乙、教学的部门：

一、有七个学院（文学院、理学院、法学院、工学院、农学院、师范学校、医学院）；

二、七个研究所（政治经济、物理、化学、土木工程、机械工程、电机工程、教育心理）；

三、一个畜牧兽医专修科，一个牙医专科学校，一个实验学校（初中、高中、师范、侨生分部）。

此外附属的机关有医院、农场、牧场、工场和技工训练班。学生由近千人而增加至三千余人，比在南京时多了三倍，科系也增加了，行政又扩大了。在经费方面，没有增加，物价又飞涨。在此种经济困难之下，没有欠过薪，一切照常进行，这是难能可贵的事。

志希先生在中大十年，由各种事实证明，他的远见之高明，计划之周密，民主之风度，办学之严谨，及行政才能之高超，人所共知，莫不钦佩。其对于中大、国家及民族文化等都有很大的贡献。现在其人虽逝，而其精神是不朽的。

（此文发表于1970年1月）

悼念罗家伦先生

柳长勋[①]

象征"五四"运动这一页历史翻过；随着胡适之、傅孟真的逝世，罗志希先生也离开了人间。这位新文化运动的旗手、新思想的播种人算是去了。像一片彩霞，像一江桃泛，在暮色苍茫中，虽然总不免给人留下几分凄凉的景色。然而，在近代中国史上像胡适、傅斯年、罗家伦他们几位，任何人不能否认，他们是启蒙时代文化青穹上的几颗曙星。

近十年来，我和志希先生几乎朝夕相处；他的一切，我自信知道的也比较多。我愿意在这里将我所体认到的罗家伦先生，作一个也许近于主观的介绍。任何一个人物，当然不免有他的明暗面；任何一个人，也都免不了有他的短处和长处。我不愿作溢美之词。说实话，大凡在历史银幕出现的人物，多半有他独往独来的精神。罗志希先生死后和生前，他也不大重视别人对他的褒贬。

晚年的罗志老，灿烂归于平淡。不过从任何一个角度看，他是一个

---

① 柳长勋：中央大学毕业，历史工作者，长期在台湾研究史料。　——久芳注

有立场、有见解、有风格的人。现在让我从文化的路线、历史的主张、做人的态度，分别来谈吧。

从历史的锦面上看罗家伦先生，他也同胡适之先生一样，是一个色彩鲜明，异常突出的文化新人物。但是如果你真正同他接近，至少我就是这么地感触到，罗志希先生是一个深受中国旧文化浸渍——甚至可讲被陈年的中国传统文明酿熟了——的典型人物。他不只旧的文学根底很好；并且在意识形态上、生活情趣上，没曾脱传统文明的臼。我们常笑罗志老可能幼年时受到"状元宰相"思想的影响。这可以从他喜欢散文、发议论、草宣言看出来。在某些地方，他的行谊很有点模拟的像范仲淹、王安石。从另一个角度看，他颇具浓郁的温柔敦厚的诗教气质。在宴会中，他能很闲雅地拿朗诵的诗句，编插进隽逸的对话去；使人仿佛回到《左传》所描写的"公子赋河水、公赋六月"的重耳、秦穆时代。他喜爱元人山水。自己经常准备有上好的笔墨和宣纸，对客挥毫。彬彬有礼的罗志希先生，真可说是满带中国旧世家书卷气的大学士型人物；这是不折不扣的。

可是谈到文化路线，志希先生立场是极其坚定的。他的旧诗可能比新诗写得还要好。他自己甚至花了很长的时间，拿他吟的五、七言，一字一句，一笔不苟地用毛笔誊正，影印线装。可是谈旧诗，他仍讲只是"野狐禅"似的写着玩。志老的文言文锤炼极佳，可是他认为白话文写得更得意。他是一个科学主义者。谈宗教，他讲，"下一辈子再说罢！"总结一句，罗家伦先生主张中国应该走现代化的路线，他认为中国文化从来就不是封闭性的。更认为作为一个现代中国人物，要争取世界的地位；中国新文化应该走在开放性的世界文明的前面。这立场不管别人同意或不同意，他是不变更的。

罗家伦先生是一个对学术抱有见解的人。他学习历史确曾花过一番工夫。所以他主持台湾最高的历史机构，是有政策、有定见的。正因为

我的父亲罗家伦

是这样，老来他透支了太多的精力，也呕了不少的闲气，斲损他暮年的健康。学术路线的把握，关系一个国家文化的兴替。罗家伦先生的历史见解，是不是每一位学术的成员都同意，这是另一问题。但是作为一个学术界负领导责任的人，应该拿出自己的真知灼识来，对民族文化负责，有涵度、有远见地推展文化事业；这是绝对必要的。在罗志老第一次从医院出来，还没有辞"国史馆"馆长的时候，我曾恳劝他节约精力，不必伤许多不必要的脑筋，说："如果志老留下精神写回忆录，以你的文笔和经历，一定很成功。"他马上表示不同意；说他应该倾注全力给国史奠基础。

在学术的路线上，从旧的传承说，罗志希先生显见接近于"汉学"这一流。掌史政，他似乎倾向于搞"实录"、治"编年"。他和傅斯年先生是很要好的同学；论史学思想，两人也可说志同道合。傅君色彩更鲜朗，他认为"历史学就是史料学"。罗氏也重视"史料"的整理。当然谈历史一定要讲根据。"史料"的研整是历史的重头戏。但是"史料"一经在人们心目中变成无价宝；就不免有人功名主义地抢"史料"、票"史料"了！非但许多口舌是非从"史料"而生；并且科学的历史，严格说，到此腰斩；一切史实研究，史律创发，史册撰修，统统被窒息活埋。这点罗志希先生他未始不曾见到。他主张历史研究要以"事件"（Event）做重心；也还想将西洋史作方式，引导到中国来，给国史拓新境。可是在"史料热""大事记热"和"翻旧版书热"的气氛下，要想替中国历史界辟一条新路，谈何容易？罗志希先生为这类事，有时拉朋友们一谈谈几个小时。他的心境和见地，就是披胆剖肝地讲出来；说实话，在目前知音实在不太多。他的精神，可能就崩溃在这里。

我们撇开学见不说。作为一个旁观者，我总觉得国家文化界少不了应该有对学术本良知、持定见和抱强烈责任感的人。尽管我个人同罗先生史见出入很大。但是请容我说一句公平话：罗先生在这方面，非但有经过他自己深思熟虑的见解，并且也有他的涵度。比说某次他兴高采烈地谈"我的同学傅斯年……"时，猝不防我淋一盆冷水，告诉他我正写两部书批评傅孟真氏史学方法和上古史情研判的错误。志老聆听之下，不免震动。可是也许他知道我们不过是做纯学术的推敲，仍乐意让我继续拿这当问题研究。这不是普通朋友所能做到的。

罗家伦先生是一个才气纵横的人。只要同他接触，谈到学术问题或国家大事，马上就令人有时光倒流，回到二十来岁革命时代去的感觉。如果说有宗教，可能"革命"就是他的宗教。他并不"书生"，非常通权达变，对革命具有勇气。但是他的生活，却有令人难以想象的严谨的一面。朋友们讲他似乎是拿仲尼"温良恭俭让"做自己持身的绳准，这话确乎有几分对。他对师长的敬爱是出于至诚的，对人的礼貌非常周到。多少年来我们几乎就没曾见他说到属僚的重话。我们比他年事轻、职位低；到他房间去，他必起身握手请坐，离开也一样。他也劝别人注意礼节。他如果看重一位学人，真能做到倾诚相接，尽一切方法罗致；这例子太多了。他主持机构，对于官职和经费，一点也不马虎。用一个人，用一文钱，他不知要盘算多少次。他常讲浪费国家的钱是一种罪过。可是买书的钱倒不省。像"科""处"长这类芝麻绿豆官，他都宁缺勿滥；所以人家也就拿它当回事了。本来在官场打滚的人，谁都会撒钱要官。罗氏却认为国家的名器，不应该随便送人。这倒不是他智慧有所不逮，实在是基于对国家的忠诚感，当然个人性格也有关系。他的自奉菲薄，说来是骇人听闻的。在他病倒以前，还带便当上班。人劝他生活不宜太俭朴。志老说："读书人应该如此。"也许书读多了！他知道人格就建立在"有所为"和"有所不为"的选择上。总之，从某一方面看他的自处和对人，是相当拘谨的。但是面对大事，决不含糊。特别是提笔写文章，气势凌厉，前无古人。所以《新人生观》的发行，给抗战青年带来如虹的豪气。《玉门出塞歌》的歌词谱出，给边疆开发带来壮阔的新澜。

　　罗家伦先生去了！作为一个现代的中国人，不管他对国事，对文化的看法如何。像他这样有气概、有文采、有定见、有风格的人，实在不多见。我们能不为文海这颗大星的陨落，而感到惋惜吗？"五四"的潮浪是打过了。面对满目风涛的世局，我们期望看到又一代辈出的人才，接了上来，推动着东方文明，替光辉的历史铺路！

（此文发表于1970年）

忆述罗家伦先生的学术思想及其他

金绍先 [①]

罗家伦先生,字志希,是旧中国的著名学者、政治家,"五四"运动中的著名学生领袖之一。北京大学毕业,先后留学于美、德、英、法等国,获哲学博士学位。他和胡适先生一样,都是美国实验主义"大师"杜威的门徒。1926年回国后,参加国共合作的北伐战争,任蒋介石的总司令部文职少将。此后,又转入教育、学术界。1929年下半年,曾一度任武汉大学教授,我从此开始认识罗先生。

一次罗先生做《历史哲学》的讲演,学生纷纷递上纸条提问,罗耐心地逐一答复,我当时也递上一纸条,请罗谈谈关于实验主义在中国具体运用的问题,罗在回答时笑着说:"我研究过实验主义,但是如何运用实验主义来解决中国现实社会中的种种问题,我却是想也没有想过。"说完

[①] 金绍先(1912—2003)武汉大学毕业,史任迪化市市长(今乌鲁木齐)。曾任四川省人民政府参事室主任,第六届民革中央委员,第六届全国政协委员。 ——编者注

便把纸条放置一边，台下响起笑声，我当时既尴尬，又莫名其妙，心想罗的架子可真够大的。不料事后罗却派人来邀请我和几名同学去他的寓所面谈，他很诚恳地说："你们提的问题是很有意义的。但会场上又不可能三言两语说得清楚，所以请你们来面谈。"我很感动，也就无所拘束地提出："我认为胡适博士所说的'多研究些问题，少谈些主义'，便是实验主义的具体运用，主张我们应该踏踏实实地、有实用价值地来研究问题，诸如'人力车夫的生计问题、总统权限问题、妓女问题、农民破产问题'等等，而不要生吞活剥地空谈西方那些五花八门的主义。"罗回答说："我以为，如果不谈'主义'又用什么来指导我们解决这一个个的实际'问题'呢？"新中国成立后的50年代期间，学术界在批判胡适思想时，不少批判文章的论点，竟与罗先生当年说的这句话一模一样。

当然，绝不可能想象罗先生是站在马克思主义立场上来批判胡适先生，无论他在私交上或是在学术、政治活动中，与胡先生都有着极亲密的关系。当时他向我们申明自己的观点："我认为，我们中国人的大缺点之一，就是太讲实用，太急功近利，缺乏西方人那种追求纯粹真理的精神。胡先生曾说：'真理之所以为真理，就是它有用。'我个人对此不敢苟同，古希腊哲人探索宇宙的奥秘，哥白尼的"太阳中心说"，牛顿研究天体均衡运动的原理，在当时来说，何尝有丝毫的实用？他们只是为求知而求知，为探索真理而探索真理，唯其有这种精神，所以他们能进步、能昌盛、能最终得到'实用'之利。而我们中国人几千年来只讲'修身齐家治国平天下'，其他一概斥为虚妄空谈，其结果是以最无用的八股文章来满足自己最实用的富贵追求，这样的社会如何能进步？近世我们同西方文化接触了，又震慑于其物质技术文明的先进，更误认为西学从来尚实用，中学从来尚空谈，这就更加助长了我们急功近利的老毛病，看见一样西方的学说，马上问它在中国有何实用。殊不知，倘若我们没有一种追求纯粹真理的精神，就是要想得到它的'实用'也是不可能的。"

这次见面，罗先生给我的印象是一位诚挚谦逊，具有"纯粹学者"气质的人。不久他转任清华大学、中央大学校长，成了国民党内文化教育系统的"红人"。

抗战期间，罗先生转入政界工作。1943年，他任西北考察团团长，赴陕、甘、宁、青、新考察，由于我曾长期任职于蒙藏委员会，再度与罗先生接触。记得我曾拿出他刚出版的《新人生观》一书，请他签名留念，并谈及自己对国民党党政部门中种种复杂难处的人事关系深为苦恼，说："即使像先生这样特立独行、素著名望的学者，不也蒙受过许多无中生有的诽谤吧？"罗没有正面回答，只慨然一笑说："在科学上，直线是两点间最短的距离；在政治场中，直线却是两点间最远的距离。"他略为一顿，又说："不过，我还是希望你不要走曲线这条终南捷径！"事隔多年，我仍记得他这句寓意颇深的话。罗在《新人生观》一书中曾写道："政治本来是求公道的，是发扬真、善、美的，是使人性变得更加高尚的，然而，近来的政治，却成为勾心斗角，倾轧排挤，不择手段，互相吞食的假的、恶的、丑的黑暗场合。"我认为这是他带着极度愤懑情绪的一种发泄，并非无的放矢的空论。

1943年末，我被派赴新疆工作，当时罗先生任新疆监察使。但长期割据的军阀盛世才，对国民党中央政府阳奉阴违，对国民党派驻人员监视、限制，甚至制造过将国民党驻新人员几乎全部逮捕的事件，在这样险恶的环境中，罗先生处境的艰苦可想而知。我抵迪化（乌鲁木齐）后即拜会罗先生，他向我介绍了新疆特殊的政治环境，告诫我谨言慎行，以保人身安全第一。他说："我们只有以'如临深渊，如履薄冰'的精神，兢

1943年新疆都办盛世才野餐招待会　　右起：凌鸿勋、罗家伦、盛世才

兢业业地工作，首先是不给盛世才抓我们、赶我们的借口，我们是代表中央的，我们在新疆的存在本身，便是向世人昭告着新疆是中国领土这个事实，我们的目的，是努力让中央的力量渐渐地、持续地渗透进来，终有令盛氏不得为所欲为的一天！"

罗先生在新疆的确是如此自处的，我曾多次亲眼见到过他与盛世才会见、吃饭的情景，一般是在接待朱绍良之类"中央大员"的小型宴会中，盛在表面上非常尊重他，总是把他安排为陪客的首席，而他则唯唯诺诺，守口如瓶，绝不议论政治，有时谈一些游天池、南山、迪化八景等的观感和有关诗词，或谈一些笑话助兴，很明显是事前做了精心准备的。然而罗的"韬晦"之略，并不等于无所作为，记得有一次我陪罗去参加维吾尔族群众一宗教节日，罗同几位维族代表人士很融洽地交谈，他特别指出，维吾尔族一向是最拥护中央政府的。维族古称回纥、回鹘、回回等，其实这都是"维吾尔"一词不同的音译，唐朝中叶，回纥的怀仁可汗控制了今新疆、内蒙外蒙，及至东北的广大疆域，强盛莫比，却不仅未进攻唐朝，倒是派遣大队骑兵帮助唐朝平定"安史之乱"，维护国家统一。此种事例在历史上是仅见的，因此，中央政府也历来对广大维族同胞怀有特别亲切的爱护感情，在今天抗日战争的艰巨时代，我们期待维族同胞发扬平定"安史之乱"的光荣传统，为国家利益做出贡献。当时我在一旁怀疑罗先生是否过于书呆子气，这几位维族人士连汉话都说不太好，如何能懂得"安史之乱""郭子仪借兵"之类的典故。不料这几位维族人士不仅懂得而且感动地表示，他们从小只读《古兰经》，对本民族的历史一无所知，很希望今后能多了解一些这方面知识，罗随即对身边一位盛世才的陪同人员说："我要向盛主席建议，找一些通晓维语的人士，写几本这方面的维文读物，向维族同胞作些介绍。"罗先生就这样既利用机会向新疆各族人民宣传一种"中央感情"，又以谈古说今的形式让盛世才抓不着什么把柄。到1944年9月，在国民党军队逐渐入疆的情势下，盛世才终于告别了"新疆王"的宝座，被蒋介石召往重庆，新疆这块大好河山结束了自辛亥革命以后，一直游离于中央政府之外的状态，对此，罗先生"如临深渊，如履薄冰"的"渗透"之功是应该算在内的。

盛世才倒台后，罗先生即内返重庆。在重庆，他根据在新疆、西北地区的考察见闻写成《新民族观》一书，对包括新疆民族在内的中国各少数民族作了大量的详实的介绍。当时，蒋介石氏在《中国之命运》一书中，用"大汉族主义"的"宗族"一词来称呼各少数民族。罗先生不得不在书中亦采用"宗族"之说，但他是不赞成这个词。抗战胜利后，我卸任迪化市长回南京，在一次与罗先生晤谈时，他说，"宗族"这个词"定义不明""易生歧解"，且与中山先生"各民族自由联合"的遗训不符。事实上，罗先生对少数民族同胞不仅不轻视，甚至还认为他们具有汉族所缺乏的许多优良素质，他非常赞美地回忆起维吾尔、哈萨克青年男女骑马驰骋的矫健英姿，惋惜地说："我们汉人本来也是具有这等如熊虎一般的阳刚之气的，试看杜甫写杨贵妃的姐姐：'虢国夫人承主恩，平明骑马入宫门'，你看她是骑着马，而不坐着轿，更没有缠小脚。公孙大娘舞剑'爔如羿射九日落，骄如群帝骖龙翔，来如雷霆收震怒，罢如江海凝清光'，唐代妇女如此，男性可想而知，不料后来一天天的萎靡不去，如今人们竟把苍白瘦削、油头粉面的'小白脸'视为美男子，何其可悲！我在重庆，每看见那躺在滑竿上让人抬着走的阔少爷便生气，这样的民族如何能振兴呢？"这使我想到罗在《新人生观》中一再倡导"强者的生活""道德的勇气""体魄的雄健"，并专门批判"小白脸"说："我研究古画，见那历代帝王图，大凡开国的君主，都是方面大耳，虎背熊腰；而每当'小白脸'嘴脸出现时，不是亡国之君，也离亡国不远了！"这些，实在都是有所指的。

1947年后，罗曾住驻印度大使。1949年去台湾，1969年逝世。前不久，我与台湾友人会见，谈起罗先生任台湾"国史馆"馆长时，主张推行简化汉字，罗先生举例说，繁体的"臺灣"二字的笔画多达38画，为推广教育，发展民族科学文化起见，这类繁复的汉字实有整理、简化的必要。当时台湾方面正在大骂大陆文字改革是"毁灭中华文化"，因此罗先生的主张一时引起轩然大波,甚至有人著文攻击罗先生与大陆中共"隔海唱和"。我由此感慨良深:罗先生尽管从不以特立独行为标榜,尽管每以"谨言慎行"忠告于人,但他的为人、为学、从政,终不愧为一个产生于"五四"时代的有良知的大知识分子。

(载于1993年6月26日《团结报》第二版)

附录

母亲张维桢捐献文物目录

序	朝代	作者	文物名称	单位
1	唐	周昉	调婴图	卷
2	唐	佛经	（唐人写经大般涅槃经卷卅一）	卷
3	唐	佛经	（唐人写经摩诃般若波罗蜜经魔事品第卅五）	卷
4	宋	苏轼	雨竹	轴
5	宋	马远	松溪清眺图	轴
6	宋	夏圭	溪山高逸图	轴
7	宋	马麟	初日芙蓉	轴
8	宋	吴琚	尺牍	册
9	元	钱选	洗象图	轴
10	元	钱选	芙蓉鸳鸯图	轴
11	元	赵孟頫	兰亭修禊图	卷
12	元	赵孟頫	陶渊明事迹	卷
13	元	赵孟頫	尺牍	册之一
14	元	赵孟頫	尺牍	册之二
15	元	赵孟頫	尺牍	册之三
16	元	赵孟頫	尺牍	册之四
17	元	吴镇	嘉禾八景	卷
18	元		元人合笔陶九成竹居诗画	卷

19	元	倪瓒	溪亭山色图	轴
20	元	方从义	清秋图	轴
21	元	俞和	临帖	卷
22	明	徐贲	秋山苍霭图	轴
23	明	文徵明	云山烟树图	卷
24	明	文徵明	书吕梁洪诗	卷
25	明	文徵明	自书七律诗	卷
26	明	仇英	春游晚归图	轴
27	明	徐渭	菊石	轴
28	明	詹景凤	渔乐图	卷
29	明	王守仁	书象祠记	卷
30	明	郑成功	草书中堂	轴
31	清	石涛	黄山洁空金碧图	轴
32	清	石涛	诗书画三绝	卷
33	清	吴历	山水逸品	轴
34	清	王翚	临赵大年山水	轴
35	清	王翚	仿元人平远小景图	轴
36	清	恽寿平	临玉山草堂图	轴
37	清	恽寿平	落花游鱼图	轴
38	清	戴本孝	山水	册
39	清	戴熙	秋云涵雨图	卷
40	清	华嵒	花鸟	轴
41	清	八大山人	山水	轴
42	清	石涛	自写种松图小照	卷
43	清	石涛	诗画合装	卷
44	清	石谿	岩穴栖真图小照	轴
45	清	石谿	面壁图	轴

资料来自台湾故宫博物院

罗久芳提供

父亲墨迹之一

度陇寄维桢

陇即甘肃六盘山古人惜别地

小别咸难举何言远寄君
小河流水咽沙影陇头云

立希

西北考察时期寄赠夫人张维桢的诗

一枝竹子手振東南一根手杖空南北而議吾誰美髯翁神明有你才生色髯翁八十大慶

贺于右任八十大寿诗

父亲墨迹之三

須我全國同胞全體將士秦共樂歌彈屬奮勇以赴疆場以誠頑敵東北此如不始復民族斷難生存收復東北此工作我輩無論冒任何犧牲及身完成之我輩而不了孫仍予踏血以繼之束此必不已中國勇之武罪宗倫承識

"九一八"后为出版的《抗日歌曲集》首页所写的序言

父亲墨迹之四

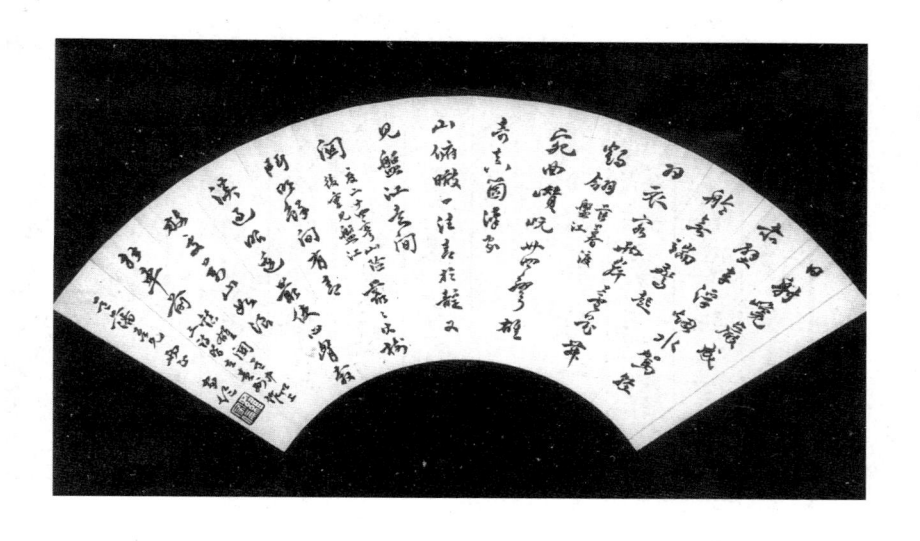

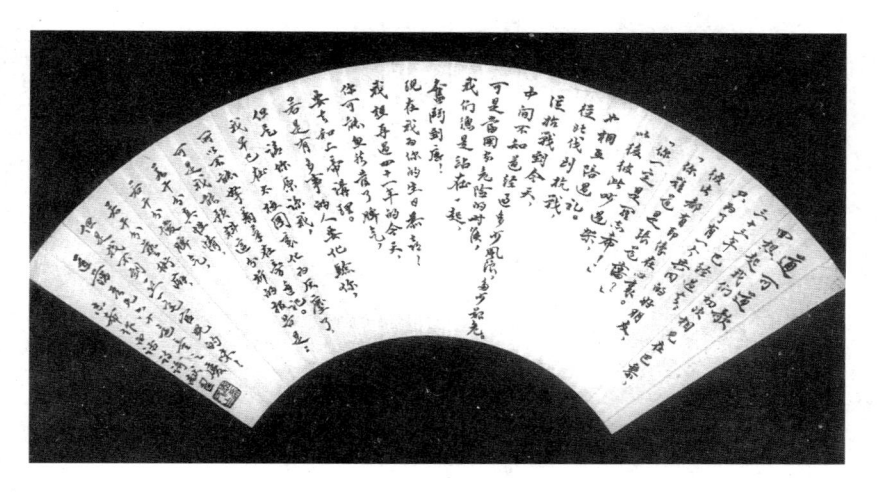

写赠老友张道藩的扇面

定遠班超。

漢唐先烈泣營墓，

當年星宿奴右臂，

將未更是歐亞孔道。

經營趁早！

經營趁早！

莫讓碧眼兒射西城蟹鵰！

此歌作於民國二十二年。南九一八後，國難愈迫，悲憤

雖言常譜加聲而勵士氣。同時俄威西域危機不讓

東北，爰籍出塞之歌，以扺天山之警，是時也，余不特未嘗

至新疆，即陝甘以北吾履跡之所及，塞外風光，不過

玉门出塞集

玉门出塞歌

左公柳拂玉门晓,
塞上春光好。
天山溶雪灌田畴,
大漠飞沙旋落照。

沙中水草堆,
好似仙人岛。
过瓜田碧玉丛丛,
望马群白浪滔滔。

想乘槎张骞,

父亲墨迹之六

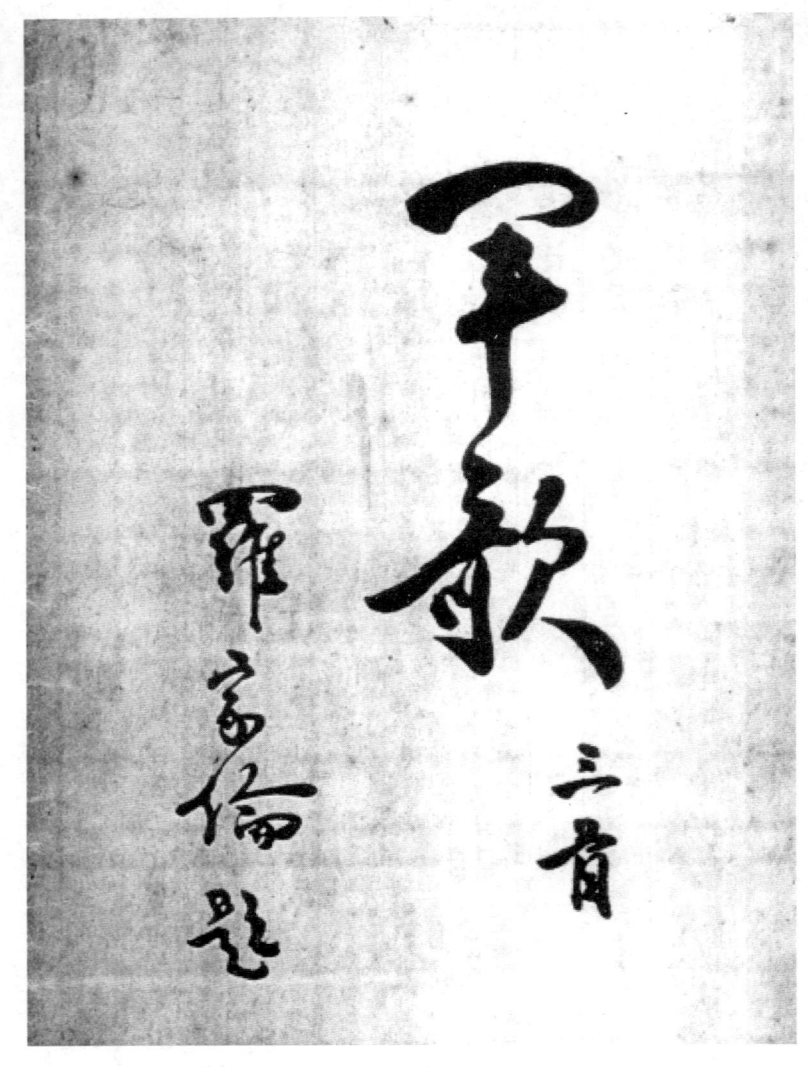

民间印刷的抗日歌曲宣传册,封面由罗家伦题写。

罗家伦作词的军歌选照

衝過山海關，雪我國恥在瀋陽！
衝到鴨綠江，雪我國恥在平壤！
中華男兒義勇本無雙。為國流血國不亡。抵抗！
中華男兒義勇本無雙。為國流血國不亡。抵抗！
抵抗！沙場凝碧血，盡放寶石光。照着
抵抗！凱旋作國士，戰死為國殤。精忠
民族生路上，燦爛輝煌。
常耀史冊上，萬丈光芒。

罗家伦大事年表

1897年（清光绪二十三年）十二月二十一日 出生于江西南昌。父罗传珍（1870—1943），字沛薌，号钝庵，时为政于江西诸县；母周霞裳，字琼仙，原籍浙江绍兴。弟妹共12人。

1900年 母亲教识字，背诵短诗。

1901年 就学家塾，正式启蒙，双亲协同教诲。

1905年 母亲去世，哀痛逾恒。

1911年 就读于美国教士高福绥（F.G.Gale）英文夜校。

1914—1917年 考入上海复旦公学就读。曾任《复旦》季刊编辑并为撰文。

1917年 考入北京大学本科，北上主修外国文学。

1918年 年初在校参与蔡元培校长主持之国史编撰处搜集资料工作；五月参加北京各校学生游行及新华门请愿，反对段祺瑞内阁对日本协商密约；十一月与傅斯年、顾颉刚等筹组"新潮社"，创议《新潮》杂志之名。

1919年 《新潮》创刊号发行，任编辑部编辑，与傅斯年同为撰稿和编辑之主力。五月四日，"五四"运动爆发，起草《北京学界全体宣言》，被推为三人代表之一往使馆区呈递备忘录。五月二十六日，以"毅"的笔名在《每周评论》发表"'五四'运动的精神"，首创"五四"运动名词。

九月，被派赴绍兴迎接蔡元培校长返校。秋季，傅斯年出国，接任《新潮》总编辑。

1920年　二月，因遭北洋政府搜捕，被北京学生联合会派为代表到上海参加全国学生联合会。期间曾与其他几位代表晋见孙中山先生，并有机会与胡汉民、戴季陶、朱执信等人接触。在学生联合会中邂逅张维桢，后通信七年，至1926年回国后订婚。五月，为"五四"运动一周年撰写专文，并为北京《晨报》编辑"五四周年专号"。继续整理杜威教授在北大演讲的中文记录，分期刊载于《新潮》。出国前后为《新潮》撰文共三十六篇。毕业后获"穆藕初先生奖学金"，九月赴美国普林斯顿大学进修，选读文学、哲学、教育等课程。

1921年　六月，接待蔡元培校长，随伴访问美国东岸各大城市及名校。夏季入康奈尔大学暑期学校。秋，转至哥伦比亚大学，选修并旁听历史、教育等系名教授杜威、Woodbridgel、Hayes、Dunning、Shotwell之课程。十一月，与诸多留学生赴华府筹组"中国留学生华盛顿会议后援会"，呼吁收回山东主权，会期中担任中文编辑及撰写通讯工作。

1922年　继续就读于哥伦比亚大学。一月，译著《平民政治的基本原理》（Paul Reinsch: *The Fundamental Principles of Government*）由商务印书馆出版。年底，在美国历史学会年会中宣读论文。

1923年　仍在哥伦比亚大学进修。用中文撰写《科学与玄学》论文初稿。年底，转往德国游学，入柏林大学研究所，对文学、哲学、史学、民族学、地理学等广泛注意。与留欧学人陈寅恪、傅斯年、俞大维、毛子水、金岳霖、徐志摩等常相过从。

1924年　继续在柏林大学听课。穆氏奖学金中断，经济拮据。修改出国前翻译的《思想自由史》（J.B.Bury:*History of Freedom of Thought*），1926年出版。十月，《科学与玄学》书稿寄回国内，1927年由商务印书馆出版。

1925年　春，赴伦敦，五月，得张元济先生借贷国币一千五百元，在伦敦大学听课、大英博物馆等处搜集中国近代史资料。上海五卅惨案发生后，参与"中国问讯部"工作，将国内消息及抗议文电等提供给英国报纸和工党及自由党议员，促使对其政府提出质询，纠正上海英国军警暴行。六月在工党抗议大会中发表演说，反应良好，引起外相张伯伦侧目。八月签证到期，不得延展，赴巴黎继续学业，在法国国家图书馆搜集史料。

1926年　三月，由伯希和（Paul Pelliot）教授提名为巴黎亚洲学会（Societe Asiatique）会员。五月，向张元济先生借得川资，六月从马赛乘船返国，带回大批书籍与史料。八月，受聘南京东南大学历史系教授，秋季开"西洋近代百年史""中国近代百年史"等课程。九月，致函顾颉刚，述研究中国近代史计划。九月，东大停课，赴南昌探亲，遇北伐军与孙传芳部队对峙，不得离去。十月初遭兵劫受伤后，侍父赴杭州避难，十一月返校。

1927年　寒假，返南昌安家，谒见蒋总司令。四月，受任北伐总司令部参议及编辑委员会委员长，军衔少将。五月起，任中央党务学校副主任、代理校务会议主席、法制委员会委员。十一月，在上海与张维桢结婚。

1928年　受任北伐战地政务委员会委员，兼教育处主任。五月，随军入济南，"济南惨案"发生后，在险恶处境中参与和日军司令官交涉。九月，就首任国立清华大学校长职，进行多项整理、改革措施，包括立即招收女生。

1929年　四月，在南京参加清华大学董事会会议，为办学政策及预算不能通过，三次请辞未准。六月，教育部照准校长所拟计划大纲。八月，清华基金移交中华教育文化基金董事会管理。本学年，兼任北京大学历史系教授。

1930年　五月，中原战争爆发，清华发生学潮，二度请辞校长职。秋季受聘为武汉大学历史教授。发表"研究近代史的意义和方法"一文，《中山先生伦敦蒙难史料考订》由商务印书馆出版。

1931年　一月，返南京任中央政治学校教务主任，兼代教育部长，改学制为四年大学制。译著《近代英文独幕名剧选》出版。

1932年　七月，受聘为中央大学整理委员会委员，提出发展中大步骤。九月，正式就校长职，发表"中央大学的使命"演讲，提出"诚朴雄伟"四字校训。

1933年 将中央政治学校蒙藏班改为蒙藏学校，以后在张家口、迪化、康定、丽江、兰州等十余地设立分校。培植边疆青年。夏，在庐山会议讨论国防建设问题时，提出在大学培养航空人才，会议决定先在中大设二年制"特别机械研究班"，1937年正式设立航空工程系。

1934年 作《玉门出塞歌》，由李惟宁教授谱曲，传诵全国各地。长女罗久芳出生。

1935年 因公赴成都、重庆，奠定抗日战争爆发后决定迁中大入川的基础。十二月，出任国民党党史编纂委员会副主任委员。

1936年 十一月，赴北平出席中法教育文化基金会会议。后赴绥远前线考察并劳军。

1937年 中央大学新校址招标动工，预计1938年秋完成。"七七"事变发生后，立即展开迁校布置，十一月在重庆沙坪坝新校舍开学，是抗战时期西迁的大学中组织最早、计划最周全、结果最圆满的事例。次女罗久华出生。

1938年 修建柏溪中大一年级分校。二月，主编的《新民族》周刊在重庆创刊，64期中撰论文及时评共284篇，1939年五月因印刷困难而停刊。

1939年 十一月，《外交与国际政治》（新民族小丛书）由重庆独立出版社印行。

1940年 夏，中央大学连续三次遭日机轰炸。

1941年 元月，以"才力已尽，应付已穷"请辞中央大学校长职。六月，撰"炸弹下长大的中央大学——从迁校到发展"。七月，主持迁渝第四届毕业典礼，包括航空工程系、水利工程系及医学院第一届毕业生。卸任后，九月受派任滇黔区党政工作考察团团长，十月中自重庆出发，为时逾二月，巡视边境重要地区，途中并在下关慰问滇缅路将士、员工。返渝后编印《滇黔寄兴》诗集。

1942年 春，《新人生观》出版，全书分十六章，为年来对中央大学师生系列演讲修订成书。年底，《文化教育与青年》定稿付印，次年三月出版。

1943年　二月至三月，受任中央设计局西北建设考察团团长、监察院新疆监察使。考察团由十二位学者专家组成，六月自重庆出发，历时194日，全程共17，022公里。年底在天水集合，用两个月完成《西北建设考察团报告》，本年，《黑云暴雨到明霞》，诗集《耕罢集》《疾风》出版。

1944年　六月，在迪化迎接美国副总统华莱士来访。八月，处理新疆督办盛世才谋叛善后事宜。整理西行诗作二百余首，集成《西北行吟》，1946年出版。

1945年　一月，任新疆监察使届满。向检察院院长于右任恳辞，后屡次提出，至1946年二月方获准。十月，启程出席创设"联合国教育科学与文化组织"伦敦会议，会后与中国代表团团员在英法两国作访问与参观活动。

1946年　二月，《新民族观》上册出版。五月，回南京后任党史会副主任委员。十一月，当选为制宪国民大会代表，出席会议。

1947年　二月，受任驻印度特命全权大使。五月初抵新德里，十六日呈递国书，开始拜会各界领袖。八月十五日起，参加印度独立各项活动。十一月，当选为第一届国民大会代表。

1948年　一月，甘地遇刺身亡，参加出殡及火葬仪式后，发表《圣雄证果记》一文。二月，任政府特派庆贺锡兰独立特使，赴科伦坡参加典礼并浏览名胜。三月，返南京出席第一届国民大会。本年，为联合国决议韩国独立、《中印修订藏英通商章程》续约等问题，与印度政府多次交涉。

1949年　年初，代表政府出席印度召集之"印尼问题会议"。九月，返国述职。十二月三十一日，集合大使馆全体人员，降旗撤馆。

1950年　二月一日，返抵台北。三月，受聘为"国策"顾问。八月，出任（国民党）党史编纂委员会主任委员，开始进行史料整理及出版工作。

1951年　本年起继续担任（台北）故宫博物院"中央"博物院共同理事会理事，1951—1953年参与点查工作。十月，主编之《中华民国开国名人像》第一辑出版，《新人生观》在台再版。

1952年　三月，主编之《总理全书》共十二册全数出齐。其后曾五度增订，出版为《国父全集》。四月。就任考试院副院长。九月，《文化教育与青年》台北再版。十月，主编之《黄花岗革命烈士画史》出版。

1953年　五月，《革命文献》第一辑出版，以后继续出版，至停刊为止总共117辑。六月，受聘为教育部简体字研究委员会委员。

1954年　二月，当选"国民大会"第二次会议主席团主席。三月，当选为台湾"中国历史学会"第一届理事。五月，主编之《国父画传》出版。八月，卸任考试院副院长。

1955年　十一月，为纪念孙中山先生九秩诞辰，主编之《国父批牍墨迹》、英文本《国父画传》出版。

1956年　十月，主编之《黄克强先生书翰墨迹》出版。

1957年　手抄影印之诗集《心影游踪集》上、下两册出版。六月，出任"国史馆"馆长，筹备复馆。九月，当选台湾"中国笔会"执行委员。十月，主编之《国民革命画史》出版。

1958年　十月，主编之《国父年谱初稿》出版。本年，参与选印《故宫名画三百种》筹划工作，并作英文长序，于1959年出版。

1959年　二月，当选台湾"中国笔会"会长，至1969年卸任。七月至九月，赴西德法兰克福参加国际笔会第三十届年会，发表论文。会后至法国、瑞士、意大利、希腊等国访问。

1960年　二月，出席"国民大会"第三次会议，当选主席团主席。七月赴美国西雅图出席中美学术会议并宣读论文。会后转赴巴西出席国际笔会第三十一届年会，中途访问巴拿马及乌拉圭，再转返美国东部参观访问。

1961年　一月，主编之《开国名人墨迹》出版。三月，出任"开国五十年文献编纂委员会"副主任委员。十月，主编之《国父墨迹》出版。

1962年　五月，赴汉城出席国际笔会韩国分会主办之亚洲作家会议；接受韩国政府颁赠之"文化优功勋章"。十二月，赴马尼拉出席第一届亚洲作家会议并宣读论文。

1963年 四月，赴吉隆坡出席亚美会议（Asian-American Assembly），会后在马来西亚和新加坡游览参观。受聘为"中央研究院"第五届评议员，出席第一次会议。

1964年 受聘为吴稚晖先生百年诞辰筹备会委员，负责主编《吴稚晖先生选集》上下册、《吴稚晖墨迹》，均在本年出版；《吴稚晖先生全集》共十八册，1969年出齐。九月，担任纪念国父百年诞辰筹备委员会常务委员，负责编纂学术论文，主编纪念丛书。

1965年 全年主持以上工作，年底丛书出版，共十二种，二十七册。

1966年 二月，出席"国民大会"第四次会议，当选主席团主席。五月，受聘为"中央研究院"第六届评议员。八月，受聘为中央研究院近代史研究所通信研究员。

1967年 八月，《逝者如斯集》出版。

1968年 七月，主编之《中华民国史料丛编》第一辑出版。嗣后陆续出版至第四辑，共数十册。八月，因健康不佳，请辞"国史馆"馆长及"党史会"主任委员两职。

1969年 七月，因急性肺炎住院治疗。十二月二十五日不治辞世。